SNOECK

KATHARINA SIEVERDING
FOTOGRAFIEN PROJEKTIONEN INSTALLATIONEN 2021–1966

DEICHTORHALLEN
SAMMLUNG
FALCKENBERG
HAMBURG

DIE SONNE UM MITTERNACHT SCHAUEN

Dirk Luckow
Intendant der Deichtorhallen Hamburg

Katharina Sieverdings Fotografien, Projektionen und Installationen sind heute längst Klassiker. Seit über einem halben Jahrhundert ist ihre Kunst in, wie sie sagt, „Life-Size"-Formaten bedeutsam für alles, was im internationalen Rahmen an deutscher Kunst entwickelt wird. Und noch längst ist ihr Werk nicht abgeschlossen, noch längst ist nicht alles zu Katharina Sieverding gesagt. Nun zeigen die Deichtorhallen Hamburg in der Sammlung Falckenberg die bislang größte, über hundert Werke umfassende Ausstellung Sieverdings. Die Schau reicht durch alle ihre künstlerischen Phasen: von den Fotografiemontagen der 1960er über die Selbstporträtserien der 1970er bis 1990er Jahre, die ihr eigenes Bild der Künstlerin hervorbrachten, bis hin zu neuesten, sich mit Pandemie, Polizeigewalt und Protestkultur beschäftigenden Werken. Keine *Gefechtspause* – um einen ihrer prägnanten Titel aufzugreifen –, jedenfalls nicht in dieser Ausstellung, deren Dramaturgie so einzigartig ist, wie ihre Werke aktuell sind.

Typisch für Sieverdings Kunst sind ihre meist großformatigen Fotobildmontagen im Umfang von 300 × 375, 300 × 500 oder auch 400 × 500 Zentimeter; dazu kommen Mehrkanal-Diaprojektionen und raumfüllende installative Arbeiten. Ebenso charakteristisch ist ihr experimenteller Ansatz. Vieles an ihrer Kunst mutet im ersten Moment technoid an. Ich denke zum Beispiel an die stark vergrößerten, solarisierten Fotografien der **Norad**-Serie von 1980 oder das Aufgreifen des ersten optischen Nachweises von Radioaktivität durch Marie Curie in den **Kontinentalkern**-Arbeiten von 1983 bis 1990. Weitere experimentelle Werkgruppen zeigen ursprünglich mikroskopische Aufnahmen von kristallisiertem Blut unter dem Zusatz von Kupferchlorid wie bei den **Kristallisationsbildern** von 1992 oder klassische Vergrößerungen und Entwicklungen von Fotografien auf Farbfotopapier mit deutlich sichtbaren Kratzern und Schlieren. Experimentell sind auch die digital bearbeiteten **Steigbilder** von 1997. All diese Werkgruppen werden nun in einer gigantischen Zusammenschau vorgeführt, die Phoenix-Hallen Etage für Etage aufmischend und Katharina Sieverdings Gespür für erhabene Momente folgend. Es geht inhaltlich, wie die Künstlerin sagt, um Lebensfragen und gesellschaftliche Grundprobleme, die eine „gewaltige Bedeutung" für uns haben.

Katharina Sieverding zählt zu den ersten Künstler*innen, die das Großformat benutzt und mit ihm seriell gearbeitet haben. Ebenso bedeutsam ist, dass sie über die Museen und Kunsthäuser hinaus im urbanen Raum ihre „Statements" setzt. Sie spricht in diesem Zusammenhang von ihren „öffentlichen Arbeiten"; in der Ausstellung werden sie in der Slideshow **Metroboards** dokumentiert. Zu sehen sind unter anderem 72 Werke im Billboardformat im städtischen Raum von Nürnberg, darunter Motive, die die Erinnerung an das Aufmarschgelände und die Lichtdominszenierungen der Nationalsozialisten festhalten. Neben kommerzieller Werbung wurden die Menschen hier auch mit Statements über den Rinderwahnsinn konfrontiert.

In Düsseldorf installierte die Künstlerin im Juni 2018 im Kontext des MAP-Projekts *Von fremden Ländern in eigenen Städten* in der Worringer Straße nahe dem Hauptbahnhof für mehrere Jahre einen 200 Meter langen und 4 Meter hohen 40-teiligen Bilderfries. Kunst besitze die Freiheit, alles immer wieder infrage zu stellen, erklärt Katharina Sieverding. Mit diesem Motto behauptet sie sich eindrucksvoll als Künstlerin in einem Kunst- und Kulturbetrieb, der noch in der zweiten Hälfte der 1960er Jahre ausschließlich von Männern dominiert war.

Wenn sie politische Themen wie Krieg, atomare Bedrohung, ideologische Kämpfe oder ökonomische Machtstrukturen behandelt, deckt Sieverding in ihren Werken alte wie neue Feindbilder und Machtinteressen im Spannungsfeld von Weltpolitik und biografisch Erlebtem auf. Auch in diesem Sinne erforscht sie seit über fünf Jahrzehnten die Möglichkeiten zeitgenössischer künstlerischer Fotografie und versucht die „Grenzen" des Mediums immer wieder zu erweitern. Diese formale wie inhaltliche politische Aktualität hat ihren heutigen Weltruhm als Pionierin großformatiger konzeptueller Fotoarbeiten begründet. Wir leben, wie Sieverding findet, in einer merkwürdigen Zeit, in der Feindbilder und Machtinteressen wieder hochkommen, die wir überwunden zu haben glaubten. So wurden auch ganz neue Arbeiten in die Ausstellung integriert, die uns darüber die Augen öffnen, wie **Gefechtspause I–III** und **Headlines 2020**.

Bei der Schau in der Sammlung Falckenberg geht es der in Prag geborenen Künstlerin um die innere Konsequenz ihres (bisherigen) Gesamtwerks. Gezeigt werden die Anfänge ihrer Kunst und ihre künstlerische Entwicklung, das Prinzip ihrer Bildkonstruktionen, wie es sich von den frühen Passbildern ableitet. Mit ihren Selbstporträts überwand Sieverding in den 1970er Jahren die damals vorherrschenden künstlerischen Arbeitsweisen und Denkansätze wie Minimalismus und Konzeptkunst und wurde durch die ikonenhafte Wirkung dieser Arbeiten schließlich weltweit bekannt. In der Ausstellung sind diese Selbstbildnisse mit Werken wie **Motorkamera** von 1973 bis 1974, **Transformer** von 1973, **Maton Solarisation F-XI–F-XXII** oder **Life–Death** von 1969 vertreten. Die Idee, ihr eigenes Gesicht als Spiegelbild zu nutzen, führt die Künstlerin auf ihre frühe Tätigkeit als Bühnenbildnerin am Deutschen Theater in Hamburg zurück, noch bevor sie von 1964 bis 1967 an der Kunstakademie Düsseldorf „Bühnenbild" bei Teo Otto studierte und ab 1967 dann das Kunststudium bei Joseph Beuys begann. Als Assistentin von Fritz Kortner reiste sie damals viel und nutzte die Passfotoautomaten an den Bahnhöfen. „Diese Automaten haben mir alles geliefert, was ich brauchte", so Sieverding. Sie begann die Passfotos von sich zu bearbeiten – zu einer Zeit, als die Fotografie, wie sie sagt, noch nicht „kontaminiert" war.

Ihren Selbstporträts liegt eine emanzipatorische Haltung zugrunde, ein Körperbezug, der in den 1970er Jahren als Moment der Befreiung galt. Dabei ging und geht es Sieverding nicht um ihr eigenes Konterfei oder um die eigene Biografie. Vielmehr handle es sich bei den Selbstporträts, wie sie erläutert, um Konstruktionen einer „weiblichen Identität". Ihr Gesicht versteht sie als Projektionsfläche, auf der die Stellung der Künstlerin im Weltgeschehen, aber auch der Frau und des Menschen allgemein, zum Ausdruck komme – im Gegensatz zu den klischeehaften (Rollen-)Bildern in den Massenmedien. Andere frühe Arbeiten, etwa die für ihre erste Ausstellung *Der Palast blieb kalt und verschlossen* in der Galleria L'Attico in Rom 1972, beziehen sich – auch das ein Leitgedanke ihrer Kunst – auf das Kunstsystem. Man sieht die

Künstlerin in den Galerieräumen inmitten von Achille Bonito Oliva, Vito Acconci und Joseph Beuys, Vertretern einer, wie erwähnt, rein männlich besetzten Kunstszene, in der für sie dennoch alles losging.

Vom Kunstsystem zum Finanzsystem ist es nicht weit. Ökonomische Machtstrukturen, wie in Sieverdings Arbeit **Encode** von 2006, in der sie den Finanzmarktkapitalismus anprangert, beschäftigten sie bereits zwei Jahre vor dem Crash der globalen Finanzmärkte im Jahr 2008. Die Künstlerin kritisiert das Versagen der Gesellschaften, in denen Industrie und Finanzmärkte das Sagen übernommen hätten.

Am 2. Juni 1967 entschied Katharina Sieverding während eines Aufenthalts in Salzburg über ihren Ausstieg aus dem Theater und ihren Einstieg in die Kunst, darunter Fotografie, Film und Performance, um individuell und kreativ auf Ereignisse wie die Ermordung Benno Ohnesorgs während des Schah-Besuchs in Berlin reagieren zu können. Heute erfährt ihr Werk schon durch die „Selfie"-Kultur neue Resonanz, aber auch dadurch, dass sie immer wieder unterschiedliche Kulturen und Zeiten, etwa die USA und China oder das Dachauer Konzentrationslager und die Berliner Reichstagsarchitektur miteinander konfrontiert. Politisch-historische Zusammenhänge werden von Sieverding als Montagen, nicht als lineare Narrative präsentiert.

Alle ihre Werke sind Untersuchungen über die Macht der Bilder und der Sprache, sind dabei voller tiefer Emotion und großer gestalterischer Kraft. Es sind gesellschaftskritische Arbeiten und persönliche Dokumentationen zugleich, mit einem Bildmaterial, das die Künstlerin unmittelbar berührt – sie arbeite nie „thematisch oder ideologisch", betont Sieverding. Die den Werken zugrunde liegenden Fotografien stammen aus ihrem umfangreichen Fundus dokumentarischer Aufnahmen und bildnerischer Reflexionen der eigenen Biografie. Für die persönliche Seite in ihrem Œuvre stehen zum Beispiel die **Testcuts** mit Fotografien von 1966 bis heute: Ausschnitte aus der Kunstszene, eine Art Tagebuch über das Geschehen in der Kunstwelt. Während die **Spiegel-Boxes** als Chronik dessen dienen, was in der Welt passiert, beziehen sich die **Invitation-Boxes** auf Einladungen zu Ausstellungseröffnungen anderer Künstler*innen. Auf persönlicher Erfahrung, dem Tod der Eltern und der eigenen Krankengeschichte, basieren die **Steigbilder**, die Sieverding 1997 auf der Biennale von Venedig für den deutschen Pavillon gestaltete. Die **Steigbilder** entwickelten sich aus ihrer Beschäftigung mit der Darstellung von Lebensprozessen, ihrer Suche nach deren Bildkräften und einer adäquaten bildschaffenden Methode. Entsprechend spielten Röntgenaufnahmen, Tomografien, Diagramme mit Basensequenzen menschlicher Gene oder Kristallisationsbefunde eine Rolle in diesen Werken.

In ihren politischen Großfotoserien, etwa in **Grim Games** von 1975 bis 1979, die sich mit dem Kalten Krieg auseinandersetzt, geht es um Macht- und Moralansprüche. Die sich gegenüberstehenden Motive – bisweilen Bild und Text – jeweils in Form von Found-Footage-Montagen laden sich gegenseitig auf. Werke wie **The great white way goes black** und **The reality has been very different** von 1977 und **Unwiderstehliche historische Strömung** von 1979 nehmen die visuelle Sprache der Werbung, des Films oder von Pressebildern auf. Zeitgenössische Merkmale der Bildproduktion, zum Beispiel Billboardformate, werden übernommen. Körnigkeit und Druckraster verweisen auf die den Werken zugrunde liegende mediale Herkunft. Das theatralische Element, das Dramatische, Kraftvolle von Sieverdings Kunst passt zu Äußerungen von ihr, in denen sie das Medium Bild nicht fotografisch begreift, sondern eher aus einer politischen Sichtweise heraus, die an Joseph Beuys und die Immendorf'sche Lidl-Akademie erinnert.

Werke wie die 1978 entstandene Fotoarbeit **Schlachtfeld Deutschland** oder die Plakataktion **Deutschland wird deutscher** von 1992 entfalteten sowohl künstlerische wie politische Sprengwirkung und haben bis heute nichts an Aktualität verloren. Während **Schlachtfeld Deutschland** als Statement zum deutschen Herbst und zum Terror der RAF gelesen werden kann, reagierte Katharina Sieverding mit **Deutschland wird deutscher**, einer ihrer populärsten Arbeiten, auf das Aufflammen des Rechtsradikalimus nach dem Mauerfall im Jahr 1989. Beide Werke thematisieren das Verhältnis der Deutschen zu Deutschland und seiner Geschichte, zum Holocaust, aber auch generell zu Gewalt. Sie spielen mit den politischen Strukturgegensätzen und -affinitäten des linken Terrors durch die RAF und des neuen faschistoiden Rechtsextremismus nach der Wiedervereinigung in den 1990er Jahren. Die eigentümliche Aura und Kraft dieser Werke rührt vom Wechselspiel zwischen Licht und Schatten her, erzeugt etwa dadurch, dass die Künstlerin Neonröhren an ihren Körper hielt, um hell erleuchtet und der realen Welt entrückt zu wirken.

Sieverdings Œuvre ist reich an Referenzen – von der „neutralen" Tatortfotografie des 19. Jahrhunderts über die politischen Fotomontagen eines John Heartfield bis hin zu fotografischen surrealistischen Metamorphosen. Spuren der Bearbeitung wie Kratzer, Unschärfen oder auch die für ihre fotografische Praxis typischen Überblendungen weisen auf die Entstehung der Werke in der Dunkelkammer hin. Laborvorgänge bleiben im Bild sichtbar und werden nicht kaschiert. Neben der politischen Ausrichtung ihrer Werke bildet dieser formale Aspekt gleichsam einen alchimistischen Gegenpol zu marktgängigerer Fotografie. Diese spezielle Mischung aus Inhalt und Form ist charakteristisch für Sieverdings künstlerische Praxis und grundlegend für die herausragende Rolle der Künstlerin im Kontext der rheinischen und deutschen Kunstszene.

Zuallererst möchte ich mich bei Katharina Sieverding für ihre Bereitschaft bedanken, sich auf das Abenteuer dieser Ausstellung in der Sammlung Falckenberg der Deichtorhallen Hamburg eingelassen zu haben, sowie für ihr Vertrauen und die wunderbare Zusammenarbeit mit ihr und ihrem Team. Es war für uns, und ich glaube, ich darf hier für alle Kolleg*innen der Deichtorhallen sprechen, eine jederzeit äußerst anregende und konstruktive Vorbereitungszeit mit Katharina Sieverding. Ganz besonders danke ich sodann Klaus Mettig für die interessanten Gespräche gemeinsam mit Katharina Sieverding. Mein ausdrücklicher Dank gilt ebenso Pola Sieverding, Ossip Sieverding, Orson Sieverding und Thomas Koester aus dem Düsseldorfer studio111a für die engagierte Kooperation bei Katalog und Ausstellung. Darüber hinaus danke ich Harald Falckenberg, der in der Kunstakademie Bad Reichenhall am 27. Juli 2019 Katharina Sieverding anlässlich der Veranstaltungsreihe zu *Freiheit der Kunst – Grenzen und Chancen* getroffen hat und einen wichtigen Impuls für eine Sieverding-Ausstellung in Hamburg gab. Ich danke ganz besonders auch dem Förderkreis der Deichtorhallen Hamburg, der einen Teil der Finanzierung übernommen hat. Als wichtigen Sponsor*innen und treuen Partner*innen der Deichtorhallen Hamburg danke ich White Wall sowie NDR Kultur. Ich bedanke mich außerdem sehr herzlich bei meinem Kollegen in der Geschäftsführung, Bert Antonius Kaufmann, für seine wertvolle Unterstützung. Ich danke Goesta Diercks, Sammlungs- und Ausstellungsmanager der Sammlung Falckenberg in den Deichtorhallen Hamburg, für seine Effizienz und bravouröse Organisation von Ausstellung und Katalog gemeinsam mit Clara Brandt, Volontärin in unserem Haus. Mein herzlicher Dank gilt außerdem allen Mitarbeiter*innen der Deichtorhallen, die höchst engagiert zur Realisierung der Ausstellung beigetragen haben, unter anderem Matthias Schönebäumer und Dominik Nürenberg für die Presse- und Öffentlichkeitsarbeit, Isabel Abele für das Rahmenprogramm und die Vermittlungstexte sowie besonders auch dem gesamten und wie stets hochmotivierten Aufbauteam der Sammlung Falckenberg. Zudem danke ich Aika Schnacke für die konservatorische Betreuung der Schau.

Katharina Sieverdings Werke ergeben im Kontext der Sammlung Falckenberg viel Sinn. Das Dramatische und Entschlossene, manchmal fast schon Heldenhafte ihrer Kunst passt zum Profil der Sammlung Harald Falckenbergs. Hier, in den Beständen der Harburger Sammlung mit ihrer Spannung zwischen Kunst und Politik, finden Sieverdings Werke ideale Anknüpfungspunkte. Ich freue mich sehr, dass wir gemeinsam mit Katharina Sieverding diese groß angelegte Ausstellung für diesen Ort zusammenstellen konnten und so dem Hamburger Publikum erstmals ihr Werk in der ganzen Tiefe und Komplexität präsentieren dürfen.

Es ist mir eine große Freude, dass die Ausstellung von Katharina Sieverding im Museum Frieder Burda in Baden-Baden eine weitere Station findet. Für die gelungene und höchst angenehme Zusammenarbeit sowie für das entgegengebrachte Vertrauen danke ich dem Direktor Henning Schaper und dem Künstlerischen Leiter Udo Kittelmann und besonders auch der Familie Elke Burda sowie der Stiftung Frieder Burda.

LOOKING AT THE SUN AT MIDNIGHT

Dirk Luckow
General Director of the Deichtorhallen Hamburg

Katharina Sieverding's photographs, projections, and installations have long become classics. For over half a century, her works in what she calls "life-size" formats have been significant for all developments in the international framework of German art. And yet her art production is still forging ahead, and the discussion of her work continues unabated. The Deichtorhallen Hamburg are now presenting Sieverding's most comprehensive exhibition to date, comprising over one hundred works, at their location in the Falckenberg Collection. The exhibition spans the entire spectrum of her production: ranging from the photographic montages of the 1960s and the self-portrait series that evolved between the 1970s and 1990s, which engendered their very own image of the artist, right up to the latest works addressing the pandemic, police violence, and protest culture. There is no *ceasefire*, to make reference to one of the succinct titles of her works, at least not in this exhibition, whose dramaturgy is as unique as her works are of the moment.

Sieverding's primarily large-format photo montages with dimensions of 300 × 375, 300 × 500, or also 400 × 500 centimeters, are a trademark of her art production; these are complimented by multi-channel slide projections and extensive spatial installations. The artist's experimental approach is an equally distinctive characteristic of her work, much of which appears technoid at first glance. In this regard, the greatly enlarged, solarized photographs of the **Norad** series, dating from 1980, come to my mind. Or her adoption of the first visual evidence of radioactivity by Marie Curie in the **Kontinentalkern** (Continental core) works she created between 1983 and 1990. Further experimental groups of works originally depict microscopic photographic images of crystalized blood with the addition of copper chloride, as in the case of the **Kristallisationsbilder** (Crystalization images) produced in 1992, or the classic enlargement and development of photographs on color print paper with clearly visible scratches and smudges. The digitally processed **Steigbilder** (Capillary dynamolysis), dating from 1997, are experimental as well. These groups of works are now presented in an enormous survey exhibition energizing the Phoenix Halls, home of the Falckenberg Collection, floor by floor, and following Katharina Sieverding's flair for sublime moments. As the artist has stated, the overview thematically revolves around questions of existence and fundamental societal problems that are of "tremendous relevance" to us.

Katharina Sieverding was one of the first artists to employ large formats and to work with these in series. It is of equal significance that she has extended her "statements" beyond the framework of museums and art institutions. In this context, she speaks of her "public works"; in the exhibition, these are documented in the slideshow **Metroboards**. This also includes 72 works in billboard format in the urban space of Nuremburg, among these are motifs that record recollections of the military parade grounds and the light domes of the National Socialists. In addition to commercial advertisements, the audience was confronted here with statements on mad cow disease.

In June 2018, the artist installed a 200-meter-long and 4-meter-high, 40-part pictorial frieze for a period of several years as part of the MAP project *Von fremden Ländern in eigenen Städten* (Of foreign lands in one's own cities) in Worringer street near the Düsseldorf main station. As Katharina Sieverding has declared, art has the freedom to constantly question everything. Adhering to this motto, she has impressively asserted herself in the fields of art and culture, which were still dominated exclusively by men in the second half of the 1960s.

By engaging with global themes such as war, nuclear threat, ideological clashes, and economic power structures, Sieverding exposes both old and new stereotypes and power interests in the tension between world politics and her own biographical experiences. In this sense, as well, Katharina Sieverding has been exploring the possibilities of contemporary artistic photography for over five decades. She continually seeks to expand the boundaries of the medium, establishing her present-day global recognition as a pioneer of large-format conceptual photographic works, and forming the basis for the continuing political relevance of her aesthetic approach as an artist. According to Sieverding, we are living in troubled times in which antagonistic views and power interests are resurfacing, which we once believed to have overcome. Thus, opening our eyes to these phenomena, entirely new works, such as **Gefechtspause I–III** (Ceasefire I–III) and **Headlines 2020**, have been incorporated in the exhibition.

The exhibition held on the premises of the Falckenberg Collection explores the entirety and substance of the Prague-born artist's work. It covers both her beginnings as an artist and her aesthetic development as well as the principle of her pictorial constructions and how this is derived from the early passport images, which, in turn, illuminated the interrelationship between art and economy. In the 1970s, with her self-portraits, Sieverding overcame the then predominant aesthetic working methods and approaches such as Minimalism and Conceptual art and ultimately gained international renown through the iconic effect of these works. In the exhibition, the self-portraits are presented together with works such as **Motorkamera** (1973–1974), **Transformer** (1973), **Maton Solarisation F-XI–F-XXII** or **Life–Death** (1969). The artist attributes the idea to utilize her own face as a mirror image to her early work as a set designer at the Deutsches Theater in Hamburg, which preceded her studies of stage design with Teo Otto at the Düsseldorf Kunstakademie from 1964 to 1967, and of art in Joseph Beuys's class from 1967 onward. As an assistant of Fritz Kortner, she frequently travelled and used the passport photo booths in the train stations. "These machines provided me with everything I needed," Sieverding has stated. She began to work on the passport photos of herself, at a time, as she claims, when photography was not yet "contaminated."

Her self-portraits are based upon an emancipatory stance, a reference to the body that was considered a defining act of liberation in the 1970s. However, Sieverding has never been focused upon her own likeness or biography. As she explains, the self-portraits represent constructions of a more general "female identity." She regards her face as a projection surface, on which the position of the female artist in world events, but also of women and the human being in general, finds expression, opposing the clichéd images of the mass media.

Other early works, such as those for her first exhibition, *Der Palast blieb kalt und verschlossen* (The palace remained cold and shuttered) in Galleria L'Attico in Rome in 1972, make reference to the art system, another guiding principle of her work. The artist can be seen here in the gallery spaces in the midst of Achille Bonito Oliva, Vito Acconci, and Joseph Beuys, representatives, as mentioned, of a purely male art scene, in which Katharina Sieverding nevertheless launched her career.

The art system is not very far removed from the financial system. Sieverding was already engaged in investigating economic power structures, as in her work **Encode** produced in 2006, in which she condemned financial market capitalism, two years prior to the crash of the global financial market in 2008. The artist criticized the failure of societies which are dominated by the industry and financial markets.

On June 2, 1967, during a stay in Salzburg, Katharina Sieverding decided to leave the theater and enter the realm of art, spanning photography, film, and performance, to aesthetically address incidents such as the murder of Benno Ohnesorg during the Shah's visit in Berlin. Today, through "selfie" culture, but also because she continues to address the interrelationships between different cultures and eras, as, for instance, between the United States and China, or between the Dachau concentration camp and the architecture of the Berlin Reichstag, her work is experiencing renewed resonance. Sieverding presents politics and history as a montage, not as a linear narrative.

All her works are explorations of the power of images and of language, full of deep emotion and immense aesthetic strength. They are both socio-critical works and personal documents, drawing upon pictorial material that has directly affected the artist. As Sieverding has emphasized, she never works "thematically or ideologically." The photographs upon which her works are based are derived from her extensive repository of images and reflections upon her own biography. Comprised of photographs produced from 1966 to today, the **Testcuts**, a kind of diary of events in the art scene, embody a personal aspect of her oeuvre. While the **Spiegel-Boxes** serve as a chronicle of what is happening in the world at large, the **Invitation-Boxes** make reference to invitations for exhibition openings of other artists. The **Steigbilder** (Capillary dynamolysis), in turn, which Sieverding created in 1997 for her presentation in the German pavilion at the Venice Biennale, are based upon personal experiences, the death of her parents, and an illness that she suffered. The realization of the **Steigbilder** developed from her occupation with the representation of life processes: a search for a method of rendering images and tapping into their visual powers. Accordingly, x-rays, tomographies, diagrams with base sequences of human genes, or crystallization phenomena play a role in her works.

Her political, large-format photo series, among these **Grim Games** produced between 1975 and 1979, which revolves around the Cold War, address claims to power and moral maxims. The juxtaposed motifs, occasionally consisting of images and texts and taking the form of found footage montages, mutually energize each other. Works such as **The great white way goes black** and **The reality has been very different**, dating from 1977, and **Unwiderstehliche historische Strömung** (Irresistable historical current), produced in 1979, adopt the visual language of advertising and film, or of press photos. This also applies to features of contemporary pictorial processes, such as billboard formats. Graininess and halftone screen patterns refer to the media images upon which the works are based. The theatrical element, the dramatic, vigorous character of Sieverding's work is consistent with remarks by her, stating that she does not perceive the medium of the image photographically, but rather from a political perspective, reminiscent of the approach of Joseph Beuys and Immendorf's Lidl Academy.

Works such as the photographic work **Schlachtfeld Deutschland** (Battlefield Germany), produced in 1978, or the poster campaign **Deutschland wird deutscher** (Germany is becoming more german), realized in 1992, had the effect of artistic detonations, and retain their relevance to this day. If **Schlachtfeld Deutschland** can be regarded as a statement on the German Autumn and the terrorist actions of the Red Army Faction, with **Deutschland wird deutscher**, one of the artist's most well-known works, Katharina Sieverding reacted to the radical far-right attacks following the fall of the Wall in 1989. Both works address the relationship of German citizens to Germany and its history, to the Holocaust, but also to violence in general. They investigate the political structures that lie between the leftist violence of the RAF and the new nationalist threats emerging in the 1990s after the reunification of Germany. The peculiar aura and strength of these works arises from the presence of intense light and shadow, created, for instance, by the artist holding neon tubes close to her body to appear both brightly illuminated and removed from the real world.

Sieverding's oeuvre is rich in references, ranging from the "neutral" crime scene photography of the 19th century to the political photo montages of John Heartfield all the way to surreal photographic metamorphoses. Traces such as scratches, fuzziness, or the superimpositions typical for the artist's photographic compositions, point to the works' origin in the dark room. Laboratory processes remain visible in the images and are not concealed. In addition to the political focus of her works, this formal aspect constitutes an alchemical counterpoint to more marketable photography. This distinctive combination of form and content is characteristic for Sieverding's aesthetic practice and absolutely exemplary for the artist's preeminent role in the context of the Rhenish and the German art scenes.

First and foremost, I would like extend my deep gratitude to Katharina Sieverding for her willingness to embark on the adventure of presenting this exhibition at the Falckenberg Collection/Deichtorhallen Hamburg, as well as for her trust and for the wonderful collaboration with her and her team. For us, and I believe I may speak for all of my colleagues at the Deichtorhallen, the preparatory phase of this exhibition with Katharina Sieverding was extremely stimulating and constructive. I would then like to sincerely thank Klaus Mettig for the interesting conversations together with Katharina Sieverding. Sincere thanks as well go to Pola Sieverding, Ossip Sieverding, Orson Sieverding and Thomas Koester of the Düsseldorf studio111a for their committed engagement with both the catalogue and the exhibition. I would furthermore like to thank Harald Falckenberg, who met Katharina Sieverding at the Kunstakademie Bad Reichenhall on July 27, 2019, in the context of the discussion series *Freiheit der Kunst – Grenzen und Chancen* (Freedom of art – limitations and opportunities) and provided a significant impulse for the realization of a Sieverding exhibition in Hamburg. I would also like to warmly thank the Patrons of the Deichtorhallen Hamburg, who have generously provided part of the funding. As key sponsors and loyal partners of the Deichtorhallen Hamburg, I would like to express my gratitude to White Wall and

NDR Kultur. Special thanks go to my colleague Bert Antonius Kaufmann, Deichtorhallen Management, for his invaluable support. Many thanks also go to Goesta Diercks, Exhibition Manager of the Falckenberg Collection/Deichtorhallen Hamburg, for his efficiency and the superb organization of the exhibition and the catalogue together with Clara Brandt, assistant at our institution. I furthermore want to extend my gratitude to all staff members of the Deichtorhallen, who contributed to the realization of the exhibition with great dedication, among these Matthias Schönebäumer and Dominik Nürenberg for communications and publicity, Isabel Abele for the education program, and particularly also to the entire, consistently highly motivated technical team of the Falckenberg Collection. I would also like to thank Aika Schnacke for the conservational supervision of the exhibition.

Presenting Katharina Sieverding's works in the context of the Falckenberg Collection is very fitting. The dramatic, decisive, sometimes almost heroic nature of her art production perfectly corresponds to the particular profile of Harald Falckenberg's collection. Here, in the holdings of the Harburg collection, with its tension between art and politics, Sieverding's works find an ideal frame of reference. I am very happy that we were able to assemble this large-scale exhibition at our institution together with Katharina Sieverding, making it possible for us to introduce her work in all of its depth and complexity to the Hamburg public for the first time.

It is to my great delight that the exhibition of Katharina Sieverding's work will find a further venue at Museum Frieder Burda in Baden-Baden. I would like to warmly thank Director Henning Schaper and Artistic Director Udo Kittelmann of Museum Frieder Burda and particularly the Elke Burda family and the Frieder Burda Foundation for the outstanding collaboration and the trust extended to our institution.

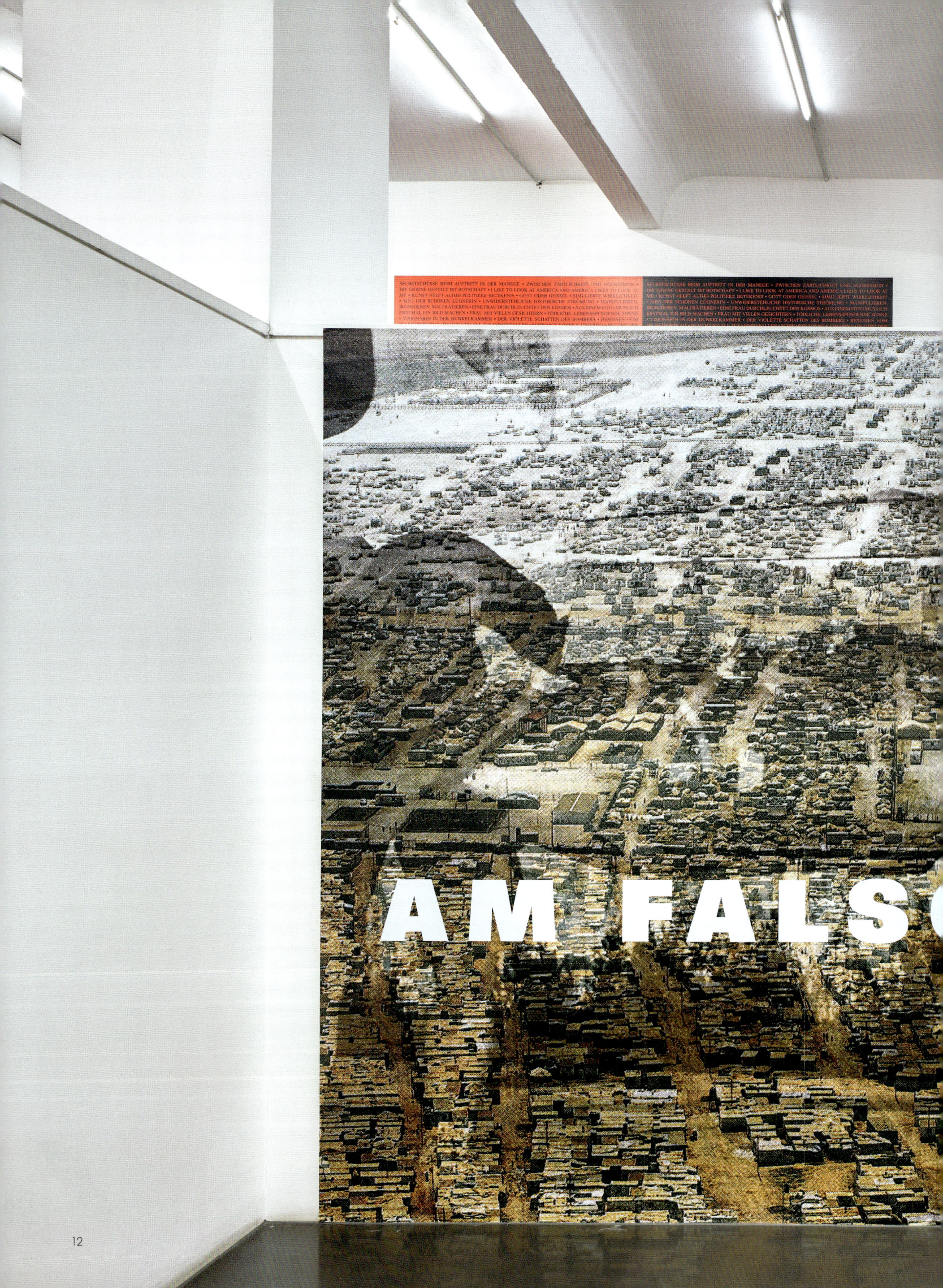
SELBSTSCHÜSSE BEIM AUFTRITT IN DER MANEGE • ZWISCHEN ZÄRTLICHKEIT UND AGGRESSION •
DIE EIGENE GESTALT IST BOTSCHAFT • I LIKE TO LOOK AT AMERICA AND AMERICA LIKES TO LOOK AT
ME • KUNST HEEFT ALTIJD POLITIEKE BETEKENIS • GOTT ODER GEISSEL • SIMULIERTE WIRKLICHKEIT
• SIEG DER SCHÖNEN LÜGNERIN • UNWIDERSTEHLICHE HISTORISCHE STRÖMUNG • MANIPULIEREN,
IRONISIEREN, MALTRÄTIEREN • EINE FRAU DURCHLEUCHTET DEN KOSMOS • AUS EINEM FOTO MUSS ICH
ERSTMAL EIN BILD MACHEN • FRAU MIT VIELEN GESICHTERN • TÖDLICHE, LEBENSSPENDENDE SONNE
• VISIONÄRIN IN DER DUNKELKAMMER • DER VIOLETTE SCHATTEN DES BOMBERS • BESESSEN VOM
AM FALS

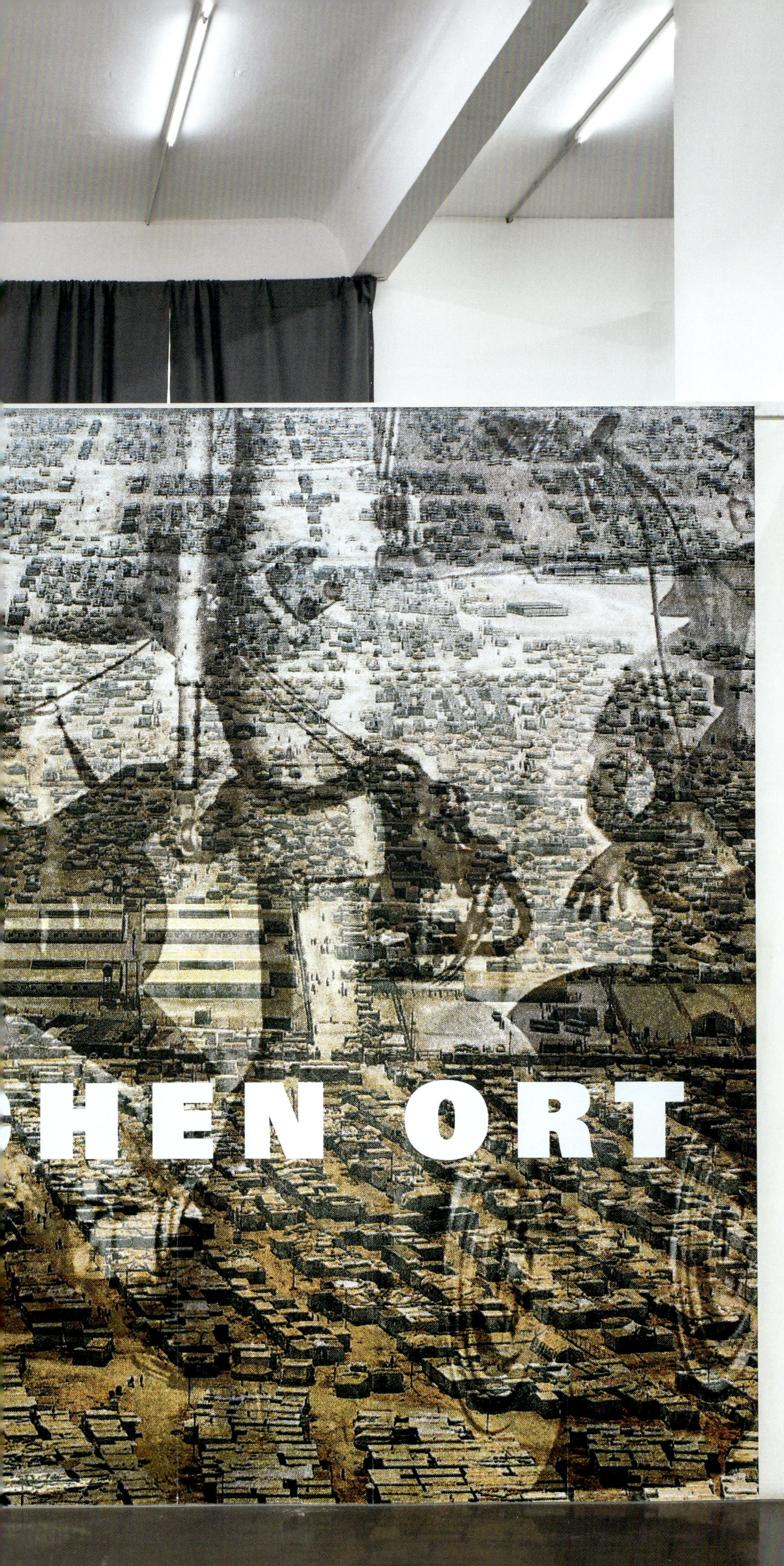
HEN ORT

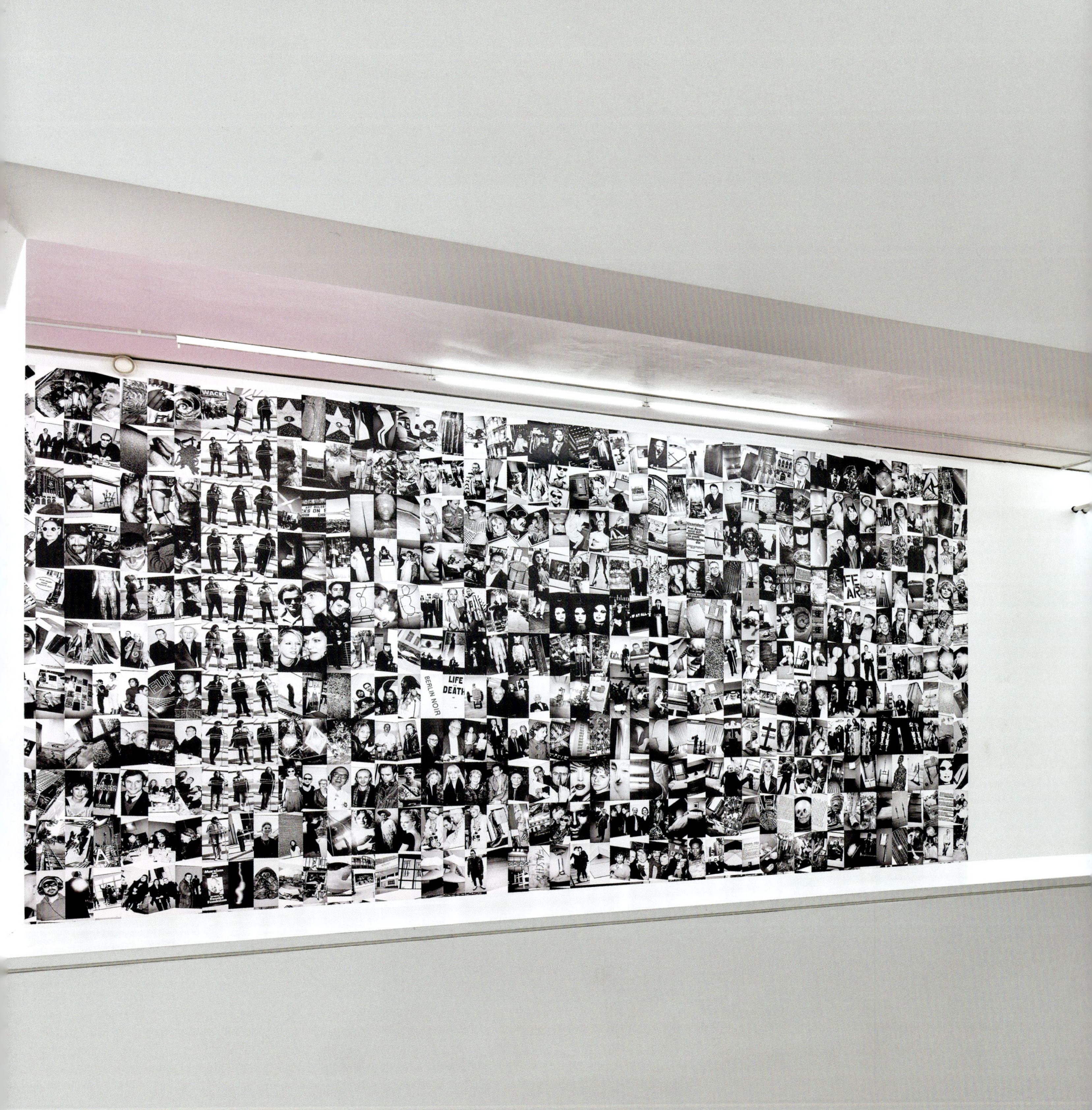
BERLIN NOIR
LIFE
DEATH

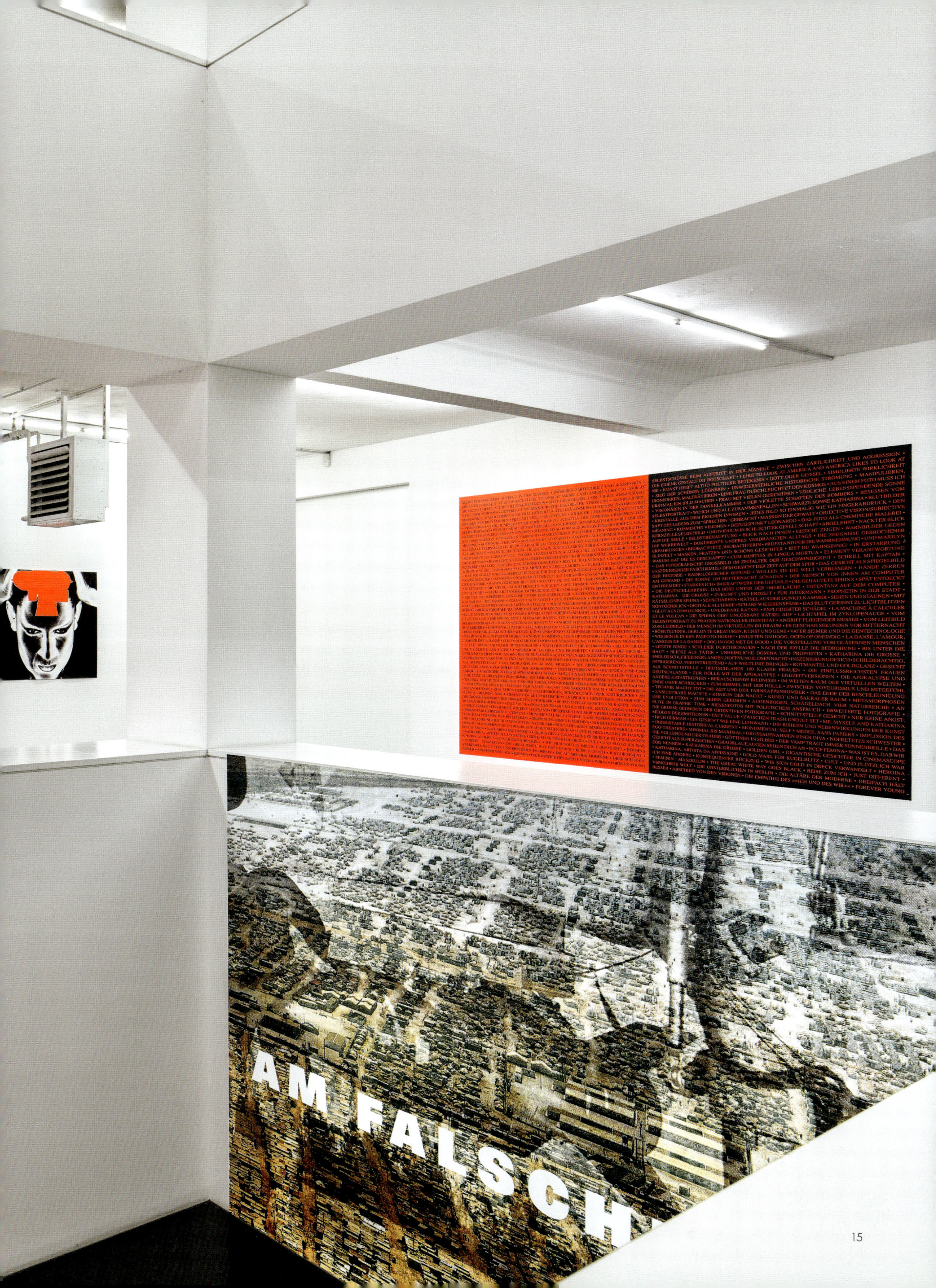
AM FALSCH

SELBSTSCHÜSSE BEIM AUFTRITT IN DER MANEGE • ZWISCHEN ZÄRTLICHKEIT UND AGGRESSION
DIE EIGENE GESTALT IST BOTSCHAFT • I LIKE TO LOOK AT AMERICA AND AMERICA LIKES TO LOOK A
ME • KUNST HEEFT ALTIJD POLITIEKE BETEKENIS • GOTT ODER GEISSEL • SIMULIERTE WIRKLICHKE
• SIEG DER SCHÖNEN LÜGNERIN • UNWIDERSTEHLICHE HISTORISCHE STRÖMUNG • MANIPULIERE
IRONISIEREN, MALTRÄTIEREN • EINE FRAU DURCHLEUCHTET DEN KOSMOS • AUS EINEM FOTO MUSS IC
ERSTMAL EIN BILD MACHEN • FRAU MIT VIELEN GESICHTERN • TÖDLICHE, LEBENSSPENDENDE SONN
• VISIONÄRIN IN DER DUNKELKAMMER • DER VIOLETTE SCHATTEN DES BOMBERS • BESESSEN VO
SELBSTPORTRAIT • WO ICH UND ALL ZUSAMMENFALLEN • SCHWARZE SONNE KATHARINA • BLUTBILDE
• KRISTALLE AUS DEM EIGENEN INNEREN • JEDES BILD SO EINMALIG WIE EIN FINGERABDRUCK • DE
SAFT DES LEBENS ZUM "SPRECHEN" GEBRACHT • MASKEN DER GEWALT • OBJECTIVE VISION/SUBJECTIV
MEANING • KOSMISCHE VISIONEN • BEZUGSPUNKT LEONARDO • DAS FOTO ALS CHEMISCHE MALERE
KERNZELLE SELBSTBILD • INDIVIDUUM IN SCHLECHTER GESELLSCHAFT • ABGELEHNT • NACKTER BLIC
AUF DIE SEELE • SELBSTBEHAUPTUNG • BLICK NACH INNEN • GESICHT ZEIGEN • WARNBILDER GEGE
DIE WERBEWELT • DOKUMENTE UNSERES VERDRÄNGTEN ALLTAGS • DIE ZEUGNISSE GEBROCHENE
ERFAHRUNGEN • BEOBACHTETE, BEOBACHTERIN • PRÜFSTAND FÜR DIE WAHRNEHMUNG • UND MARILY
BLINZELT • MASKEN, FRATZEN UND SCHÖNE GESICHTER • BIST DU WAHNSINNIG! • IN ERSTARRUNG
WARUM HAT DIE ES GESCHAFFT? • CUM MORTUIS IN LINGUA MORTUA • ELEMENT VERANTWORTUN
• DAS FOTOGRAFISCHE GROSSBILD IM ZEITALTER DER GESCHWINDIGKEIT • SCHRILL MIT KAFTAN
FASZINIERENDER FASCHISMUS • DEM GESICHT DER ZEIT AUF DER SPUR • DAS GESICHT ALS SPIEGELBIL
DER HISTORIE • RADIOLOGISCHER BEFUND • WOLLEN SIE DIE WELT VERBESSERN • HÄNDE ZERRE
AM GEWAND • DIE SONNE UM MITTERNACHT SCHAUEN • DER MENSCH VON INNEN AM COMPUTE
ENTFREMDET • STARKES ICH • IM KRAFTWERK DER GEFÜHLE • DIE GEHÄUTETE SPHINX • SPÄT ENTDECK
• DIE DEUTSCHLEHRERIN. DAS BÖSE UNTER DER OBERFLÄCHE • TOTENTANZ AUF DEM COMPUTER
KATHARINA - DIE GROSSE • ZUKUNFT UND ENDZEIT • FÜR JEDERMANN • PROPHETIN IN DER STADT
RÄTSEL EINER SPHINX • SEHSCHÄRFEN • RÄTSEL AUS DER DUNKELKAMMER • SEHEN UND STAUNEN • M
RÖNTGENBLICK • DIGITALE ALCHIMIE • SCHARF WIE EISENSPÄNE • DAS BLUT GERINNT ZU LICHTBLITZE
• GLUT AUS DEM DUNKEL • UNLÖSBARE RÄTSEL • EXPLODIERTER SCHÄDEL • LA MACHINE À CALCULE
ET LE VOLCAN • DIE SPHINX GIBT UNLÖSBARE RÄTSEL AUF • LICHTSPIEL IM ZYKLOPENAUGE • VO
SELBSTPORTRAIT ZU FRAGEN NATIONALER IDENTITÄT • ANGRIFF FLIEGENDER MESSER • VOM LEITBIL
ZUM LEIDBILD • DER MENSCH IM VIRTUELLEN BILDRAUM • ES GESCHAH SEKUNDEN VOR MITTERNACH
• BÖSE TECHNIK, GEKLONTE KREATUREN, KUNST UND GENE • VATER BEIMER UND DIE GENTECHNOLOG
• WIE BEN IK IN EEN PASFOTO-HOKIE? • KNUISTEN OMHOOG, OGEN OP ONEINDIG • LA DANSE, L'AMOU
L'AMOUR DE LA DANSE • OOG IN OOG MET DE DOOD • DIE VORSTELLUNG VOM GLÄSERNEN MENSCHE
• LETZTE DINGE • SCHLEIER DURCHSCHAUEN • NACH DER IDYLLE DIE BEDROHUNG • BIS UNTER D
HAUT • BLICKE ALS TÄTER • UNHEIMLICHE DOMINA UND PROPHETIN • KATHARINA DIE GROSSE
ENDLOSSCHLEIFEEINERLANGEN,HOFFNUNGSLOSENNACHT•INSZENIERUNGDESICH•SCHILDERACHTI
INTRIGEREND, VERONTRUSTEND • AUF WELTLINIE BRINGEN • ROTMANTEL UND GOLDGLANZ • GESICH
ALS SCHNITTSTELLE • DEUTSCHLANDS 100 KLASSE FRAUEN • DIE EINFLUSSREICHSTEN FRAUE
DEUTSCHLANDS • ZUR HÖLLE MIT DER APOKALYPSE • ENDZEITVERSIONEN • DIE APOKALYPSE UN
ANDERE KATASTROPHEN • BERAUSCHENDE BILDNISSE • IM WEITEN RAUM DER VIRTUELLEN WELTEN
ENDE OHNE SCHRECKEN • ZUM HIMMEL MIT DER HÖLLE • ZWISCHEN VOYEURISMUS UND MITGEFÜ
• TECHNIK MACHT TOT • DIE ZEIT UND DER TARNKAPPENBOMBER • DAS ENDE DER BESCHLEUNIGUN
• UNSICHTBARE MÄCHTE • KÖNIGIN DER NACHT • KUNST UND SAKRALER RAUM • METAMORPHOSE
DER EVOLUTION • ZUM SEHEN GEBOREN • AUGENBOGEN, SCHÄDELDACH. VIER NATURREICHE • A
ELITE IN GRAPHIC TIME • RIESENFOTOS MIT POLITISCHEM ANSPRUCH • ERWEITERTE FOTOGRAFIE
DIE GROSSE GEGNERIN DER OBJEKTIVEN FOTOGRAFIE • SCHNITTSTELLE GESICHT • NUR KEINE ANGS
MEDIZIN DER EMOTIONEN • FACE VALUE • ZWISCHEN TRASH UND JET-SET • ME, MYSELF, AND KATHARIN
• HIGH GERMAN • EIN GESICHT WIE EINE LEINWAND • DIE RISIKEN UND NEBENWIRKUNGEN DER KUNS
• IRRESISTABLE HISTORICAL CURRENT • MONUMENTAL SELF • MEDEE, SANS PAPIERS • IMPLOSION DE
EGO-THEATERS • MINIMAL BIS MAXIMAL • GROSSAUFNAHMEN EINER DIVA • NOFRETETES SCHWESTER
DIE VOLLENDUNG DER TRAUER • GÖTTINEN IN SILBER • DER VAMP TRÄGT IMMER SONNENBRILLE • DA
GESICHT ALS SUPERZEICHEN • GRAUBLAUE AUGEN SEHEN DICH AN • ECCE FEMINA • WAS IST ES, DAS W
EGO NENNEN • KATHARINA DIE GROSSE • GOLDEN GIRL • GIGANTISCHE GESICHTER IN CINEMASCO
• KATHARINA, ARTISTA DA AFFISSIONE • GOLD MASK FOR KUGELBLITZ • CULT • UND PLÖTZLICH WA
ICH EINE ANDERE • KONSEQUENTER RÜCKZUG • WIE SICH GOLD IN DRECK VERWANDELT • HEROIN
• FEMININ : MASZKULIN • THE GREAT WHITE WAY GOES BLACK • REISE ZUM ICH • JUST DIFFERENT
VERKEHRTE WELT • DIE UNSTERBLICHEN IN BERLIN • DIE ALTÄRE DER MODERNE • DREIFACH HÄ
BESSER • ABSCHIED VON DEN VISIONEN • DIE EMPATHIE DES >>ICH UND DES WIR<< • FOREVER YOUN

ELBSTSCHÜSSE BEIM AUFTRITT IN DER MANEGE • ZWISCHEN ZÄRTLICHKEIT UND AGGRESSION • E EIGENE GESTALT IST BOTSCHAFT • I LIKE TO LOOK AT AMERICA AND AMERICA LIKES TO LOOK AT E • KUNST HEEFT ALTIJD POLITIEKE BETEKENIS • GOTT ODER GEISSEL • SIMULIERTE WIRKLICHKEIT SIEG DER SCHÖNEN LÜGNERIN • UNWIDERSTEHLICHE HISTORISCHE STRÖMUNG • MANIPULIEREN, ONISIEREN, MALTRÄTIEREN • EINE FRAU DURCHLEUCHTET DEN KOSMOS • AUS EINEM FOTO MUSS ICH RSTMAL EIN BILD MACHEN • FRAU MIT VIELEN GESICHTERN • TÖDLICHE, LEBENSSPENDENDE SONNE VISIONÄRIN IN DER DUNKELKAMMER • DER VIOLETTE SCHATTEN DES BOMBERS • BESESSEN VOM ELBSTPORTRAIT • WO ICH UND ALL ZUSAMMENFALLEN • SCHWARZE SONNE KATHARINA • BLUTBILDER KRISTALLE AUS DEM EIGENEN INNEREN • JEDES BILD SO EINMALIG WIE EIN FINGERABDRUCK • DEN AFT DES LEBENS ZUM "SPRECHEN" GEBRACHT • MASKEN DER GEWALT • OBJECTIVE VISION/SUBJECTIVE EANING • KOSMISCHE VISIONEN • BEZUGSPUNKT LEONARDO • DAS FOTO ALS CHEMISCHE MALEREI • ERNZELLE SELBSTBILD • INDIVIDUUM IN SCHLECHTER GESELLSCHAFT • ABGELEHNT • NACKTER BLICK JF DIE SEELE • SELBSTBEHAUPTUNG • BLICK NACH INNEN • GESICHT ZEIGEN • WARNBILDER GEGEN E WERBEWELT • DOKUMENTE UNSERES VERDRÄNGTEN ALLTAGS • DIE ZEUGNISSE GEBROCHENER RFAHRUNGEN • BEOBACHTETE, BEOBACHTERIN • PRÜFSTAND FÜR DIE WAHRNEHMUNG • UND MARILYN INZELT • MASKEN, FRATZEN UND SCHÖNE GESICHTER • BIST DU WAHNSINNIG! • IN ERSTARRUNG • ARUM HAT DIE ES GESCHAFFT? • CUM MORTUIS IN LINGUA MORTUA • ELEMENT VERANTWORTUNG DAS FOTOGRAFISCHE GROSSBILD IM ZEITALTER DER GESCHWINDIGKEIT • SCHRILL MIT KAFTAN • ASZINIERENDER FASCHISMUS • DEM GESICHT DER ZEIT AUF DER SPUR • DAS GESICHT ALS SPIEGELBILD ER HISTORIE • RADIOLOGISCHER BEFUND • WOLLEN SIE DIE WELT VERBESSERN • HÄNDE ZERREN M GEWAND • DIE SONNE UM MITTERNACHT SCHAUEN • DER MENSCH VON INNEN AM COMPUTER NTFREMDET • STARKES ICH • IM KRAFTWERK DER GEFÜHLE • DIE GEHÄUTETE SPHINX • SPÄT ENTDECKT DIE DEUTSCHLEHRERIN. DAS BÖSE UNTER DER OBERFLÄCHE • TOTENTANZ AUF DEM COMPUTER • ATHARINA - DIE GROSSE • ZUKUNFT UND ENDZEIT • FÜR JEDERMANN • PROPHETIN IN DER STADT • ÄTSEL EINER SPHINX • SEHSCHÄRFEN • RÄTSEL AUS DER DUNKELKAMMER • SEHEN UND STAUNEN • MIT ÖNTGENBLICK • DIGITALE ALCHIMIE • SCHARF WIE EISENSPÄNE • DAS BLUT GERINNT ZU LICHTBLITZEN GLUT AUS DEM DUNKEL • UNLÖSBARE RÄTSEL • EXPLODIERTER SCHÄDEL • LA MACHINE À CALCULER LE VOLCAN • DIE SPHINX GIBT UNLÖSBARE RÄTSEL AUF • LICHTSPIEL IM ZYKLOPENAUGE • VOM ELBSTPORTRAIT ZU FRAGEN NATIONALER IDENTITÄT • ANGRIFF FLIEGENDER MESSER • VOM LEITBILD JM LEIDBILD • DER MENSCH IM VIRTUELLEN BILDRAUM • ES GESCHAH SEKUNDEN VOR MITTERNACHT BÖSE TECHNIK, GEKLONTE KREATUREN, KUNST UND GENE • VATER BEIMER UND DIE GENTECHNOLOGIE WIE BEN IK IN EEN PASFOTO-HOKIE? • KNUISTEN OMHOOG, OGEN OP ONEINDIG • LA DANSE, L'AMOUR, AMOUR DE LA DANSE • OOG IN OOG MET DE DOOD • DIE VORSTELLUNG VOM GLÄSERNEN MENSCHEN LETZTE DINGE • SCHLEIER DURCHSCHAUEN • NACH DER IDYLLE DIE BEDROHUNG • BIS UNTER DIE AUT • BLICKE ALS TÄTER • UNHEIMLICHE DOMINA UND PROPHETIN • KATHARINA DIE GROSSE • NDLOSSCHLEIFEEINERLANGEN,HOFFNUNGSLOSENNACHT•INSZENIERUNGDESICH•SCHILDERACHTIG, NTRIGEREND, VERONTRUSTEND • AUF WELTLINIE BRINGEN • ROTMANTEL UND GOLDGLANZ • GESICHT LS SCHNITTSTELLE • DEUTSCHLANDS 100 KLASSE FRAUEN • DIE EINFLUSSREICHSTEN FRAUEN EUTSCHLANDS • ZUR HÖLLE MIT DER APOKALYPSE • ENDZEITVERSIONEN • DIE APOKALYPSE UND NDERE KATASTROPHEN • BERAUSCHENDE BILDNISSE • IM WEITEN RAUM DER VIRTUELLEN WELTEN • NDE OHNE SCHRECKEN • ZUM HIMMEL MIT DER HÖLLE • ZWISCHEN VOYEURISMUS UND MITGEFÜHL TECHNIK MACHT TOT • DIE ZEIT UND DER TARNKAPPENBOMBER • DAS ENDE DER BESCHLEUNIGUNG UNSICHTBARE MÄCHTE • KÖNIGIN DER NACHT • KUNST UND SAKRALER RAUM • METAMORPHOSEN ER EVOLUTION • ZUM SEHEN GEBOREN • AUGENBOGEN, SCHÄDELDACH. VIER NATURREICHE • AN LITE IN GRAPHIC TIME • RIESENFOTOS MIT POLITISCHEM ANSPRUCH • ERWEITERTE FOTOGRAFIE • IE GROSSE GEGNERIN DER OBJEKTIVEN FOTOGRAFIE • SCHNITTSTELLE GESICHT • NUR KEINE ANGST, IEDIZIN DER EMOTIONEN • FACE VALUE • ZWISCHEN TRASH UND JET-SET • ME, MYSELF, AND KATHARINA HIGH GERMAN • EIN GESICHT WIE EINE LEINWAND • DIE RISIKEN UND NEBENWIRKUNGEN DER KUNST IRRESISTABLE HISTORICAL CURRENT • MONUMENTAL SELF • MEDEE, SANS PAPIERS • IMPLOSION DES GO-THEATERS • MINIMAL BIS MAXIMAL • GROSSAUFNAHMEN EINER DIVA • NOFRETETES SCHWESTER • IE VOLLENDUNG DER TRAUER • GÖTTINEN IN SILBER • DER VAMP TRÄGT IMMER SONNENBRILLE • DAS ESICHT ALS SUPERZEICHEN • GRAUBLAUE AUGEN SEHEN DICH AN • ECCE FEMINA • WAS IST ES, DAS WIR GO NENNEN • KATHARINA DIE GROSSE • GOLDEN GIRL • GIGANTISCHE GESICHTER IN CINEMASCOPE KATHARINA, ARTISTA DA AFFISSIONE • GOLD MASK FOR KUGELBLITZ • CULT • UND PLÖTZLICH WAR CH EINE ANDERE • KONSEQUENTER RÜCKZUG • WIE SICH GOLD IN DRECK VERWANDELT • HEROINA FEMININ : MASZKULIN • THE GREAT WHITE WAY GOES BLACK • REISE ZUM ICH • JUST DIFFERENT • ERKEHRTE WELT • DIE UNSTERBLICHEN IN BERLIN • DIE ALTÄRE DER MODERNE • DREIFACH HÄLT ESSER • ABSCHIED VON DEN VISIONEN • DIE EMPATHIE DES >>ICH UND DES WIR<< • FOREVER YOUNG

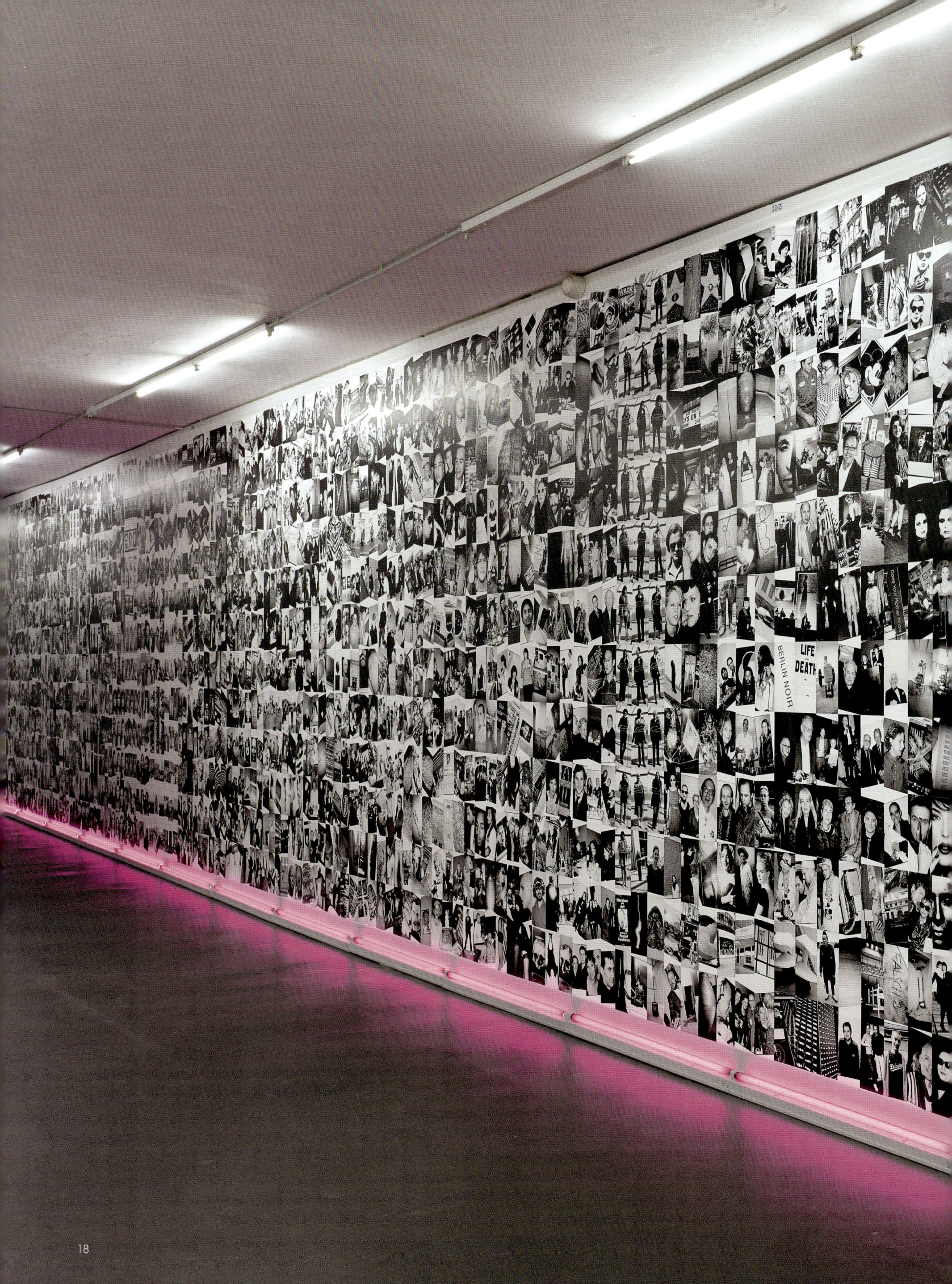
LIFE
DEATH
BERLIN NOIR

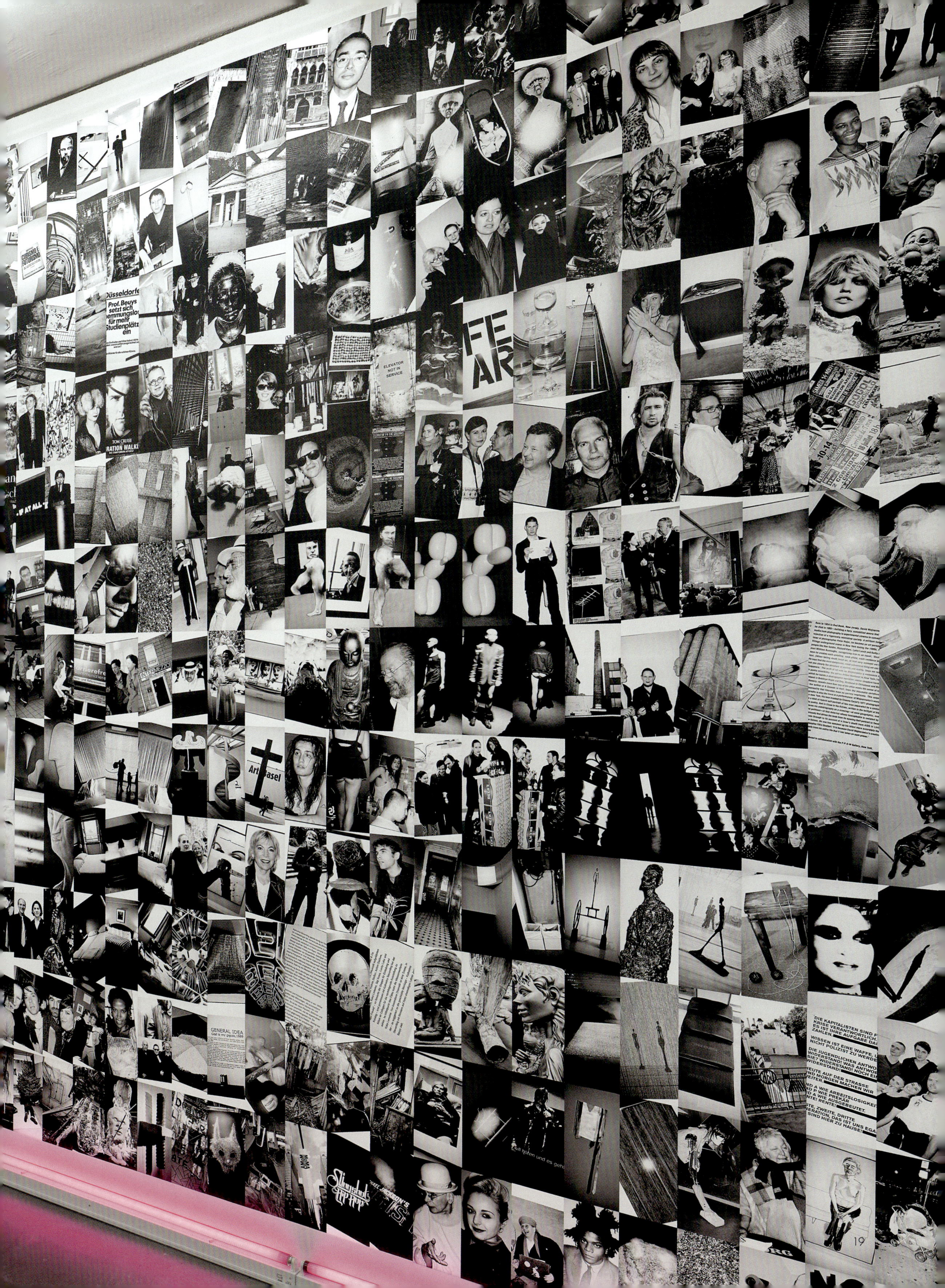

Düsseldorfer
Prof. Beuys setzt sich hemmungslos für mehr Studienplätze ein
TOM CRUISE
FE
AR
ELEVATOR NOT IN SERVICE
Art Basel
GENERAL IDEA

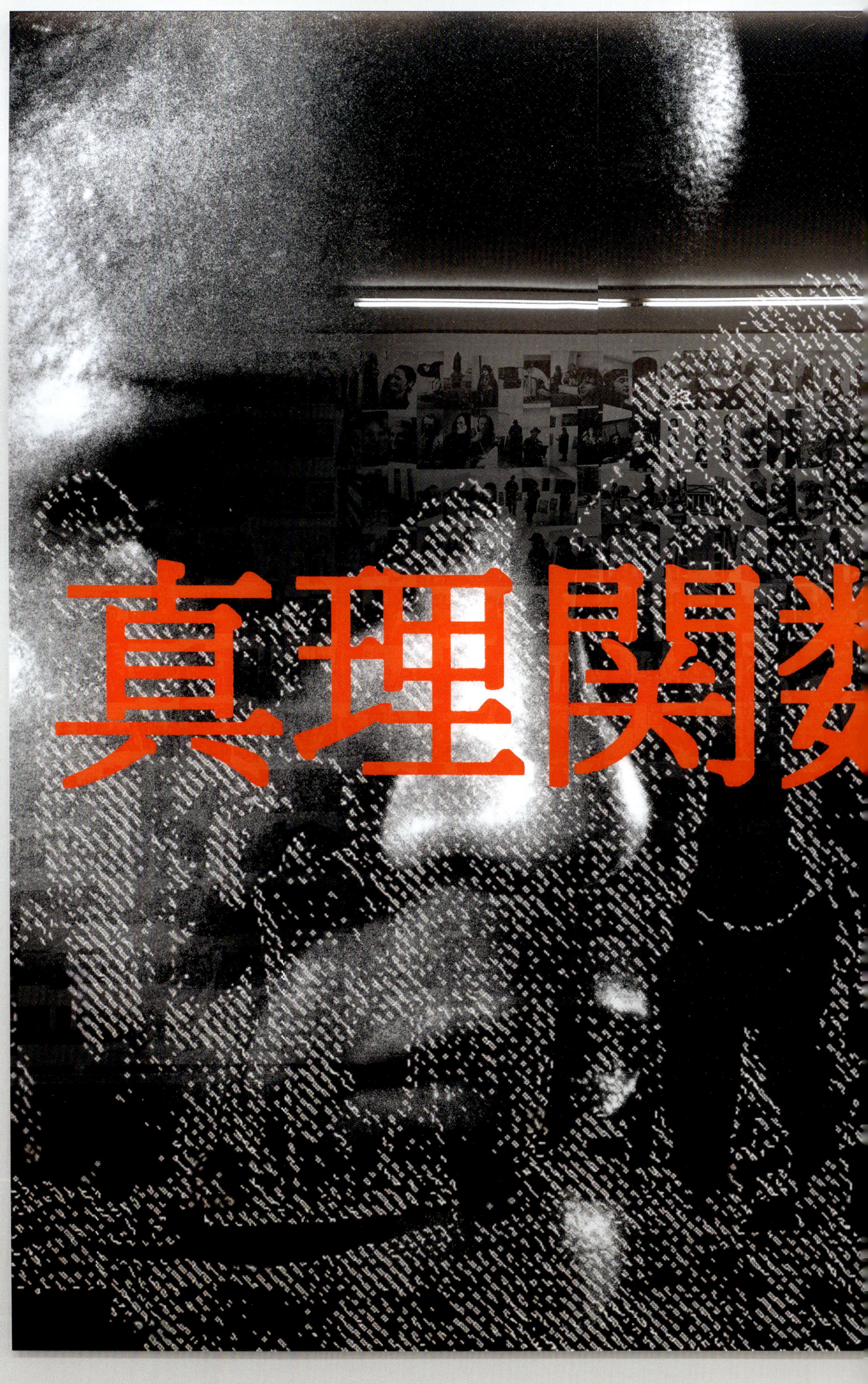
真理関

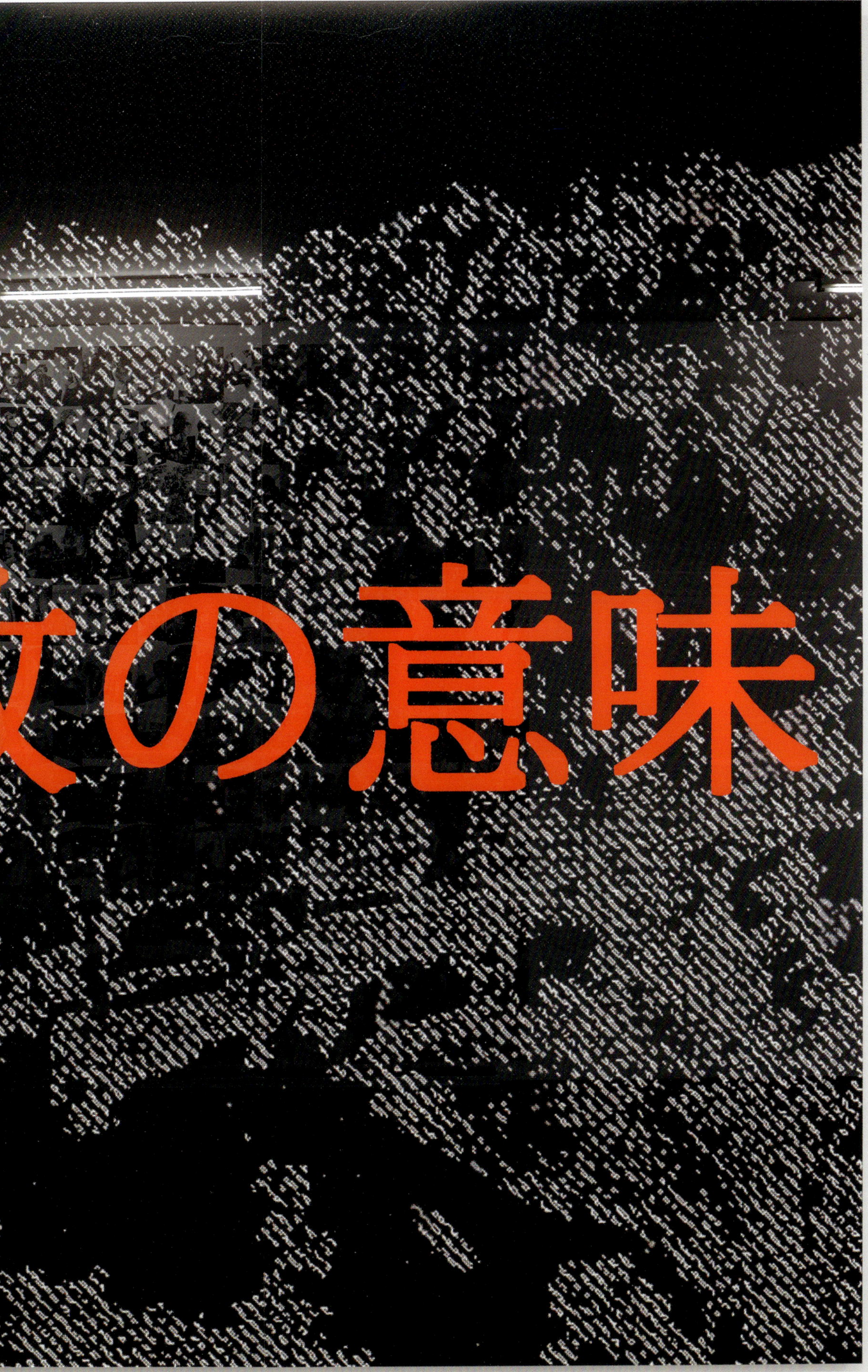
の意味

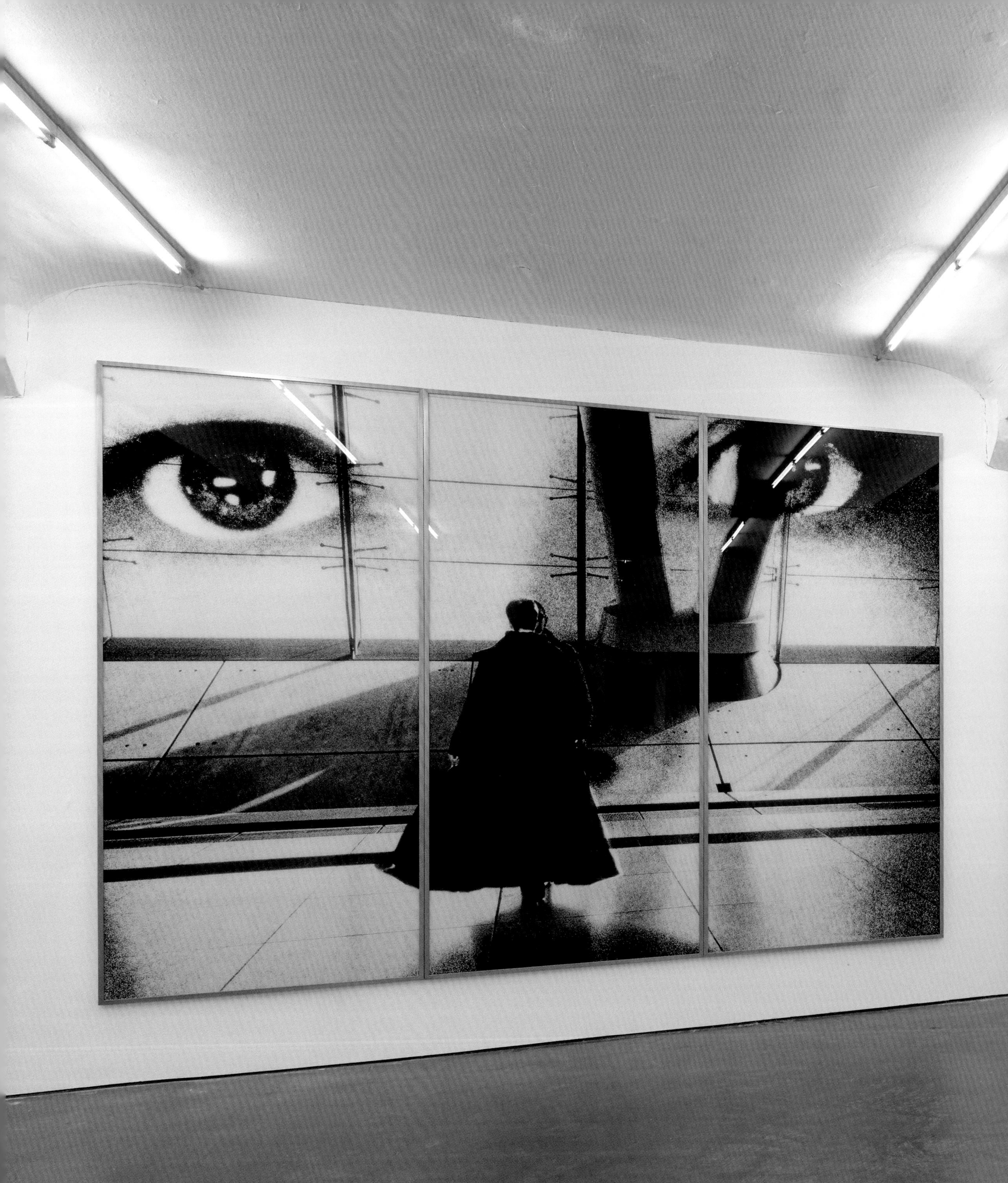

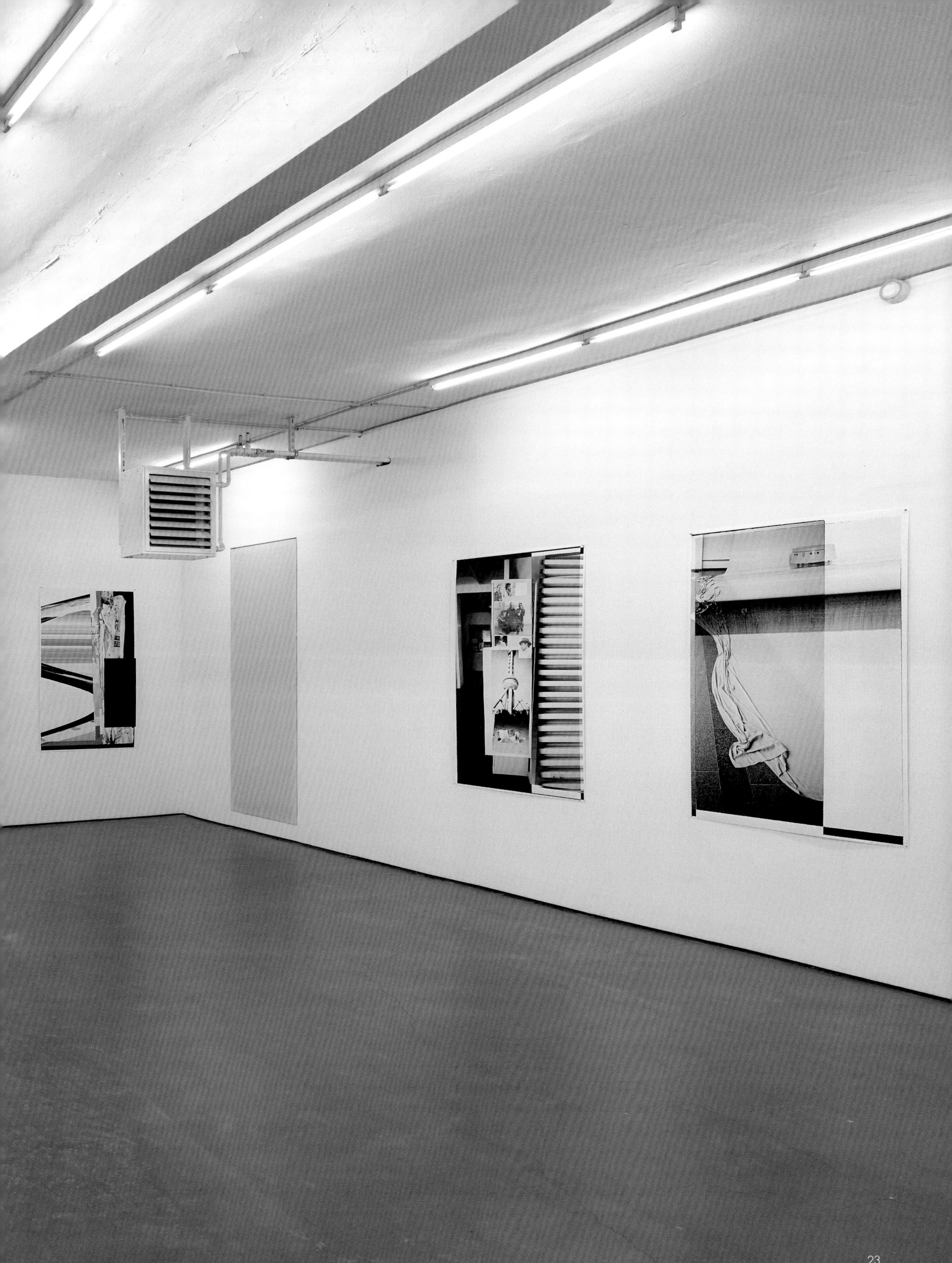

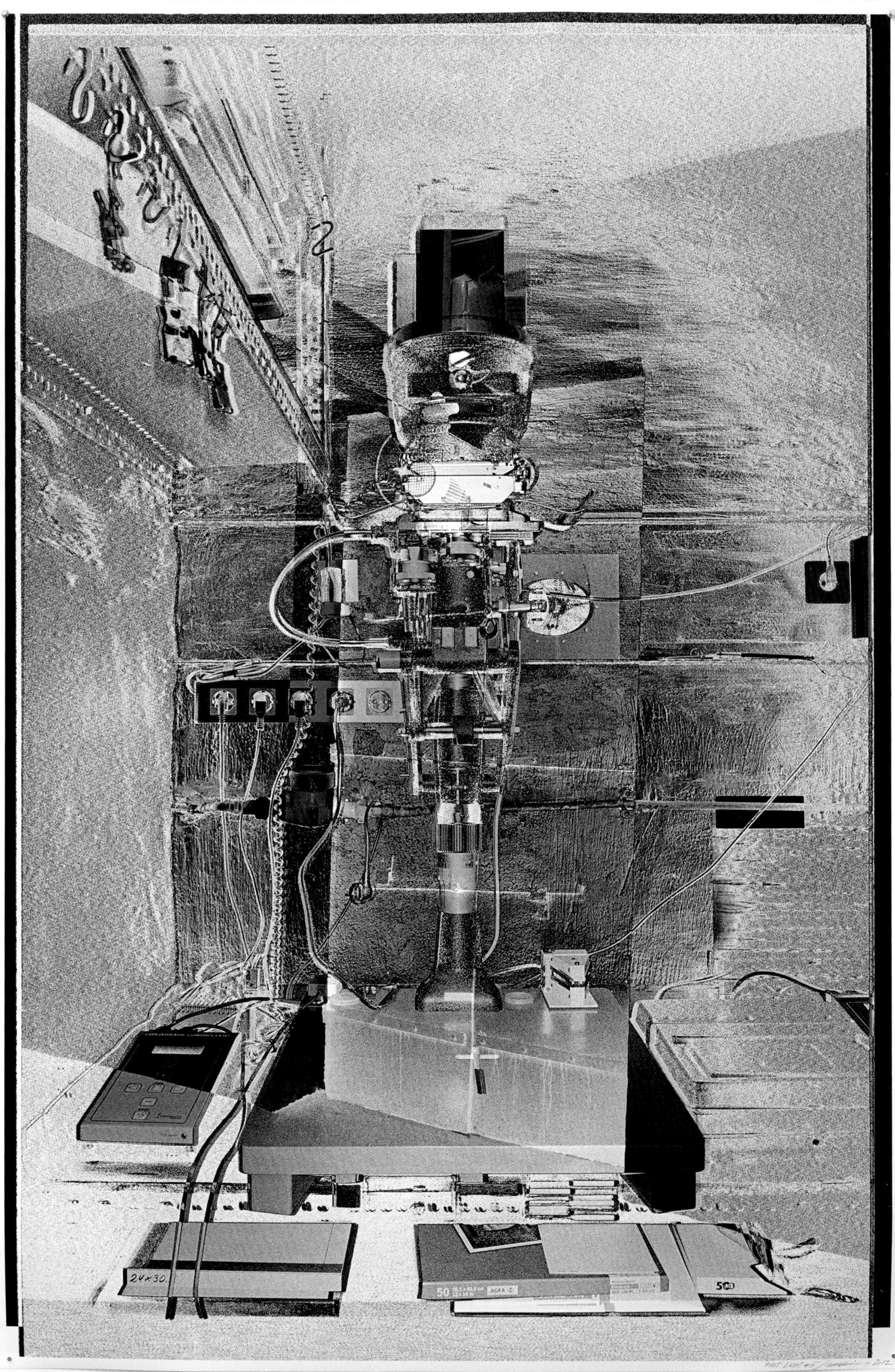
24×30
50
AGFA
500

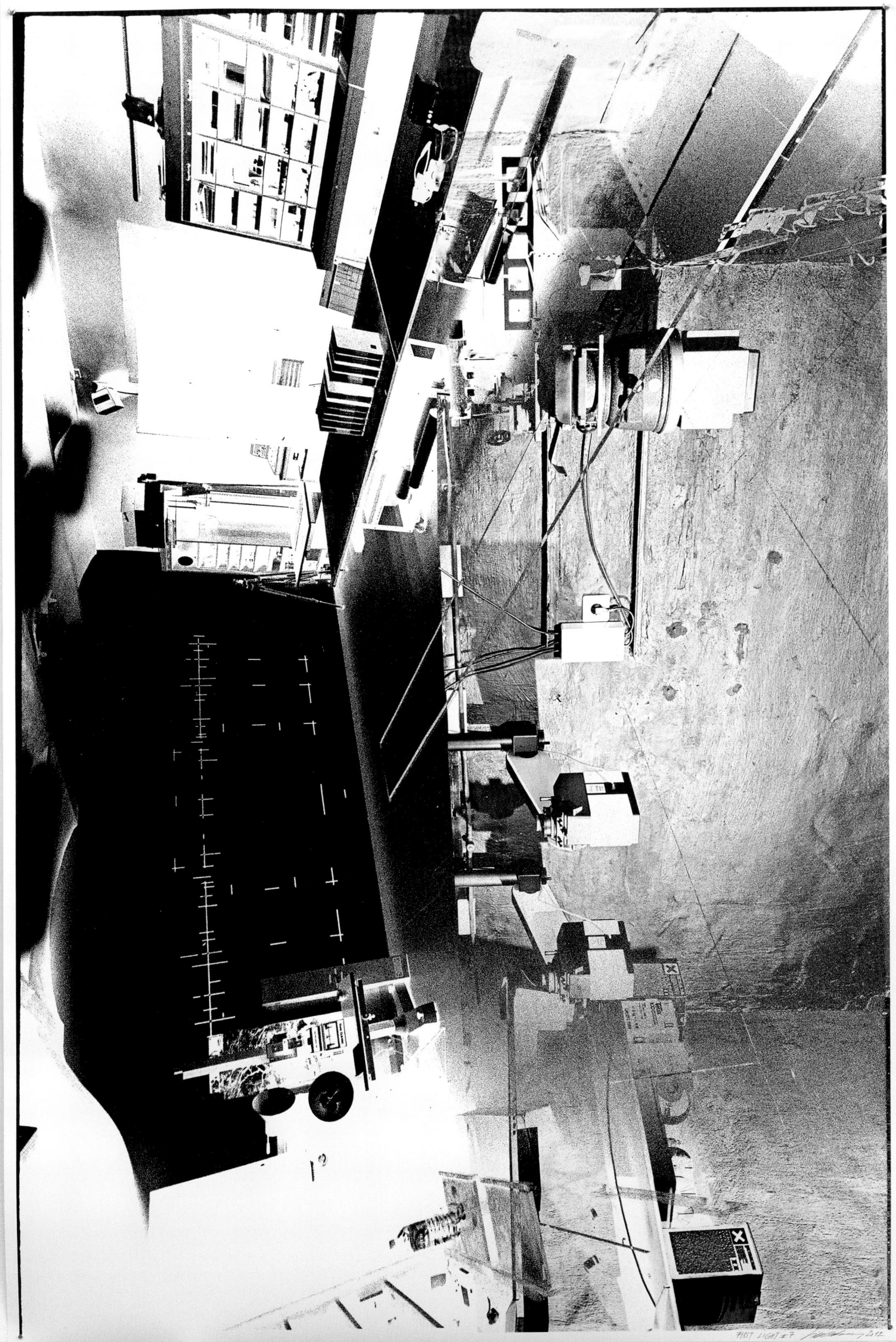
FIRST LIGHT #7
2012

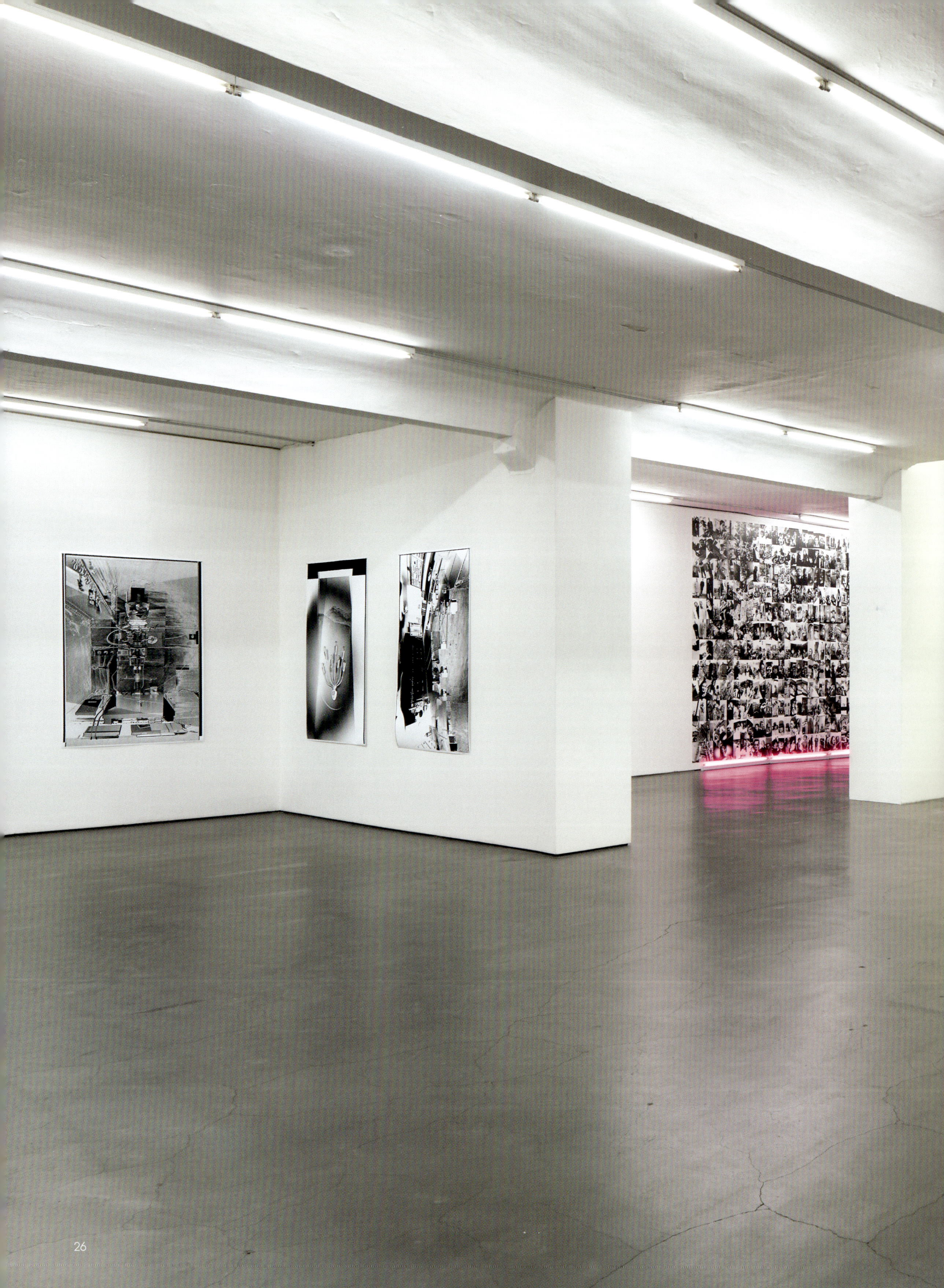

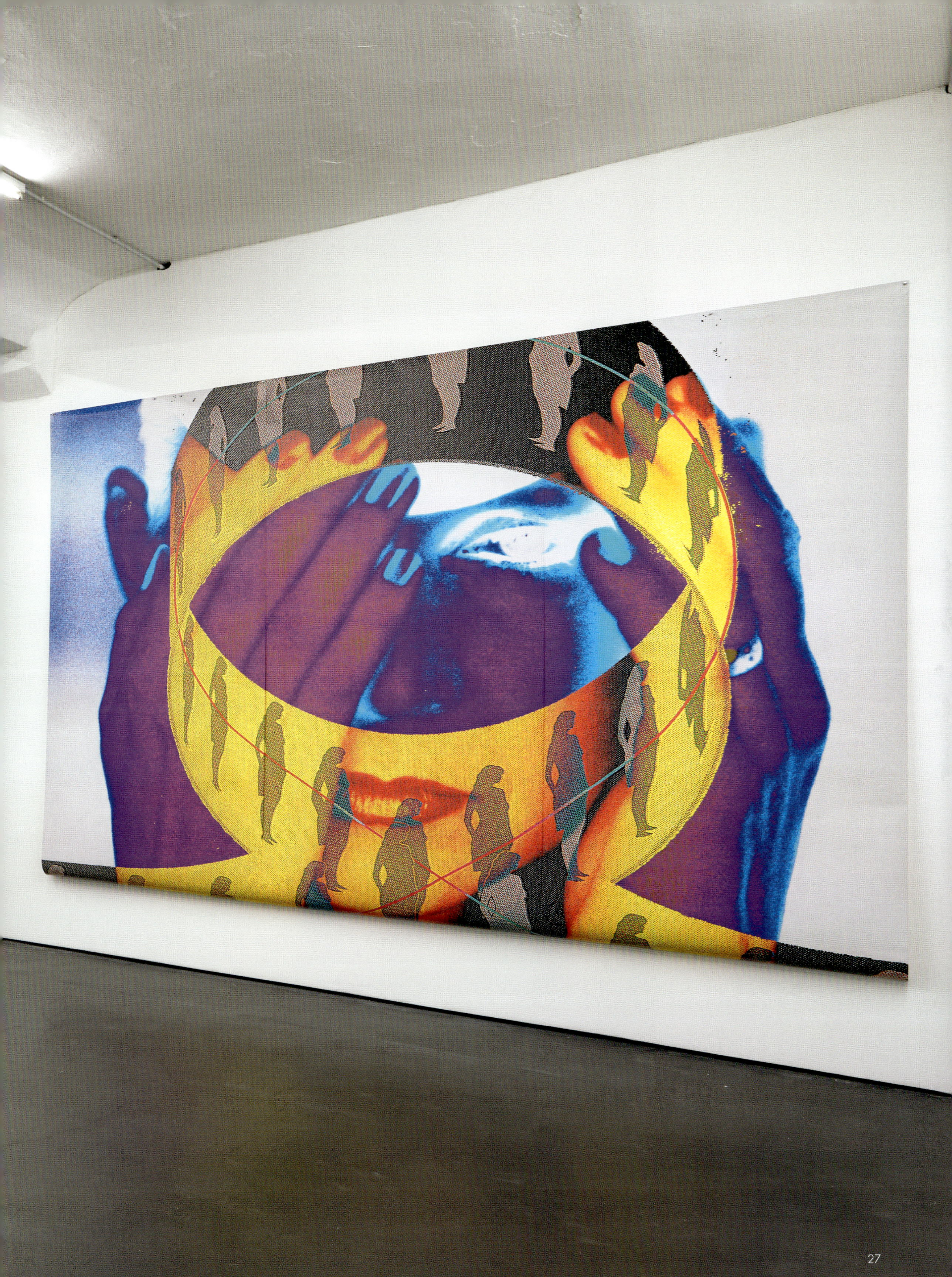

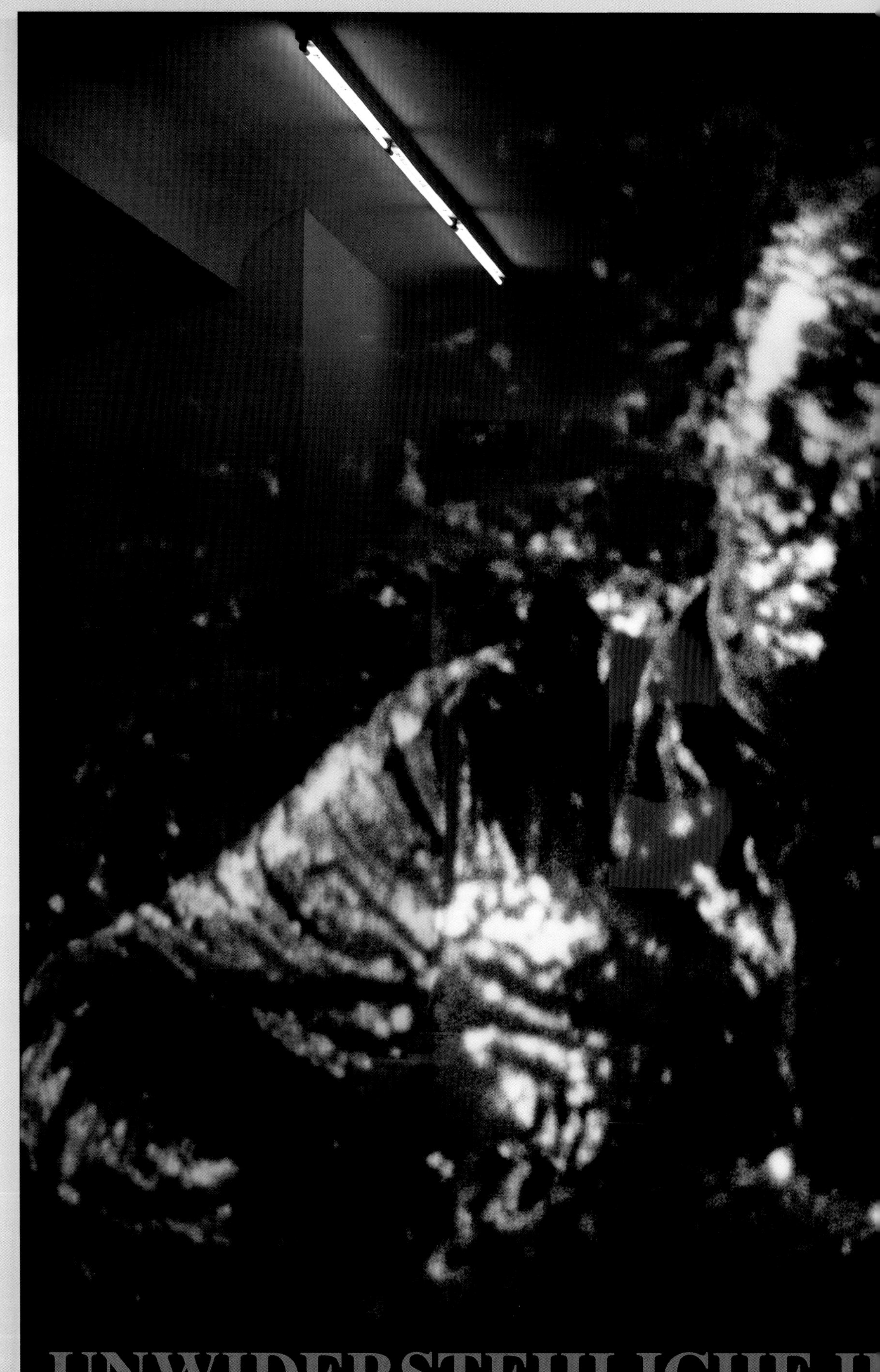
UNWIDERSTEHLICHE H

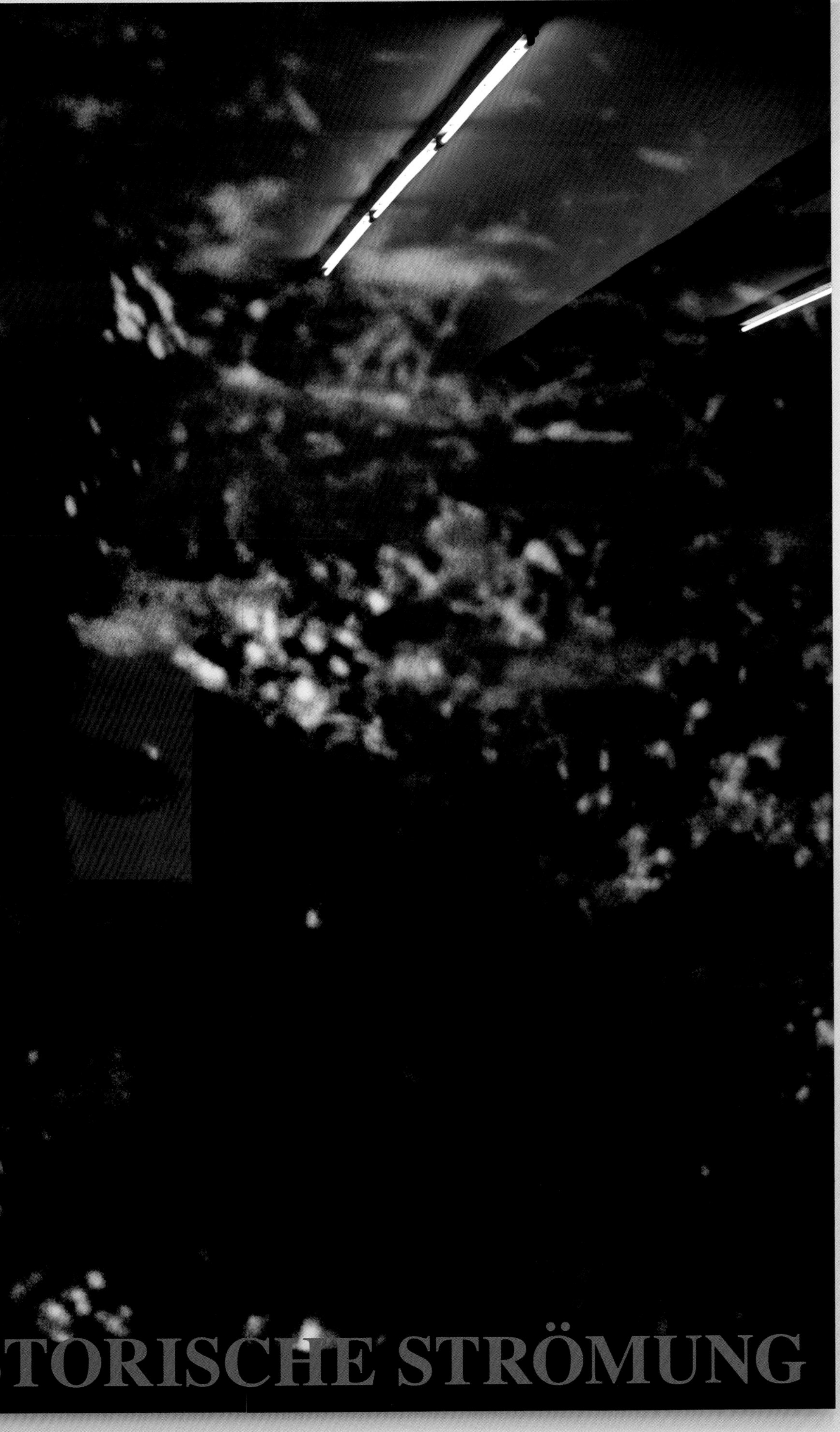
STORISCHE STRÖMUNG

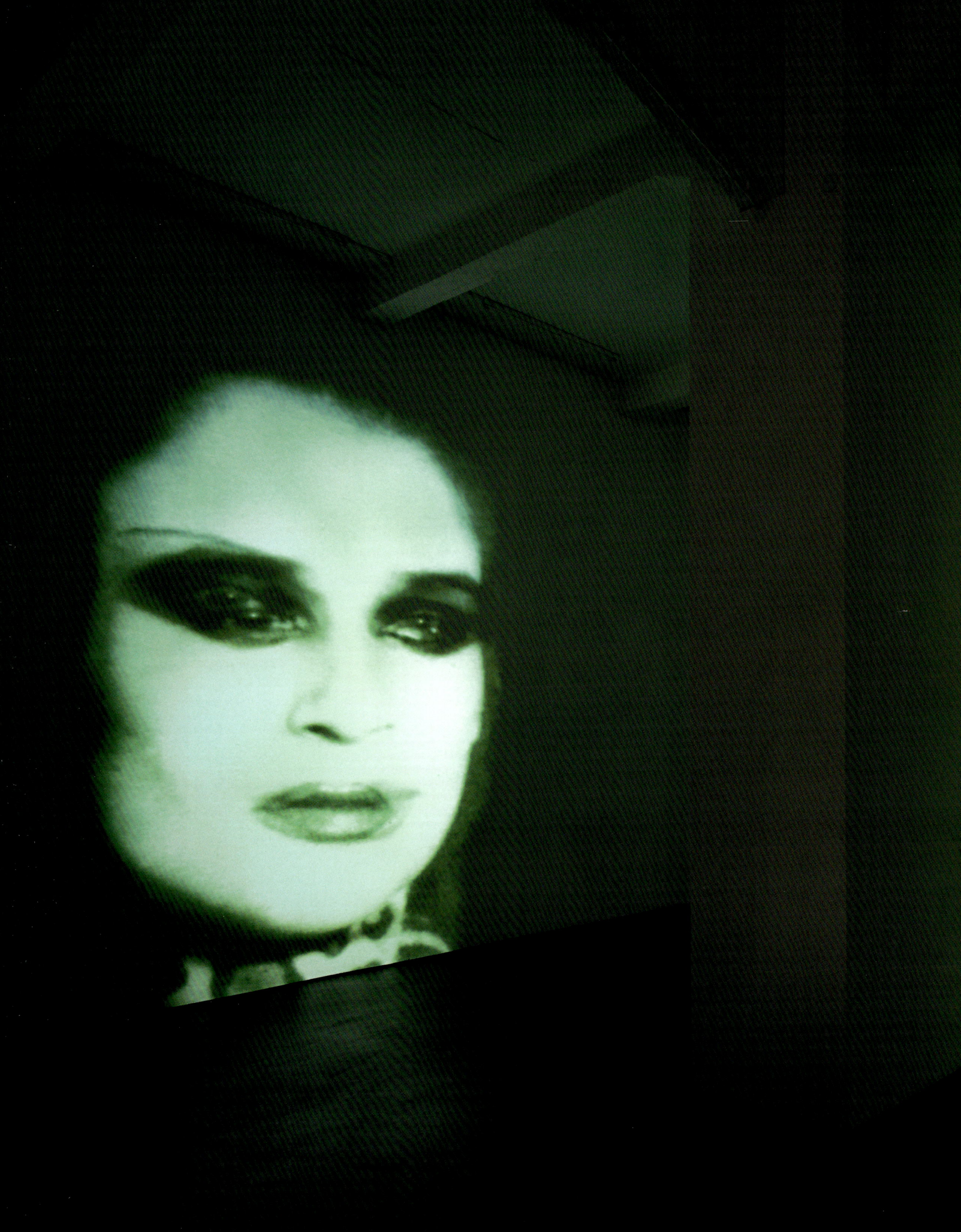

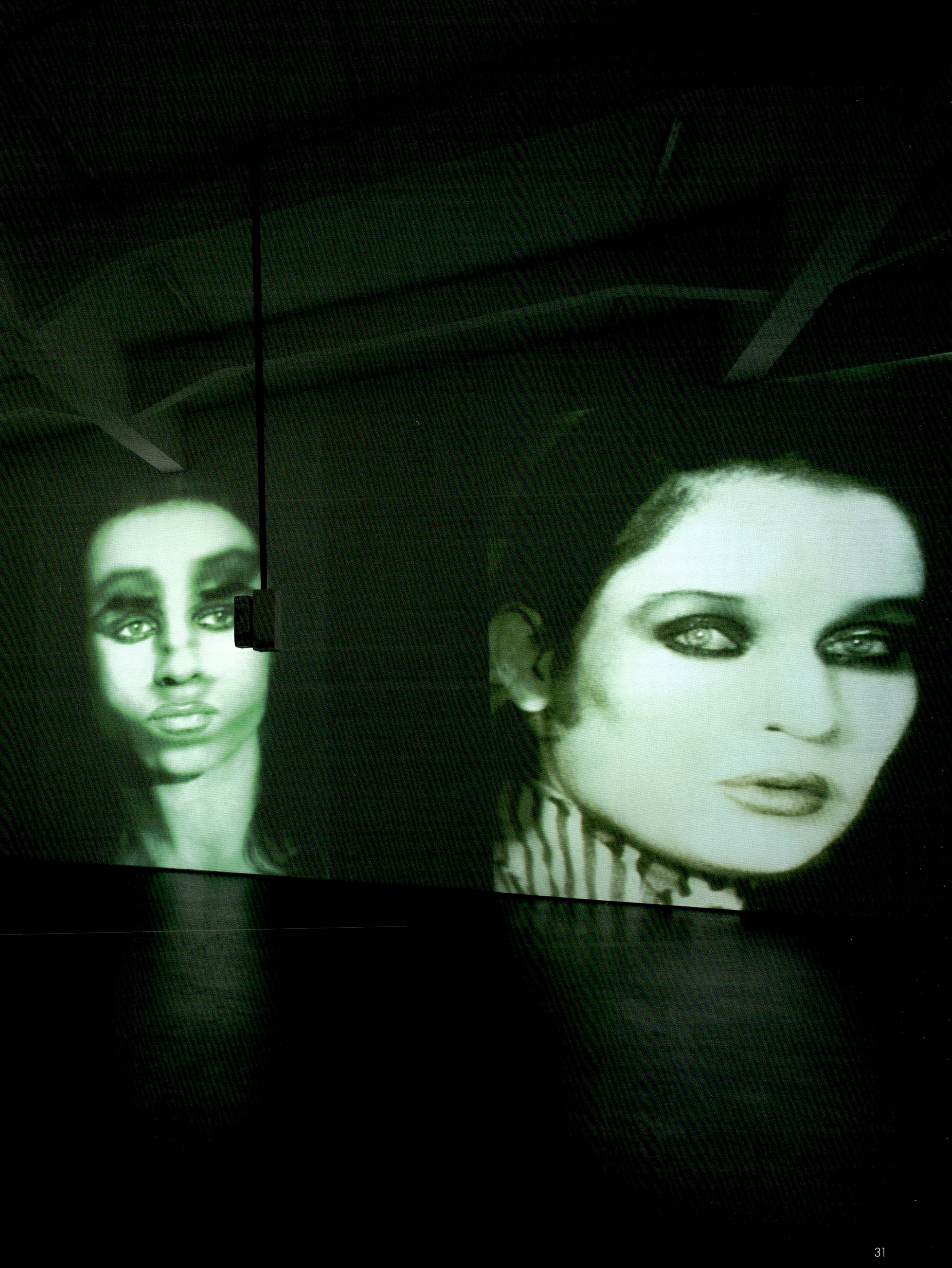

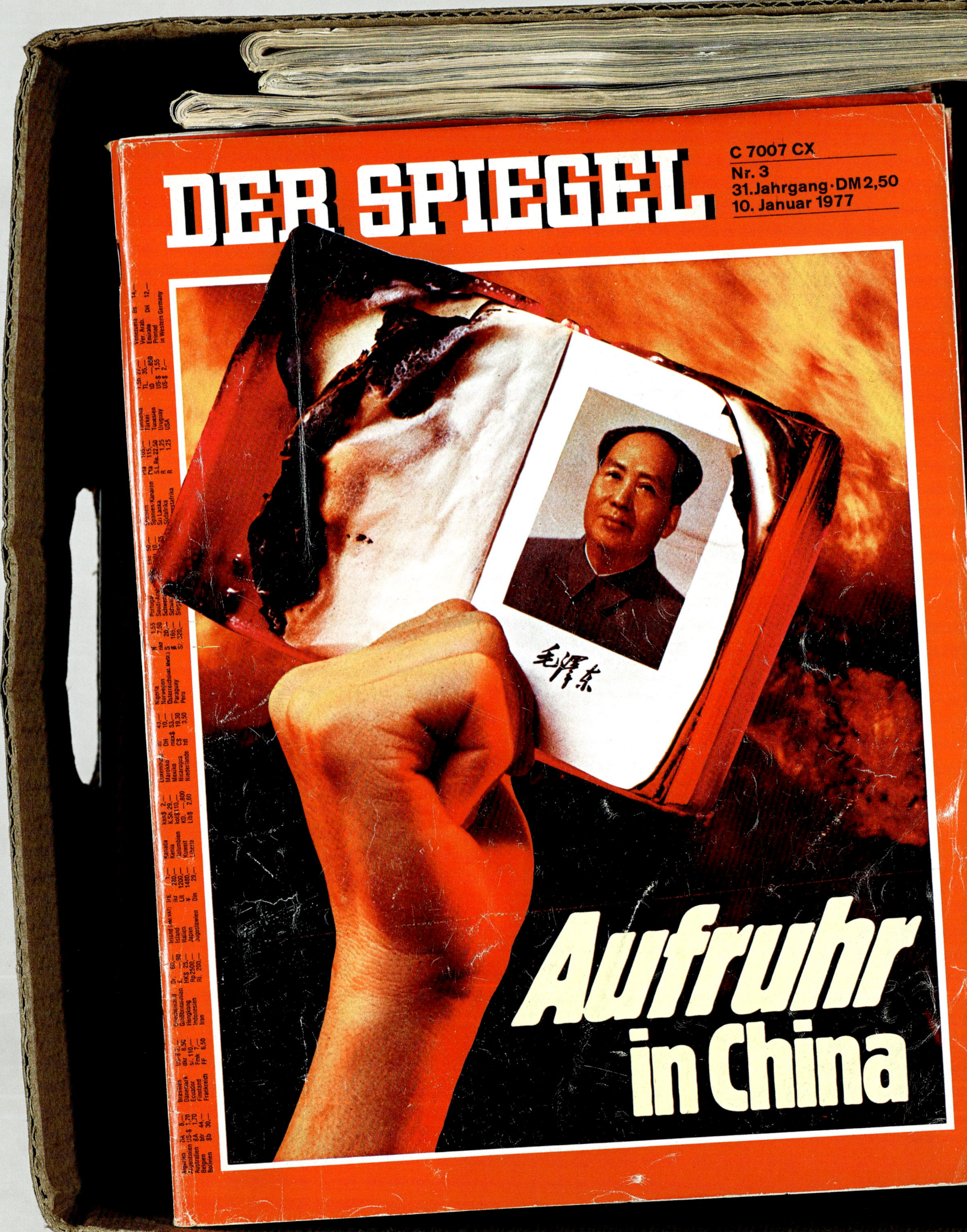
DER SPIEGEL
C 7007 CX
Nr. 3
31.Jahrgang·DM 2,50
10. Januar 1977
毛泽东
Aufruhr
in China

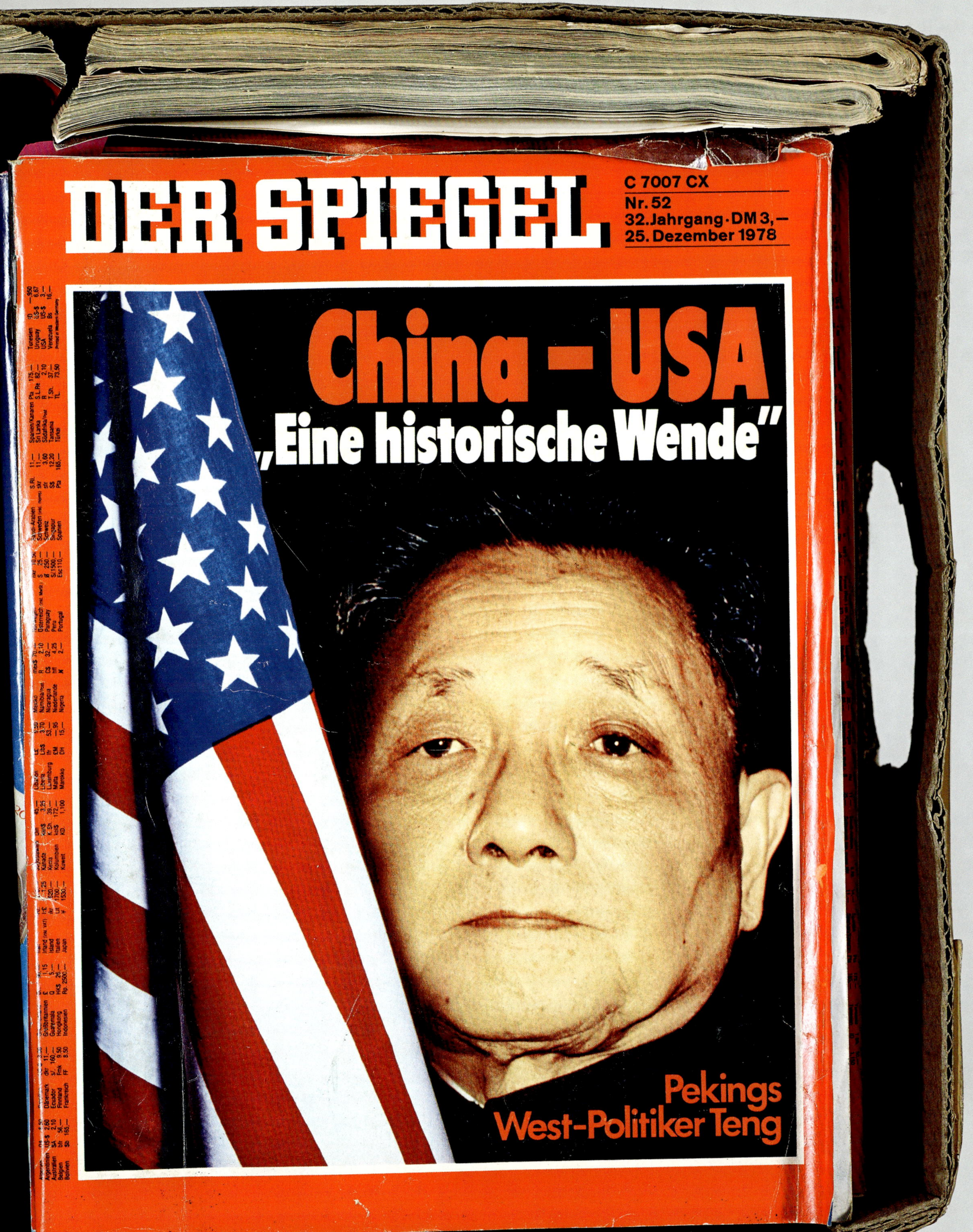
DER SPIEGEL
C 7007 CX
Nr. 52
32. Jahrgang · DM 3,–
25. Dezember 1978
China – USA
„Eine historische Wende"
Pekings
West-Politiker Teng

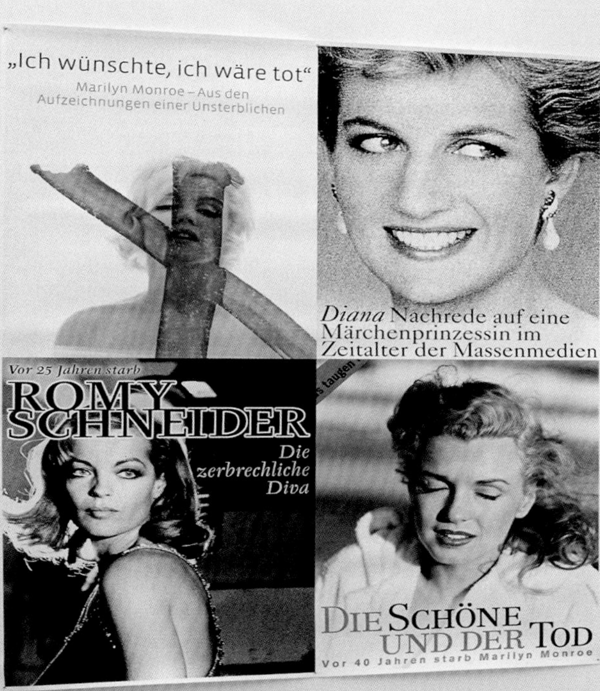
„Ich wünschte, ich wäre tot“
Marilyn Monroe – Aus den Aufzeichnungen einer Unsterblichen
Diana Nachrede auf eine Märchenprinzessin im Zeitalter der Massenmedien
Vor 25 Jahren starb
ROMY SCHNEIDER
Die zerbrechliche Diva
DIE SCHÖNE UND DER TOD
Vor 40 Jahren starb Marilyn Monroe

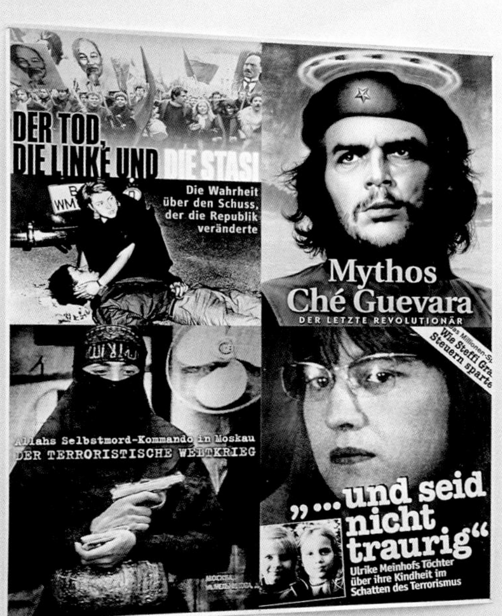
DER TOD, DIE LINKE UND DIE STASI
Die Wahrheit über den Schuss, der die Republik veränderte
Mythos Ché Guevara
DER LETZTE REVOLUTIONÄR
Allahs Selbstmord-Kommando in Moskau
DER TERRORISTISCHE WELTKRIEG
„…und seid nicht traurig“
Ulrike Meinhofs Töchter über ihre Kindheit im Schatten des Terrorismus

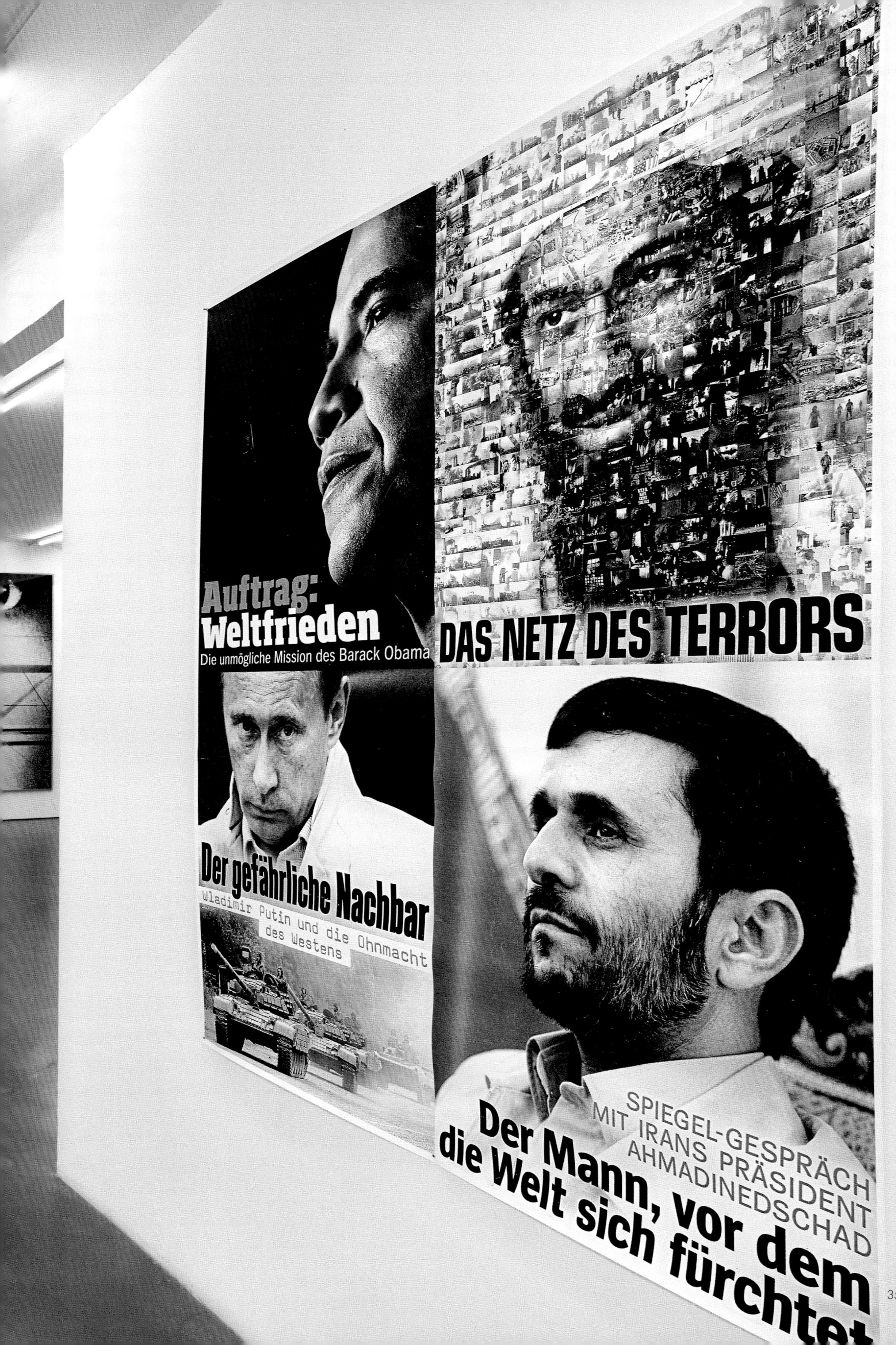

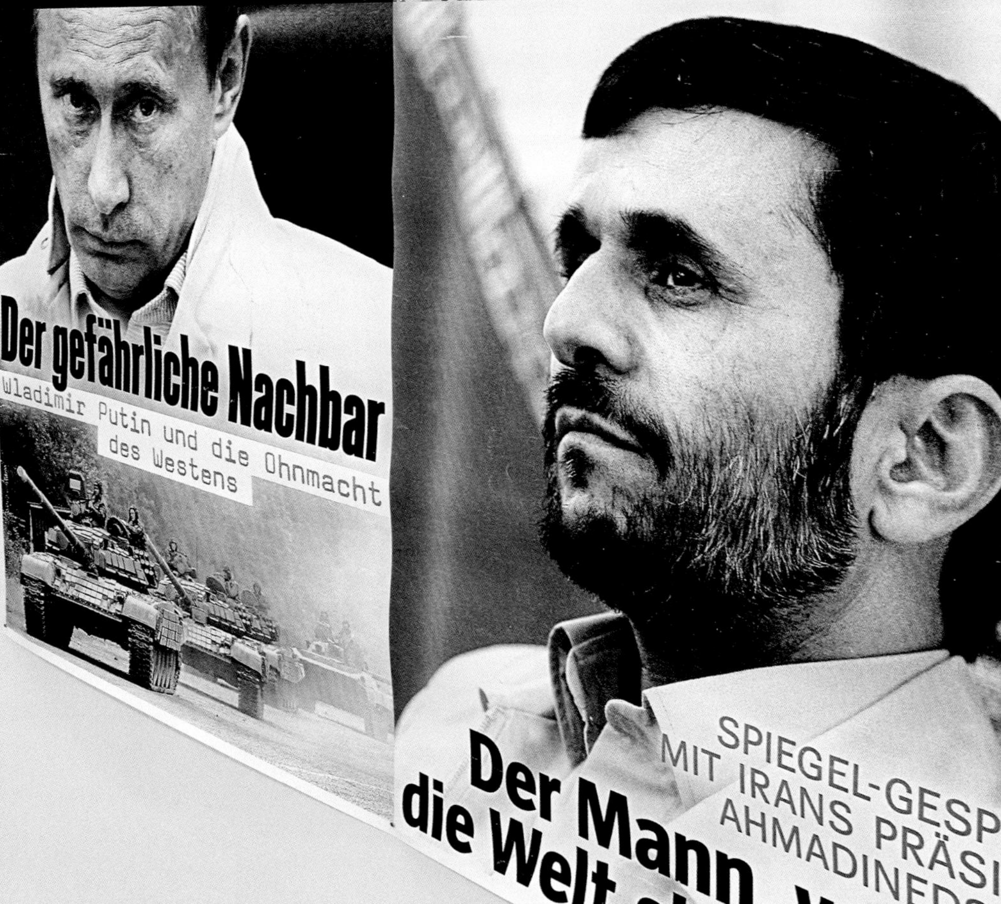
Auftrag:
Weltfrieden
Die unmögliche Mission des Barack Obama
DAS NETZ DES TERRORS
Der gefährliche Nachbar
Wladimir Putin und die Ohnmacht des Westens
SPIEGEL-GESPRÄCH MIT IRANS PRÄSIDENT AHMADINEDSCHAD
Der Mann, vor dem die Welt sich fürchtet

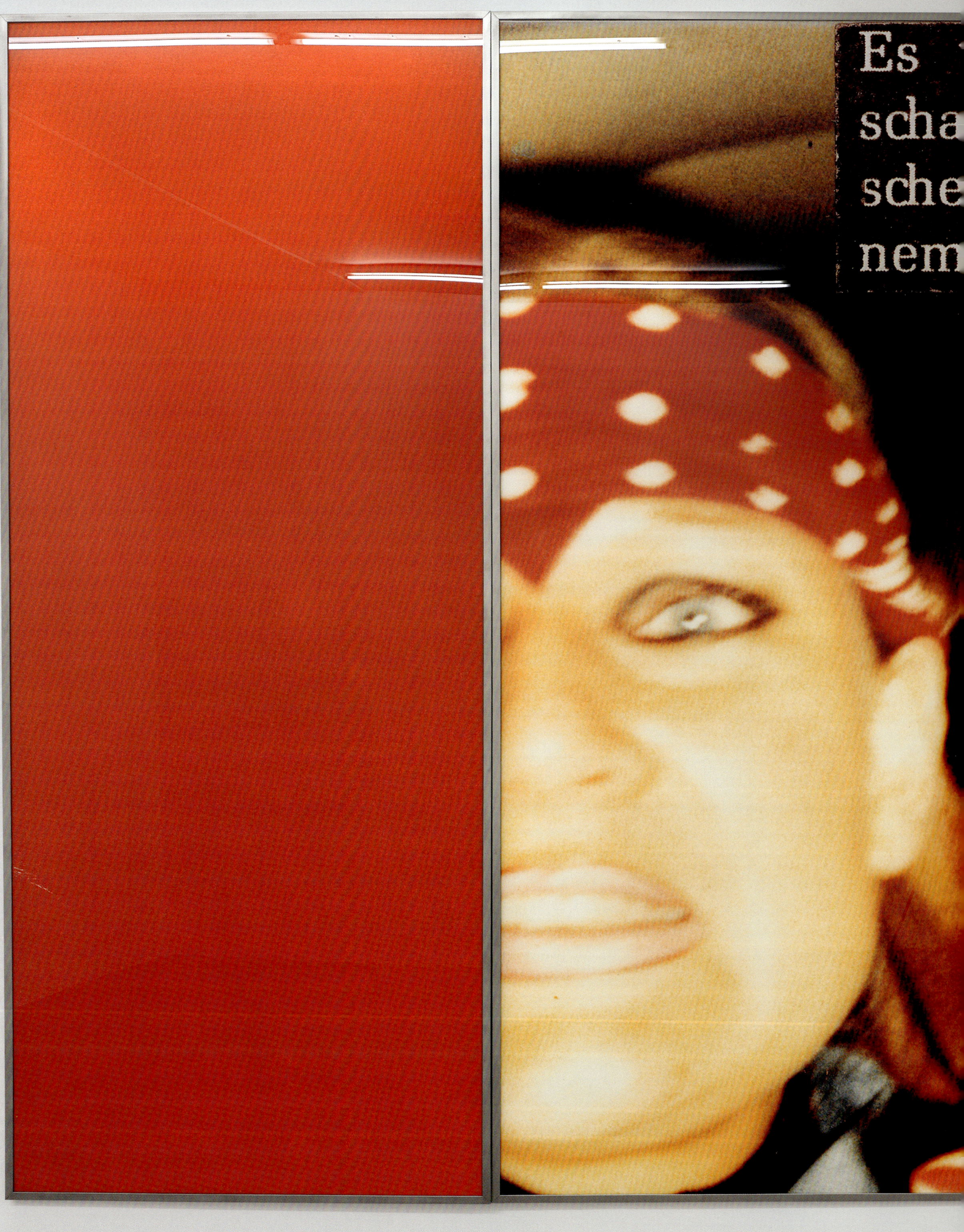
Es

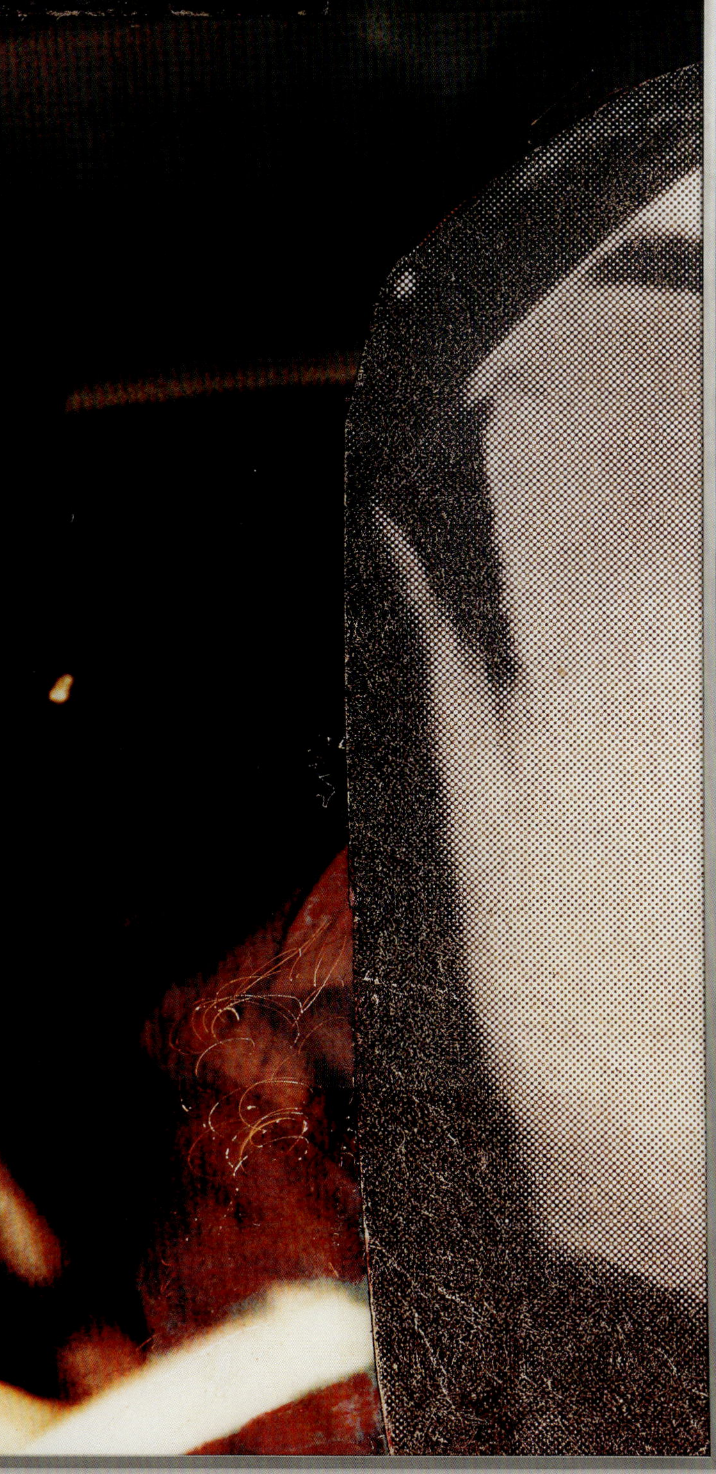
ar eine merkwür
. Es war die Freu
einer Rechenmas
Vulkan,

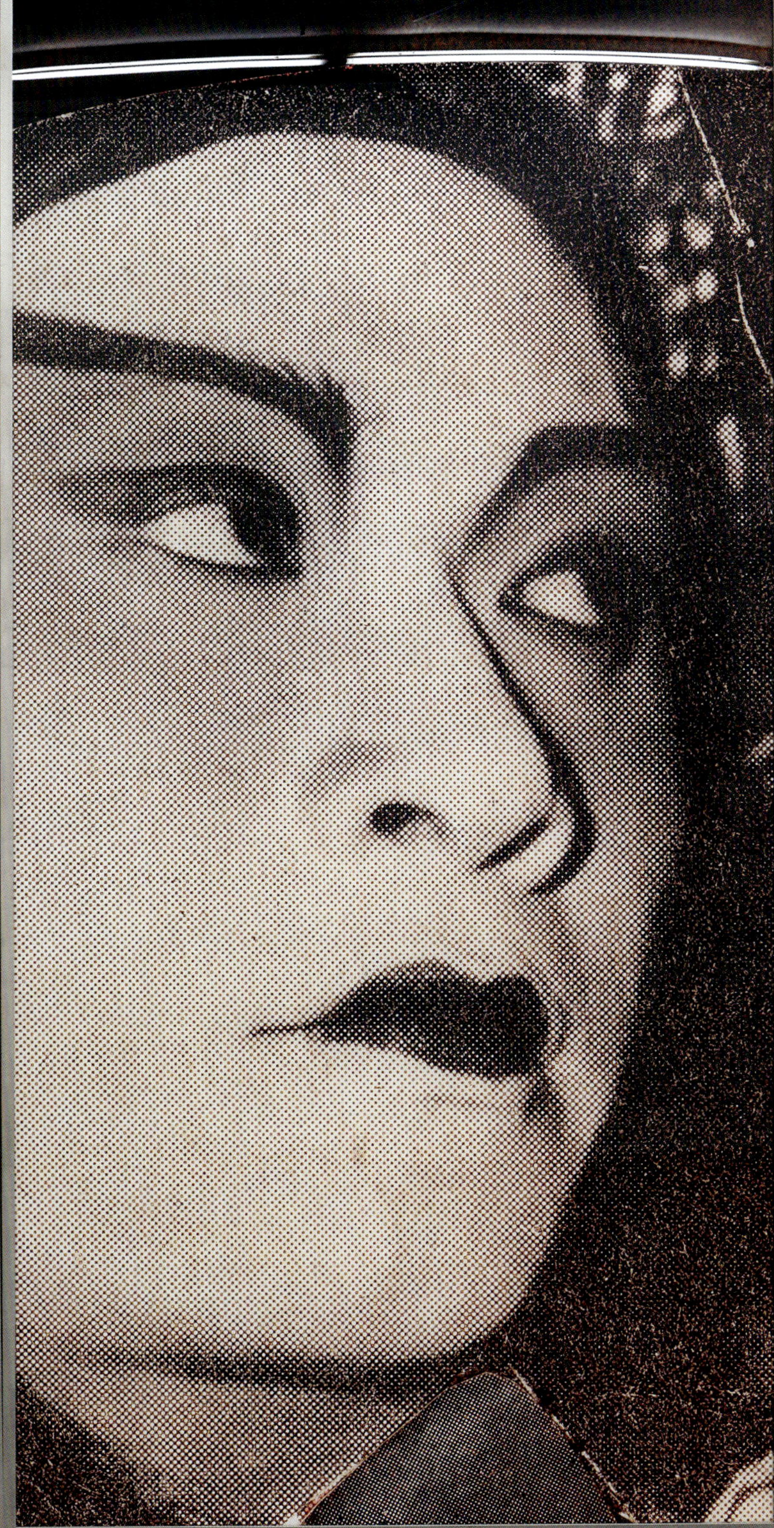
dige Freund-
ndschaft zwi-
chine und ei-

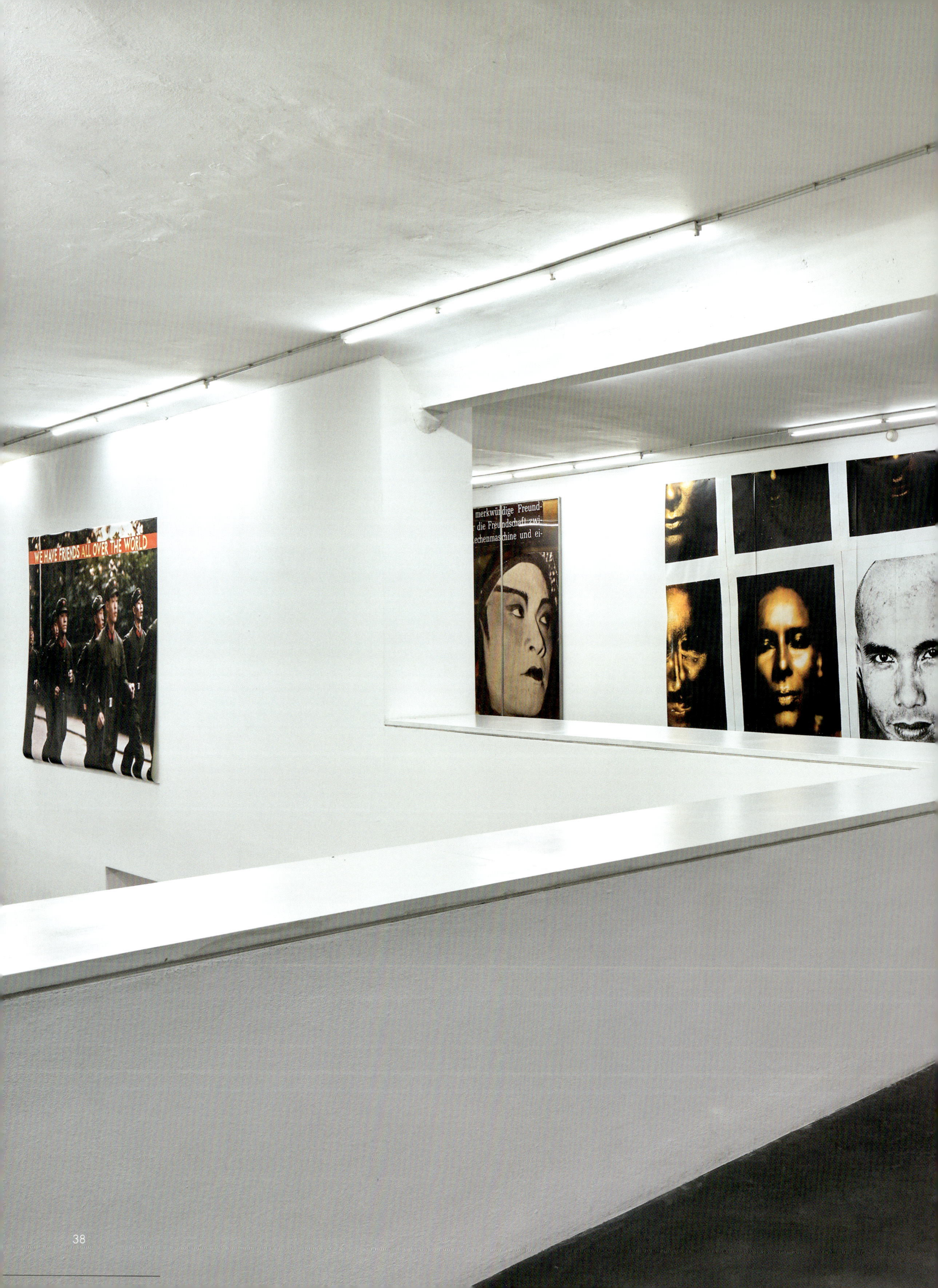
WE HAVE FRIENDS ALL OVER THE WORLD
merkwürdige Freund-
die Freundschaft zwi-
echenmaschine und ei-

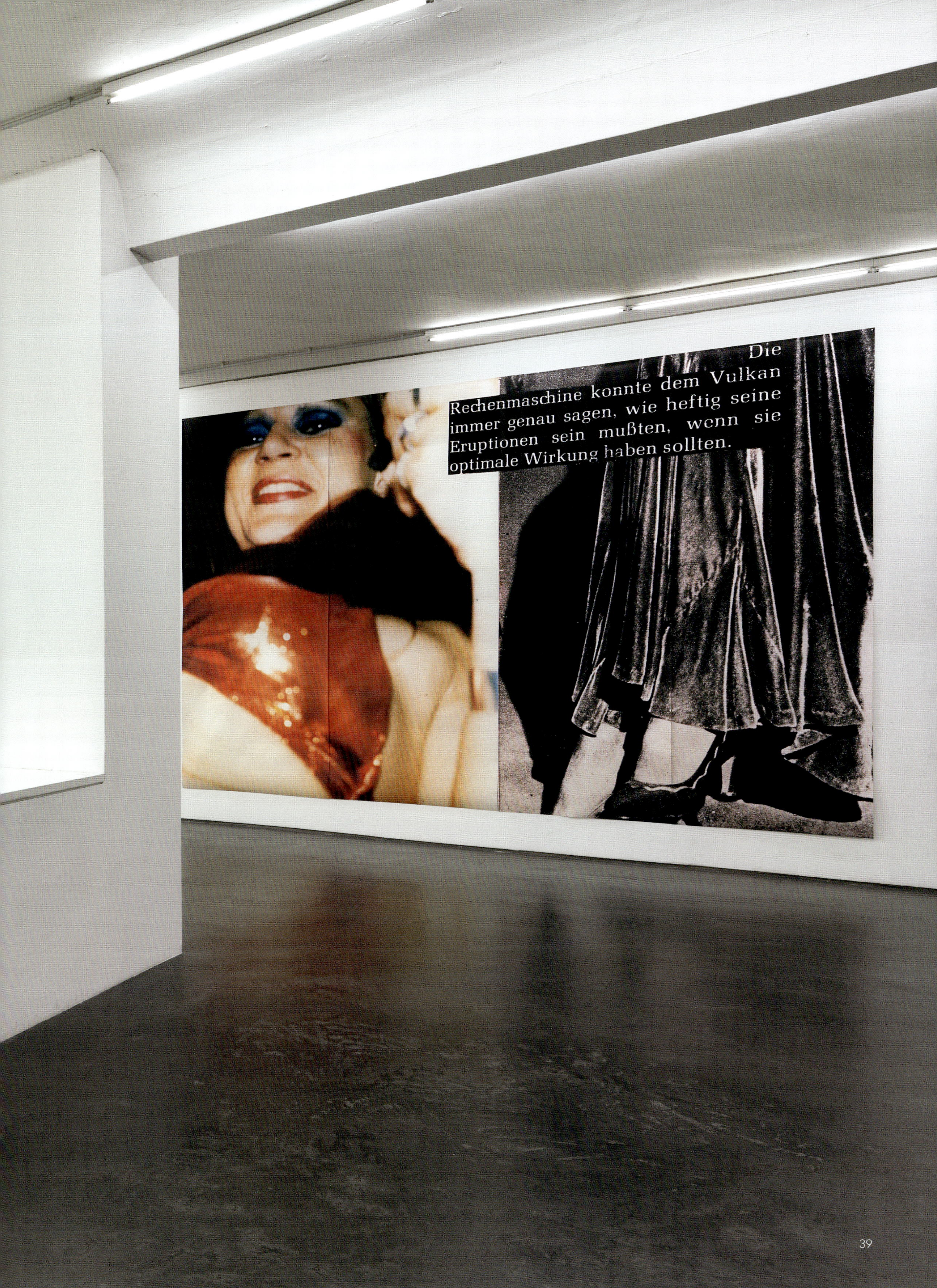
Die
Rechenmaschine konnte dem Vulkan
immer genau sagen, wie heftig seine
Eruptionen sein mußten, wenn sie
optimale Wirkung haben sollten.

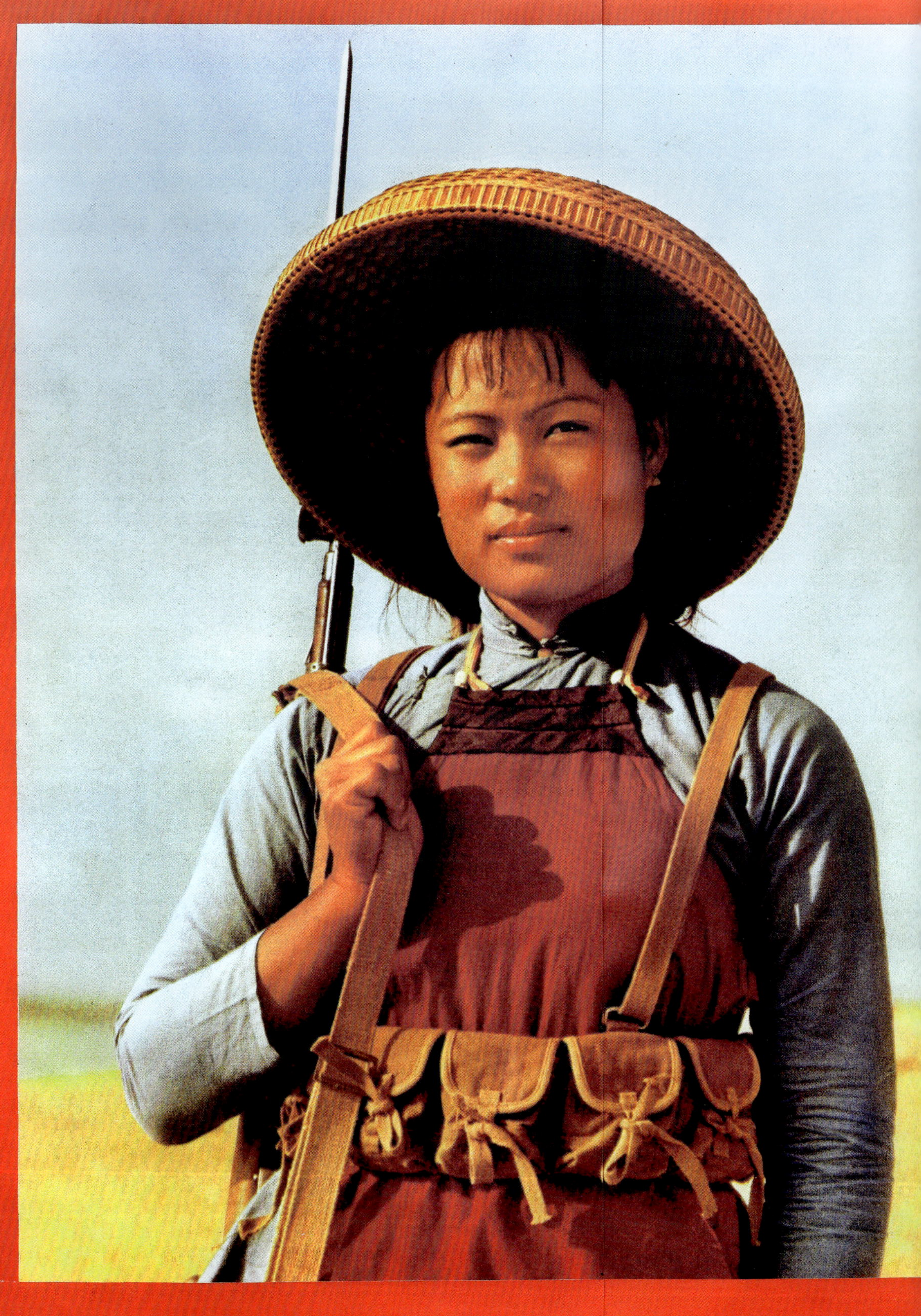
SELBST IN DER WINTERKÄLTE ARBEITEN

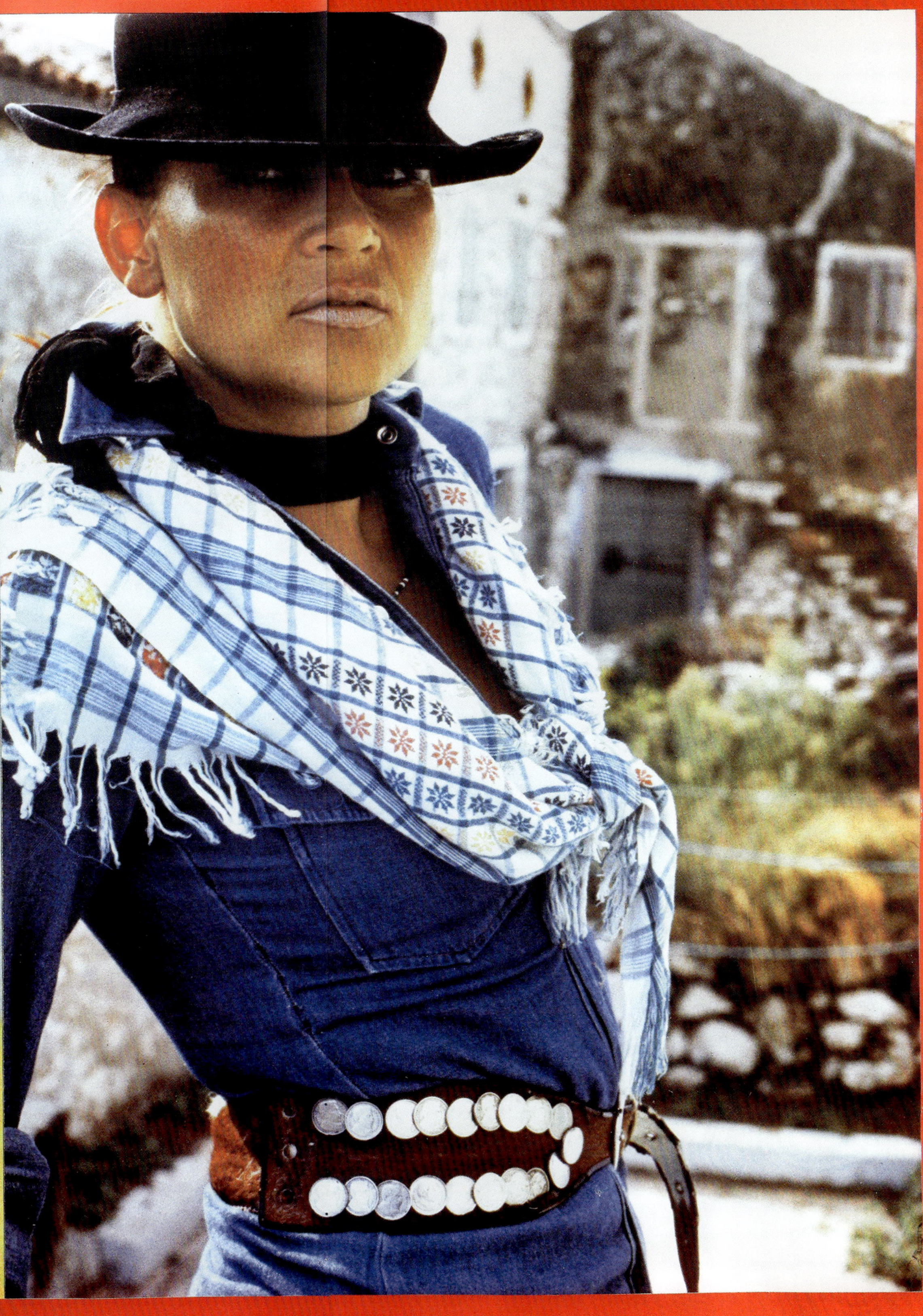
TAUCHER 20 METER TIEF UNTER WASSER

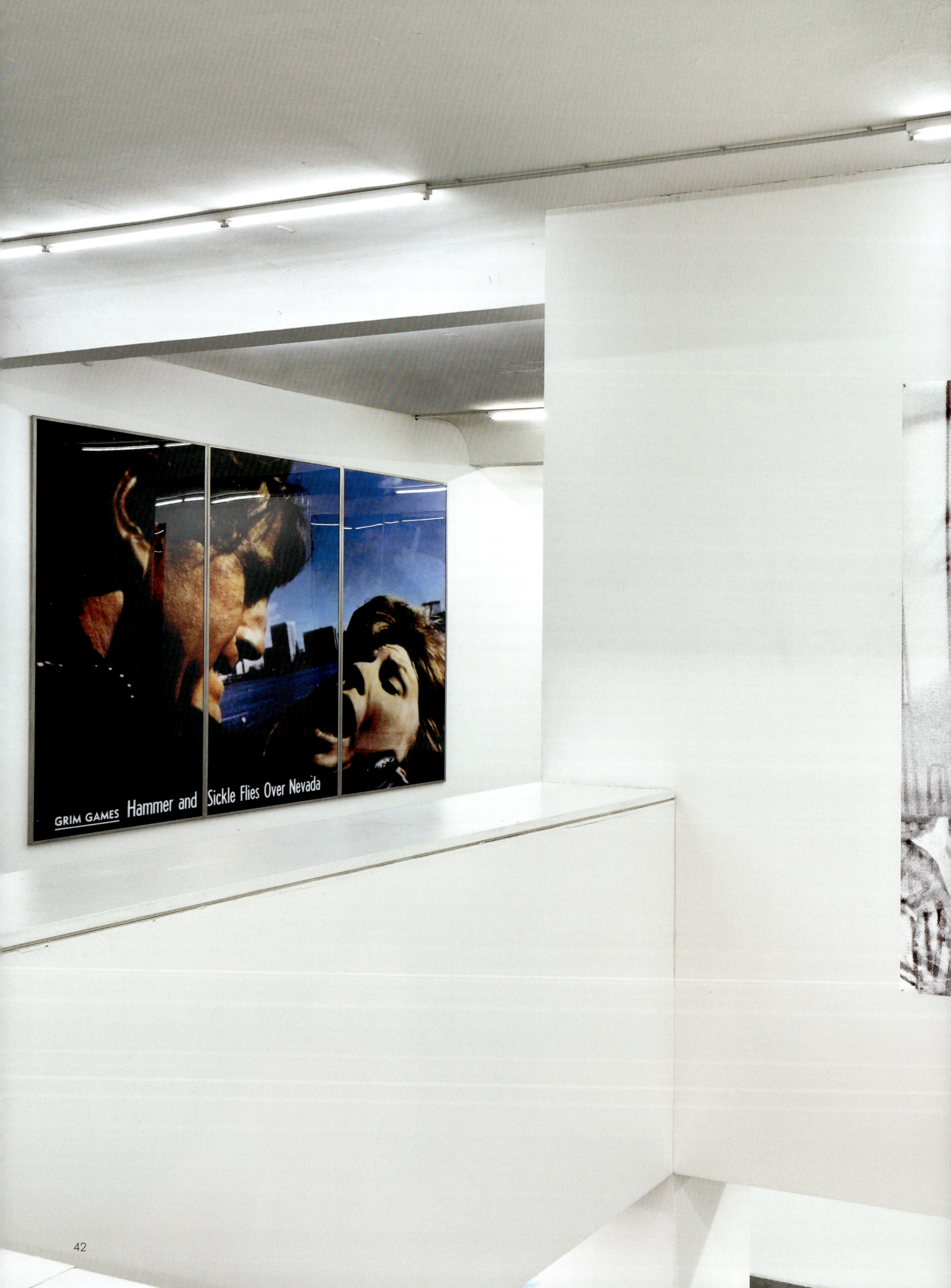
GRIM GAMES
Hammer and Sickle Flies Over Nevada

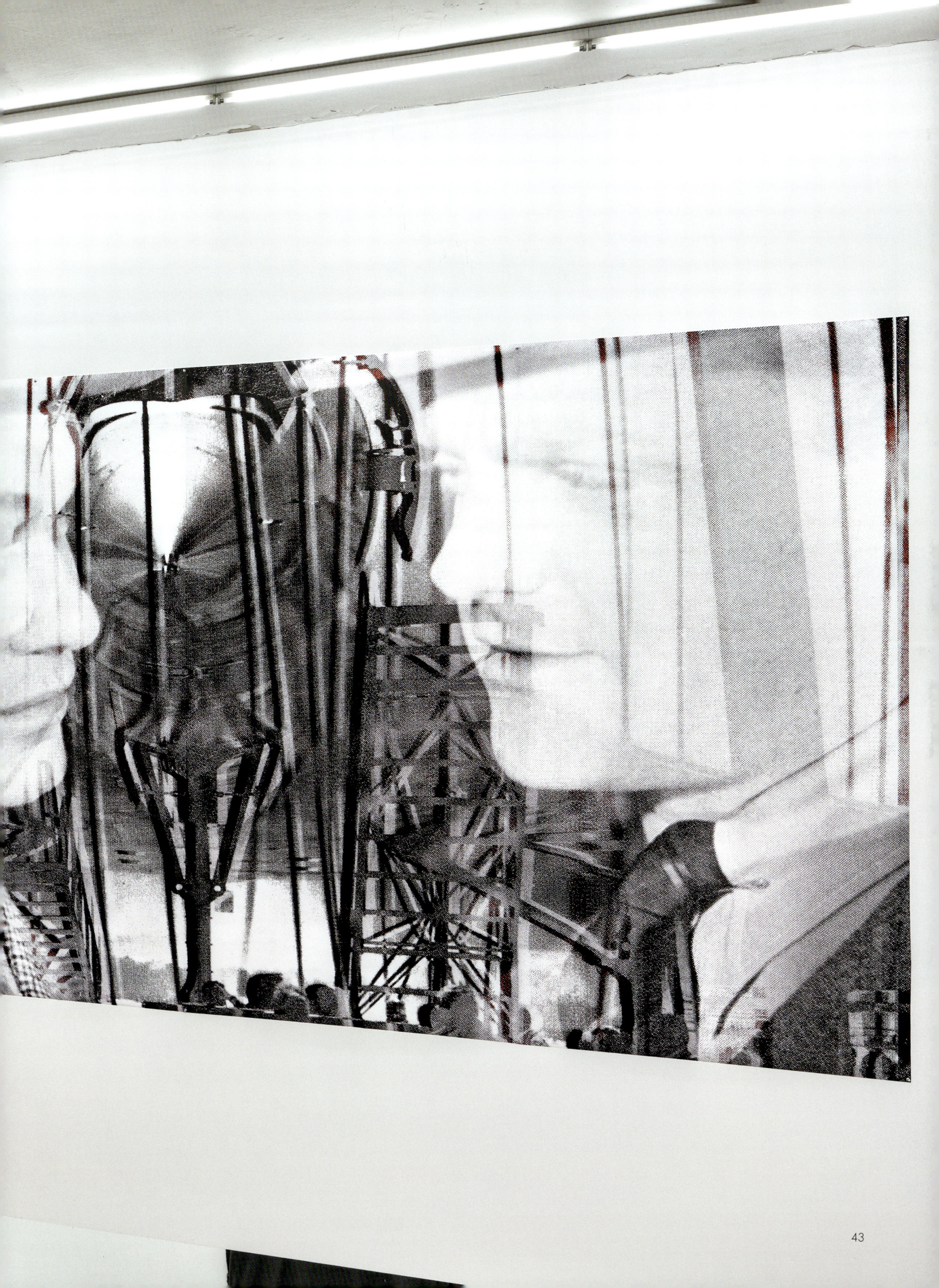

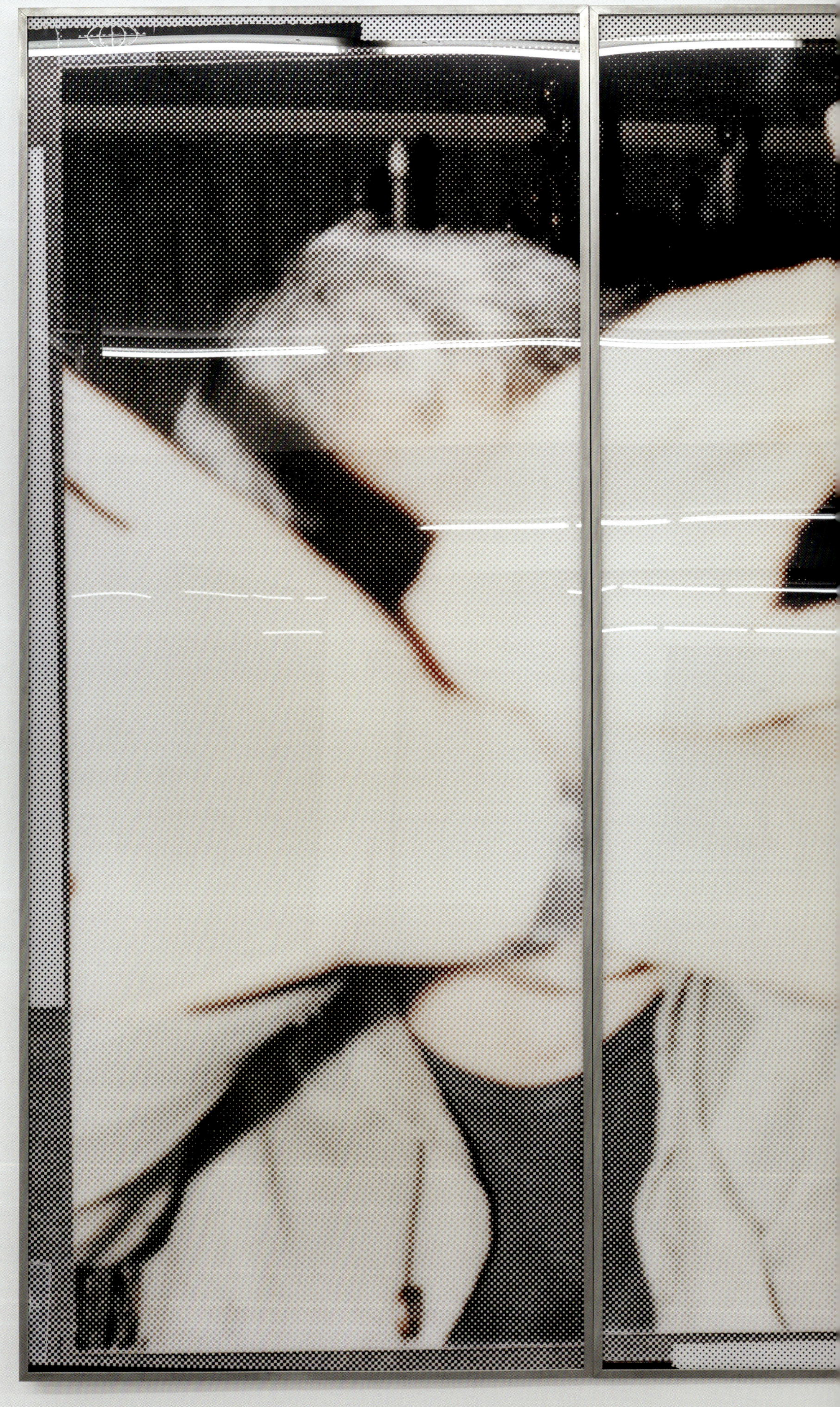

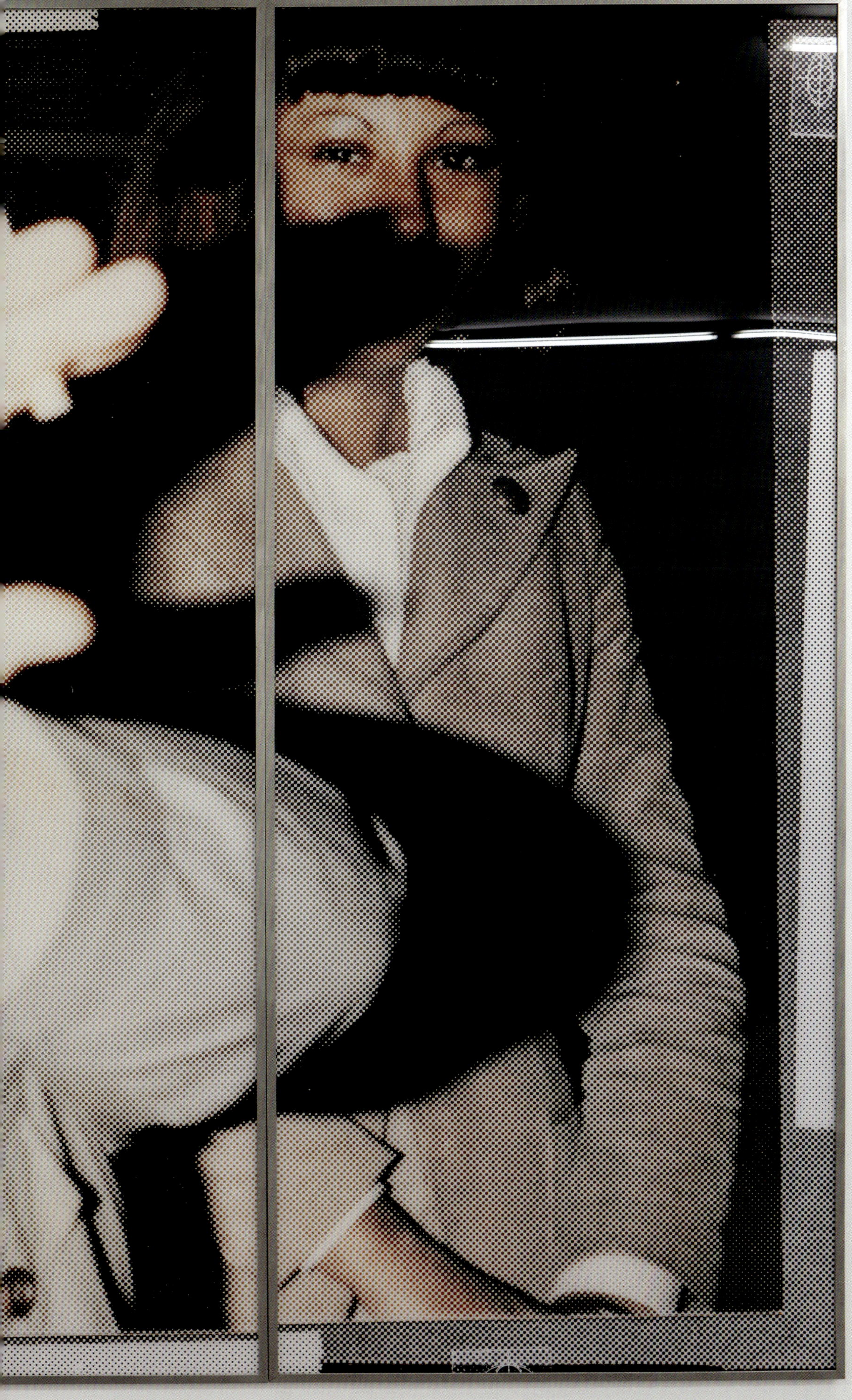

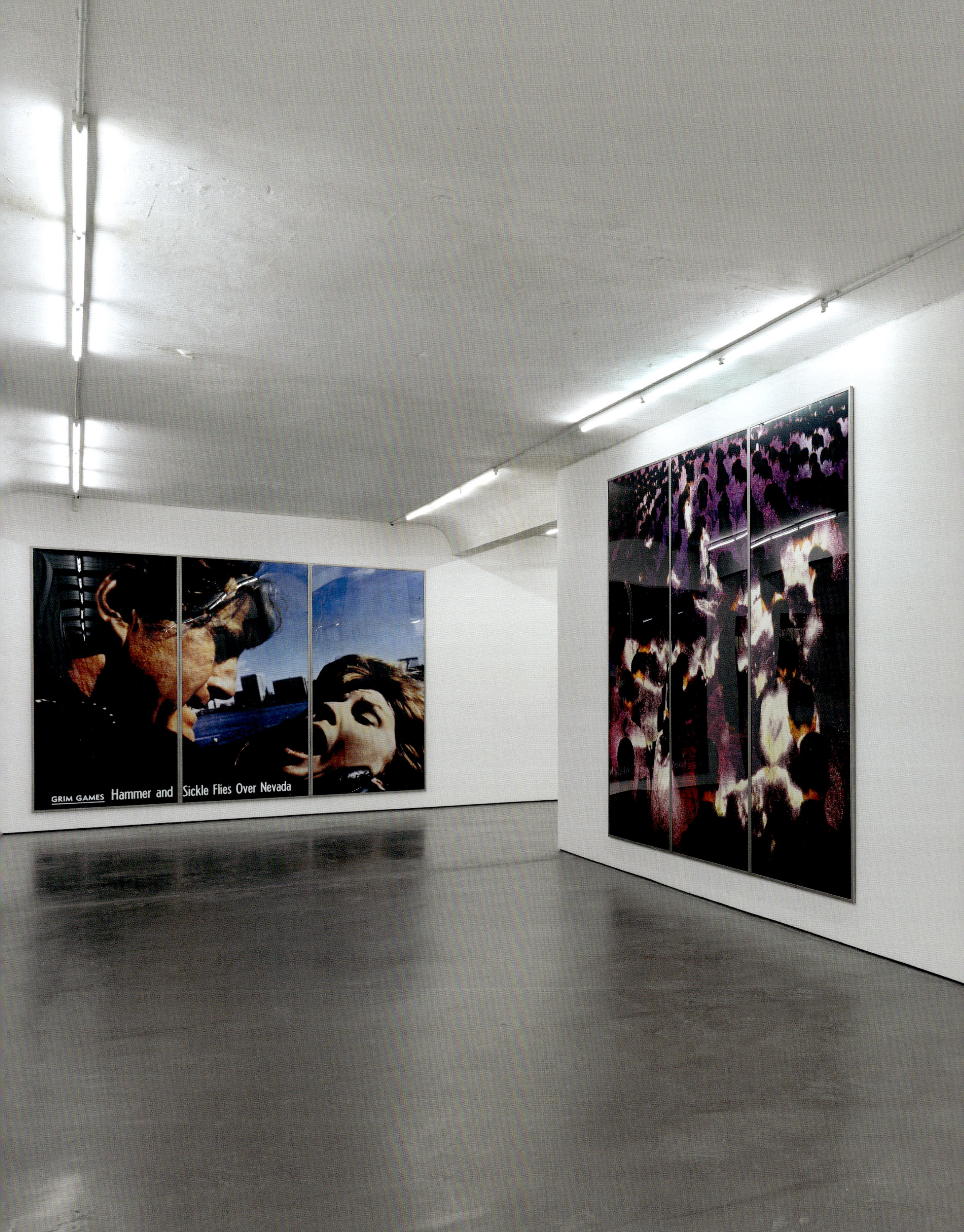
GRIM GAMES Hammer and Sickle Flies Over Nevada

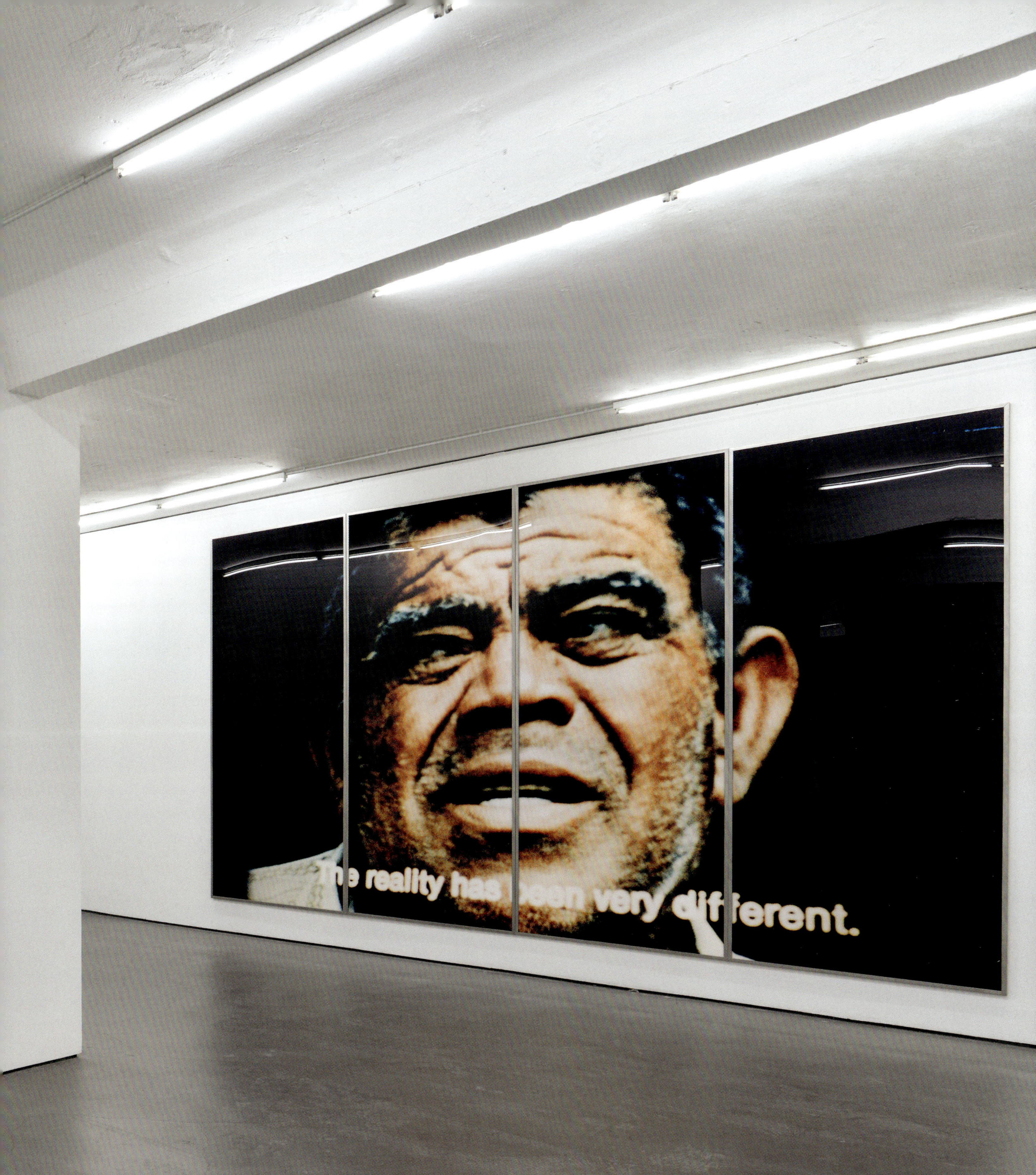
The reality has been very different.

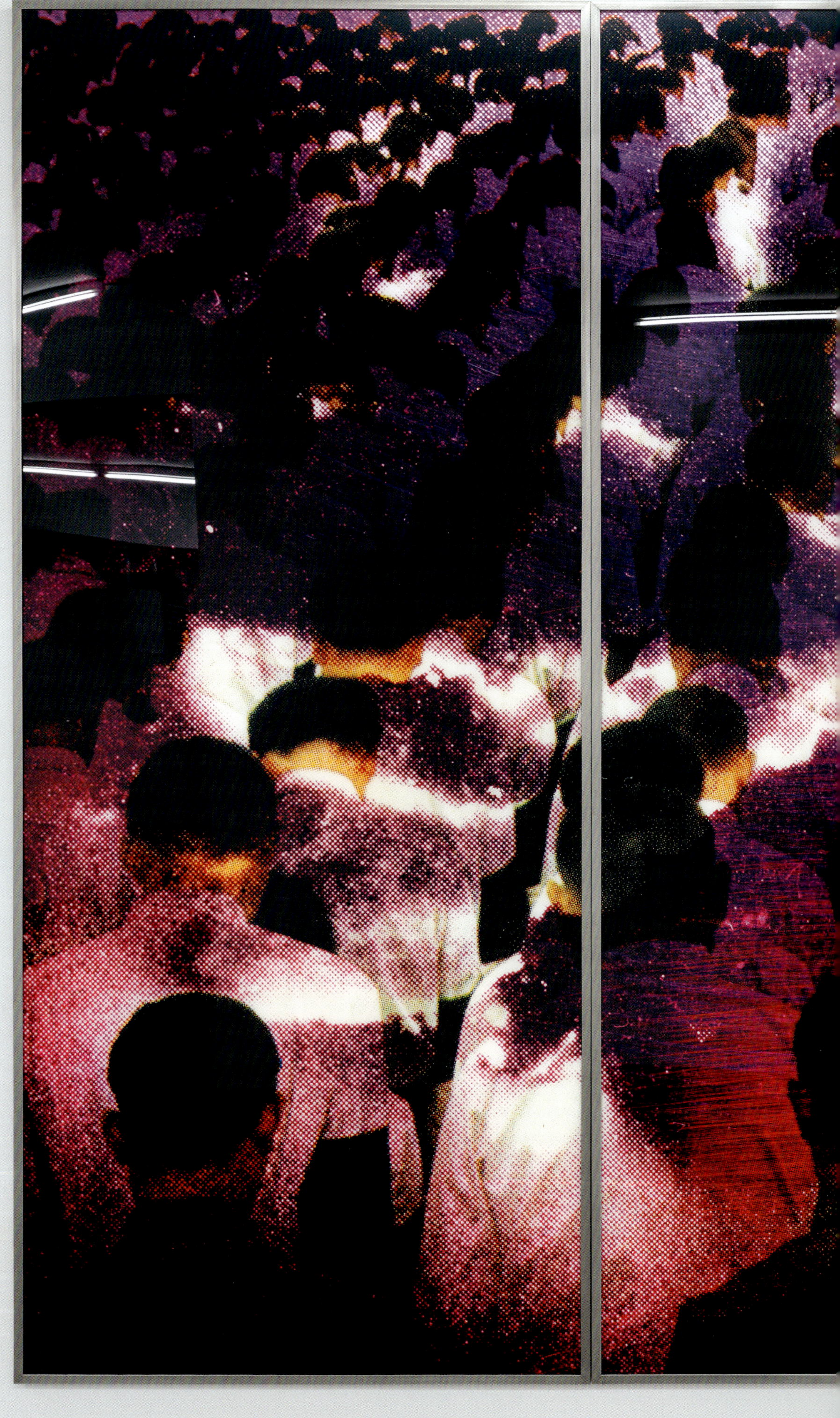

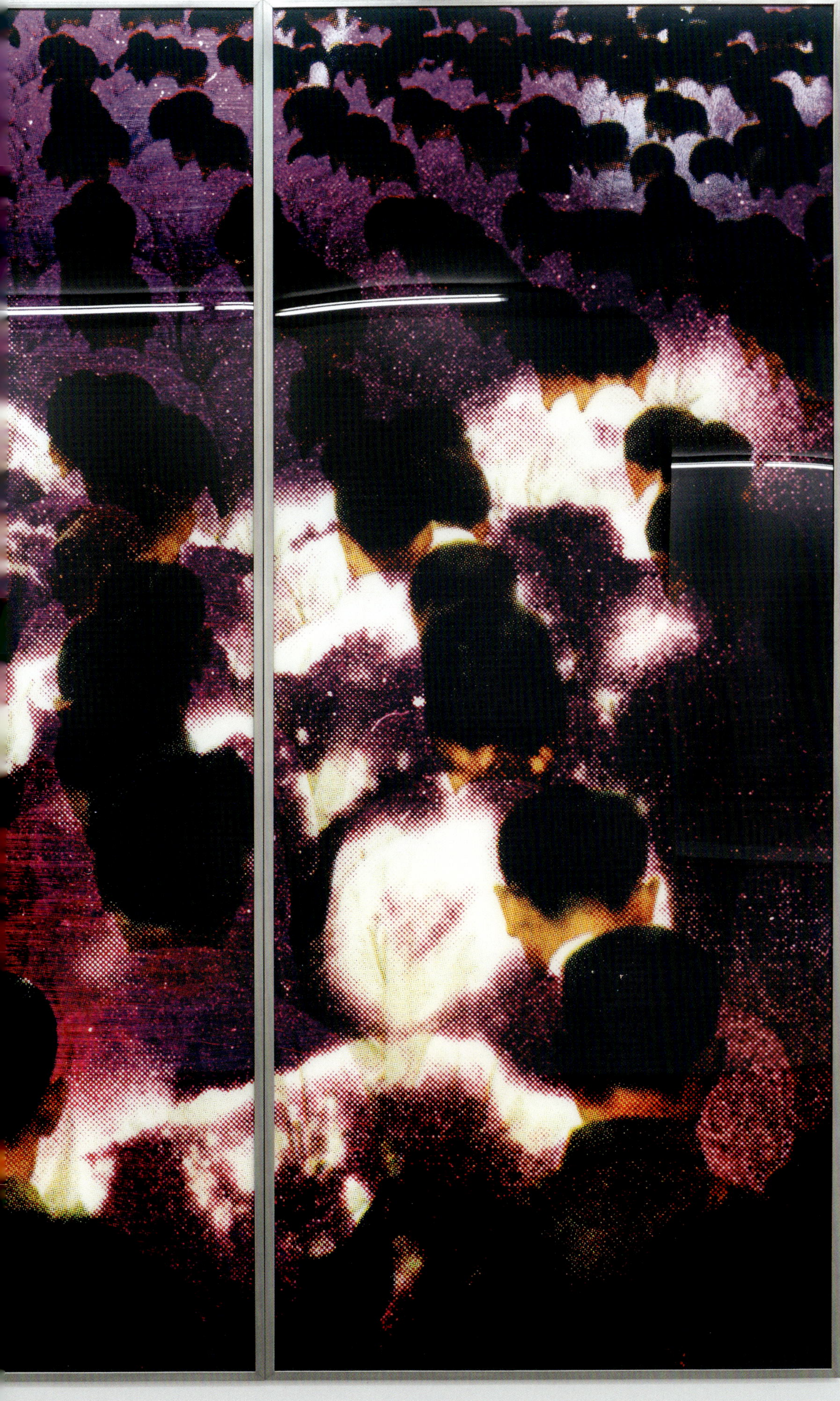

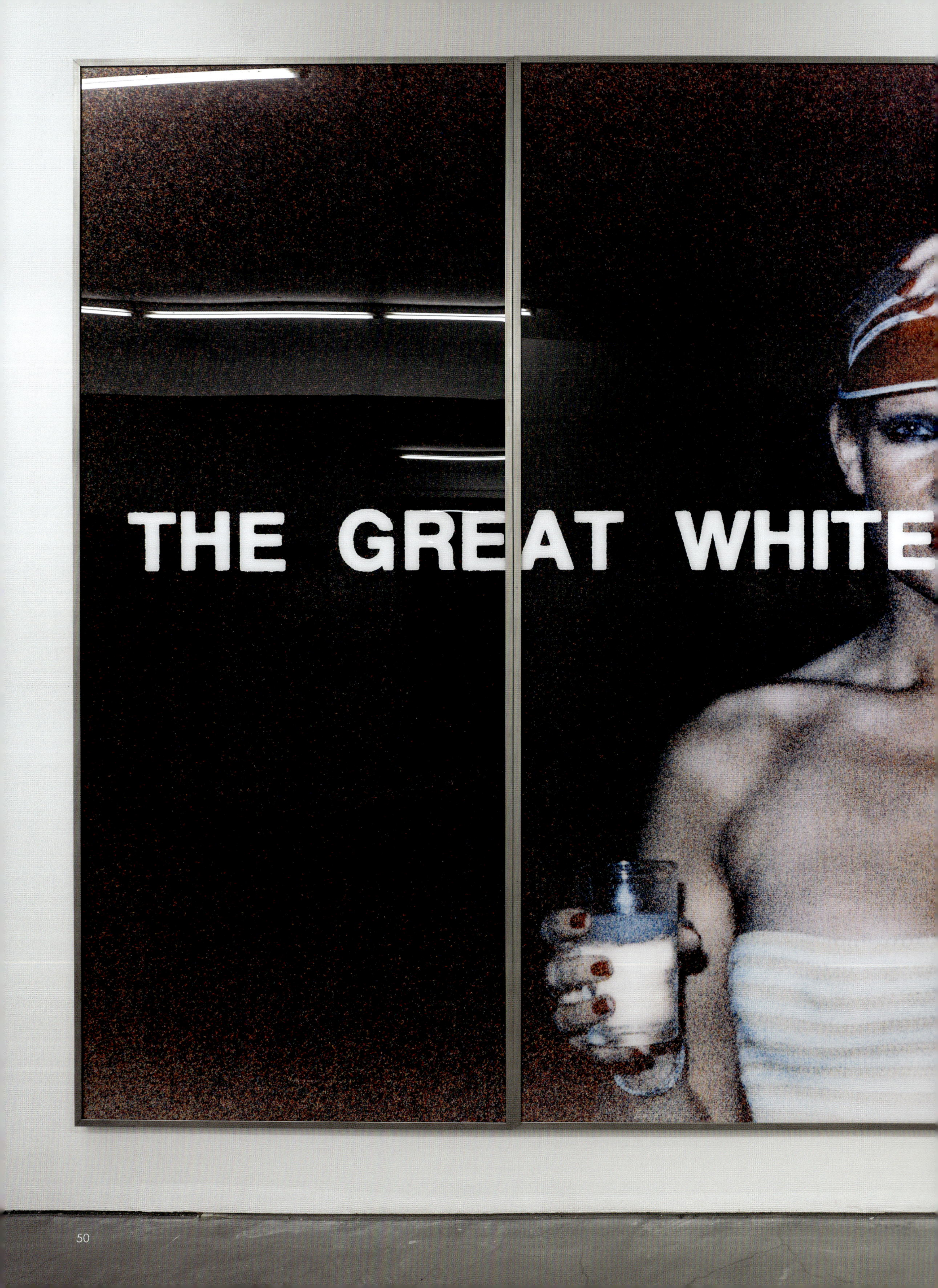

THE GREAT WHITE

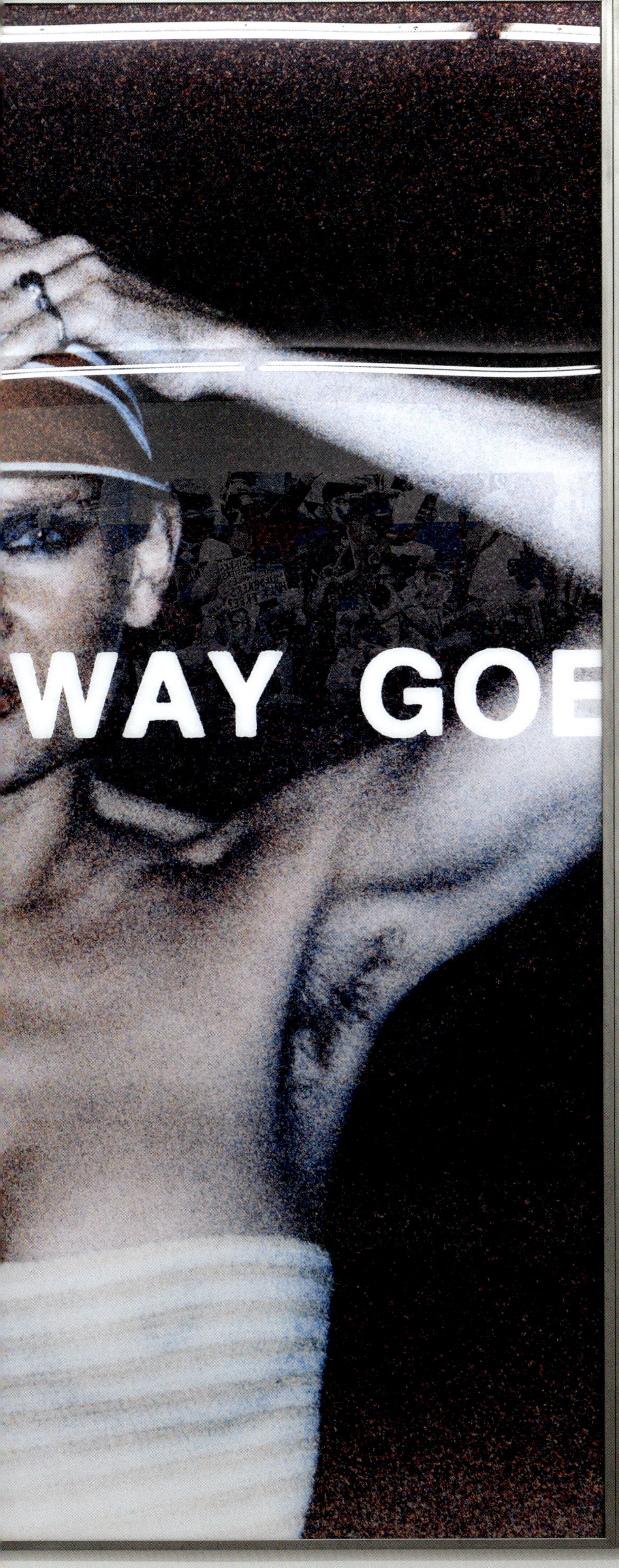
WAY GOES BLACK

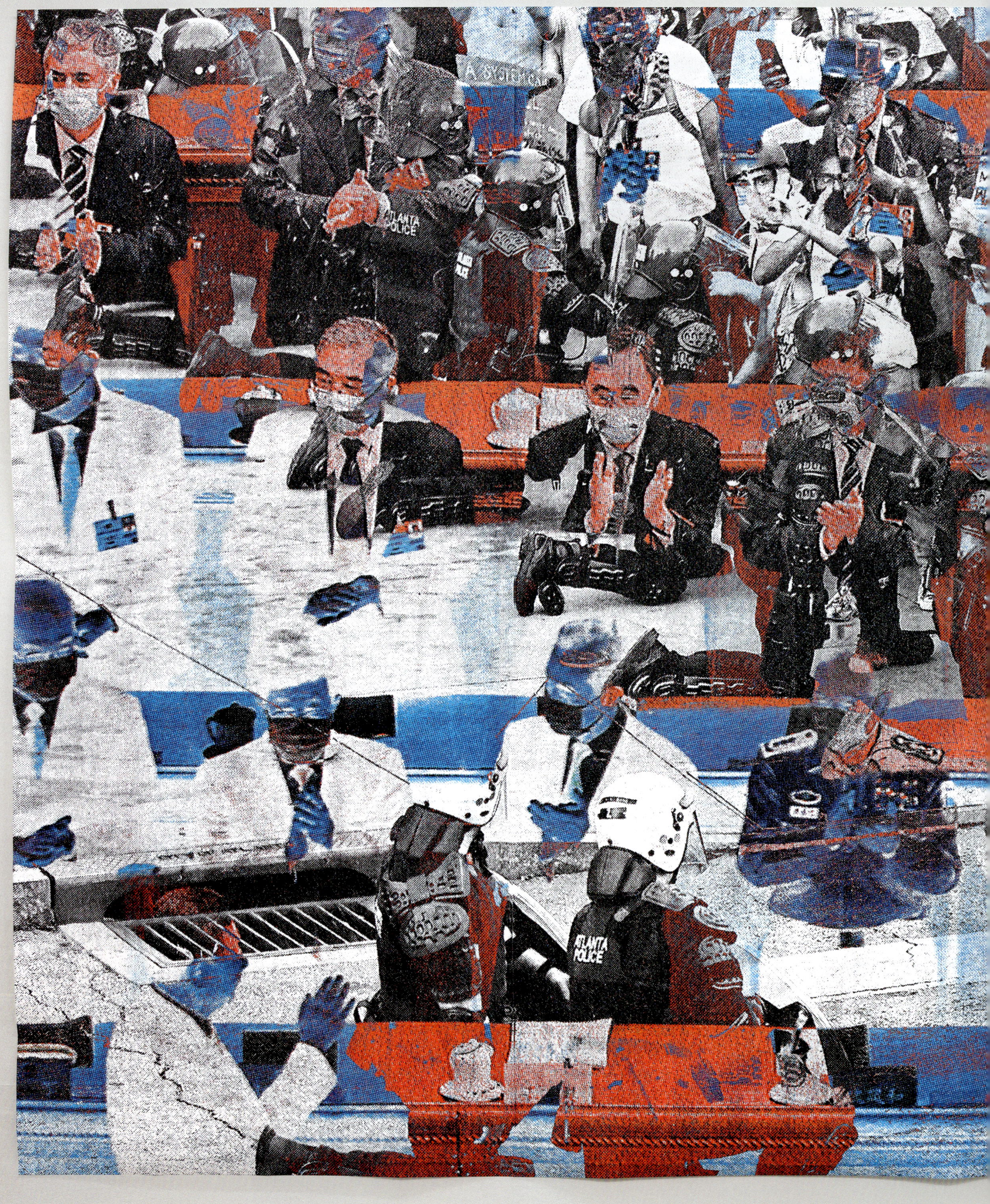
ATLANTA
POLICE

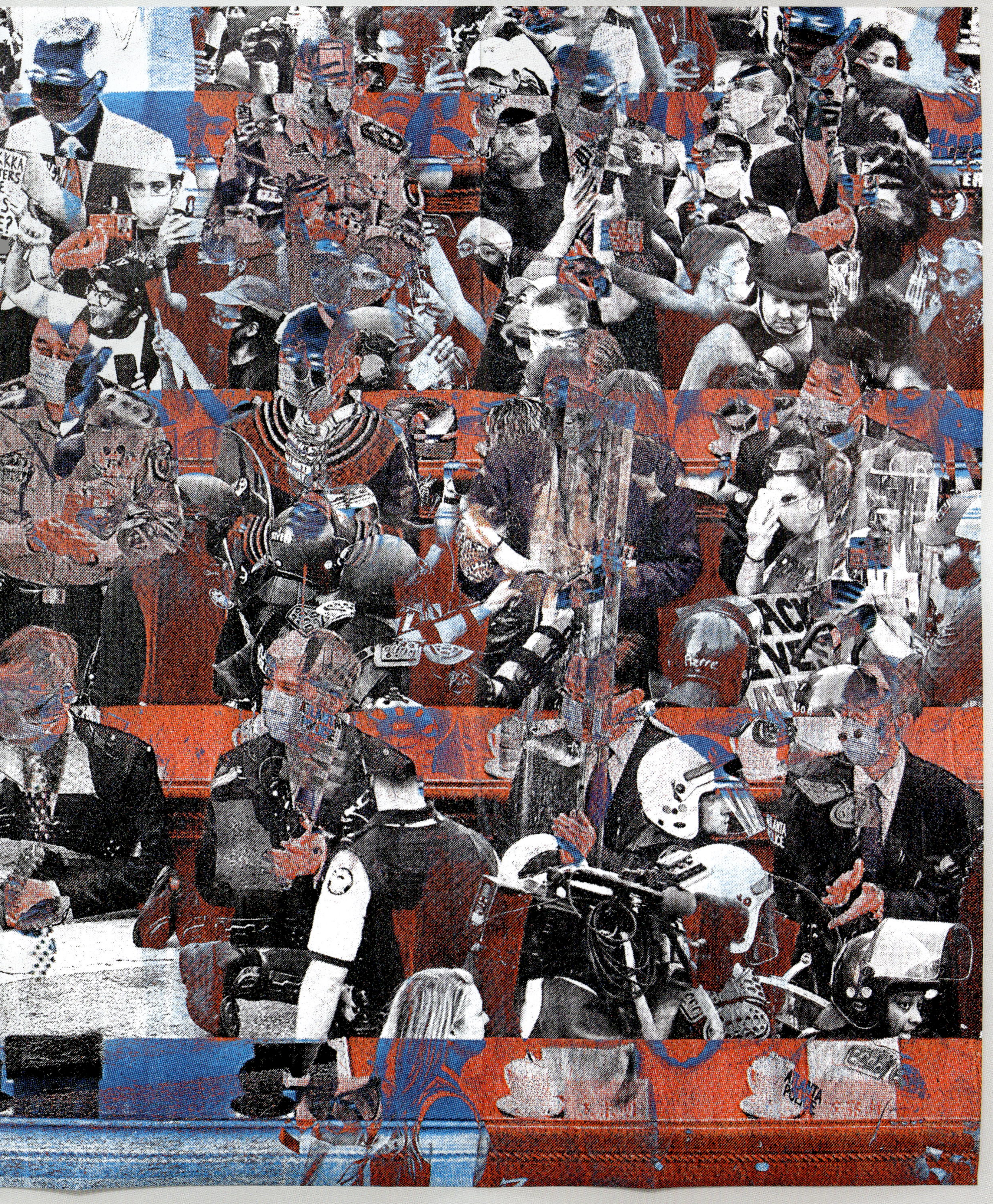

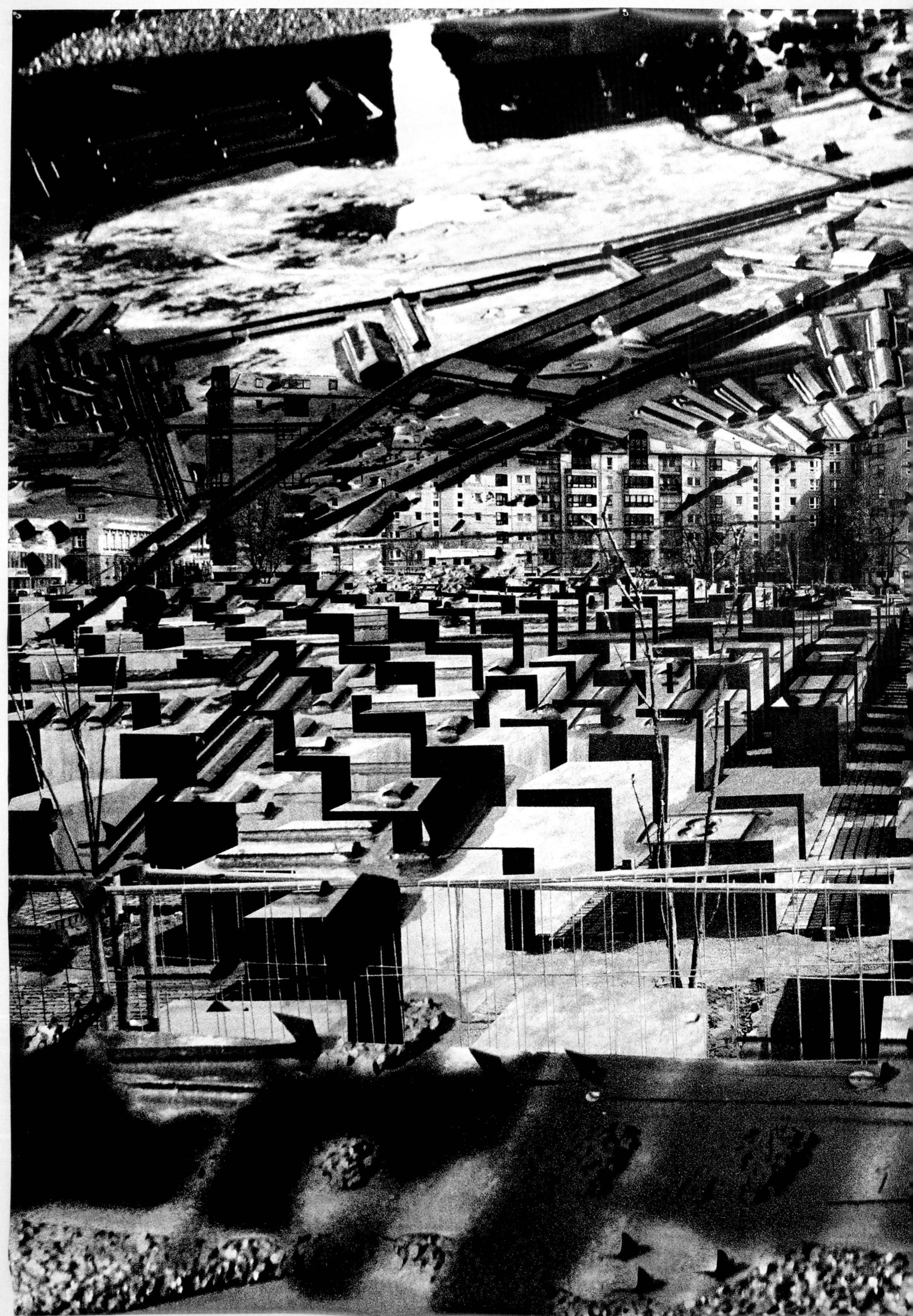

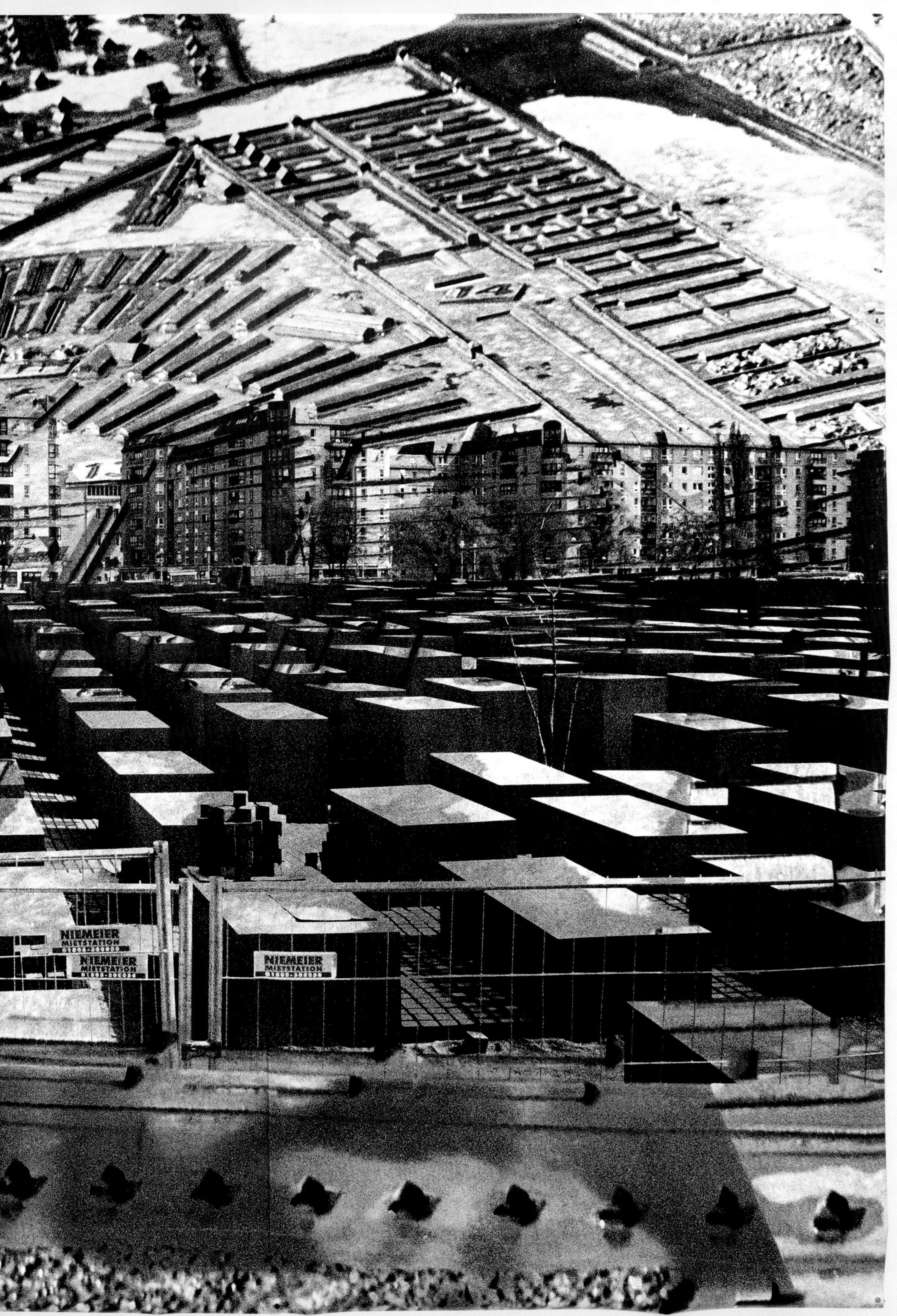
NIEMEIER
MIETSTATION
NIEMEIER
MIETSTATION
NIEMEIER
MIETSTATION

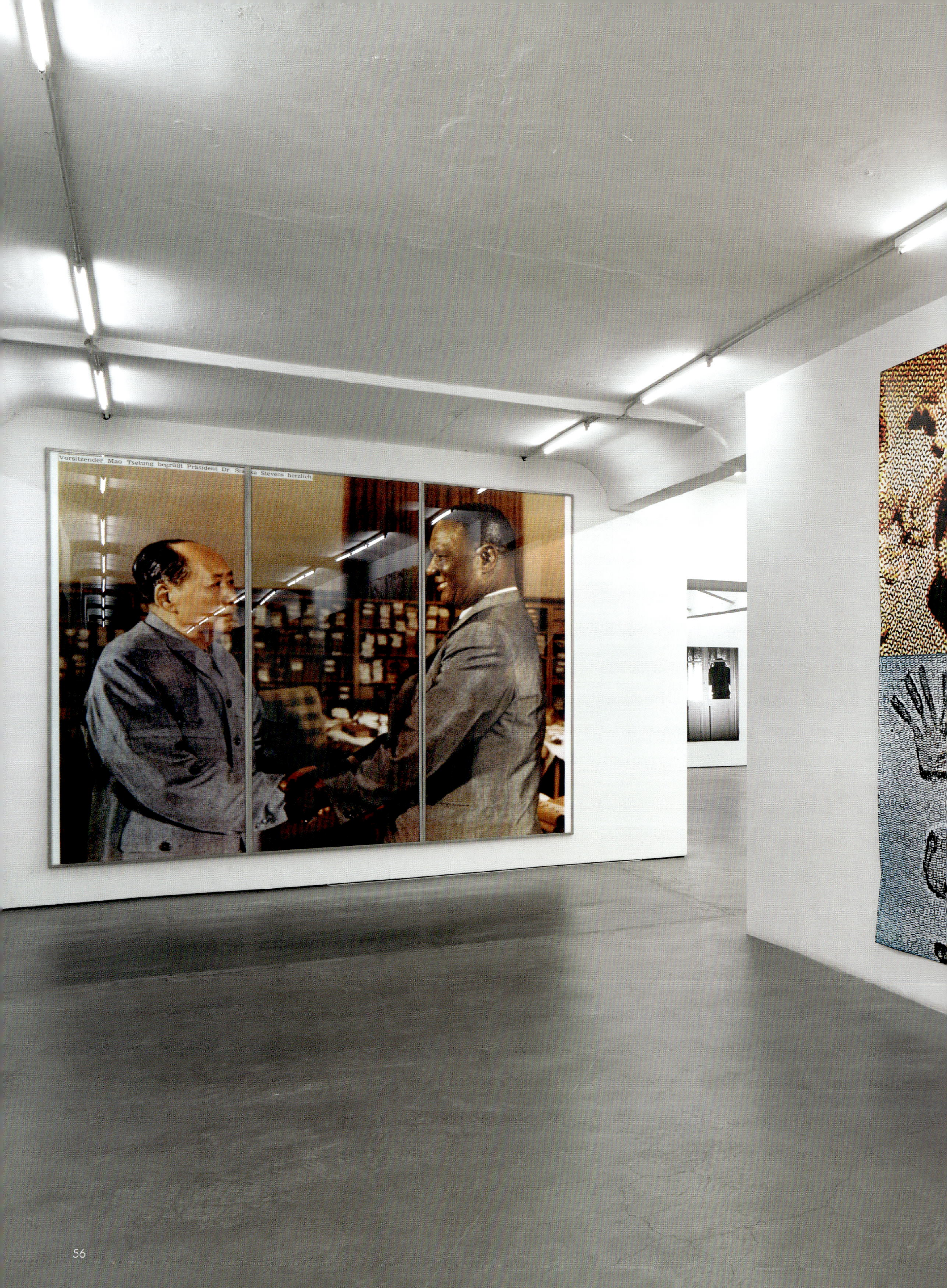
Vorsitzender Mao Tsetung begrüßt Präsident Dr. Sia ka Stevens herzlich

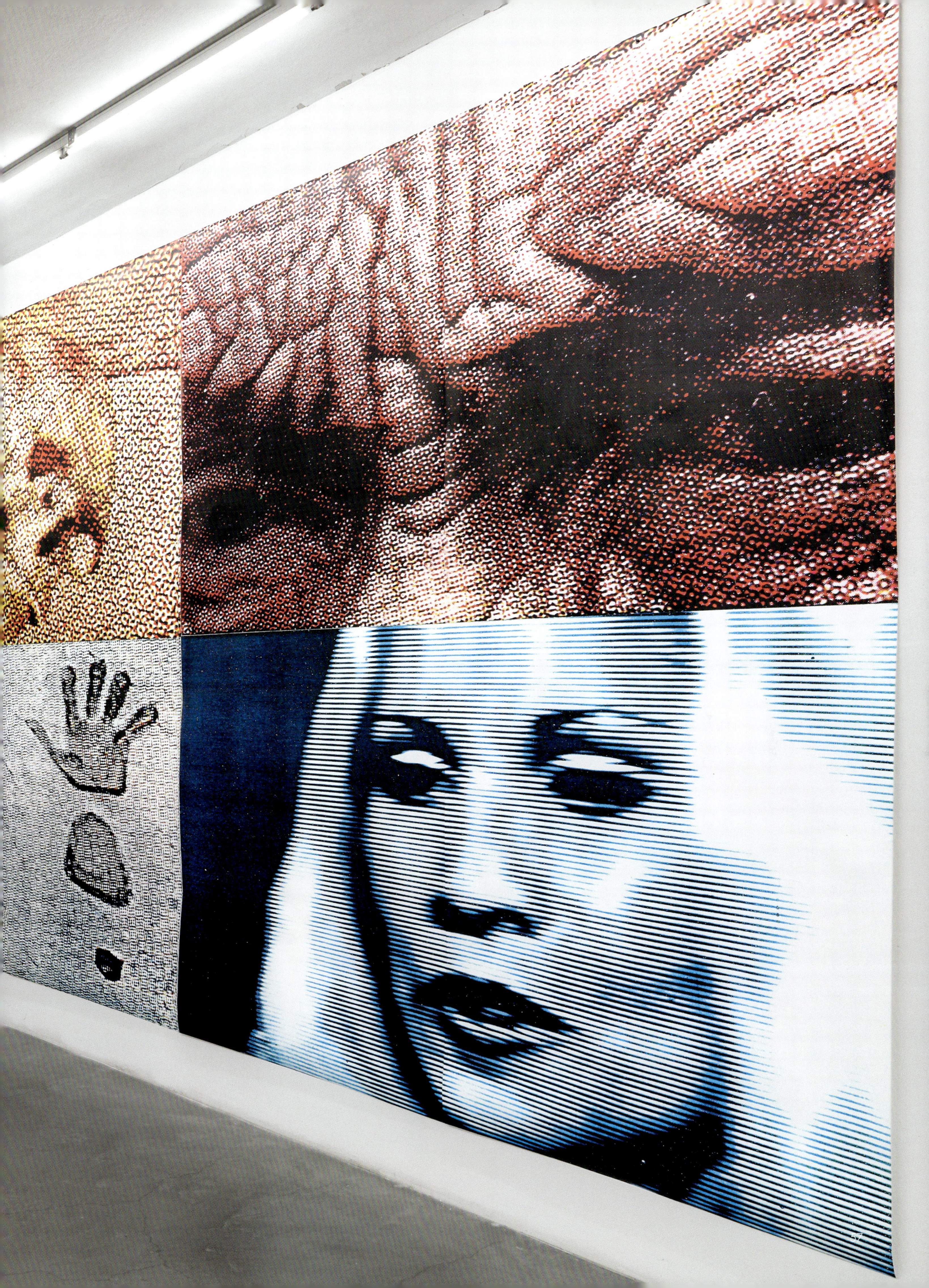

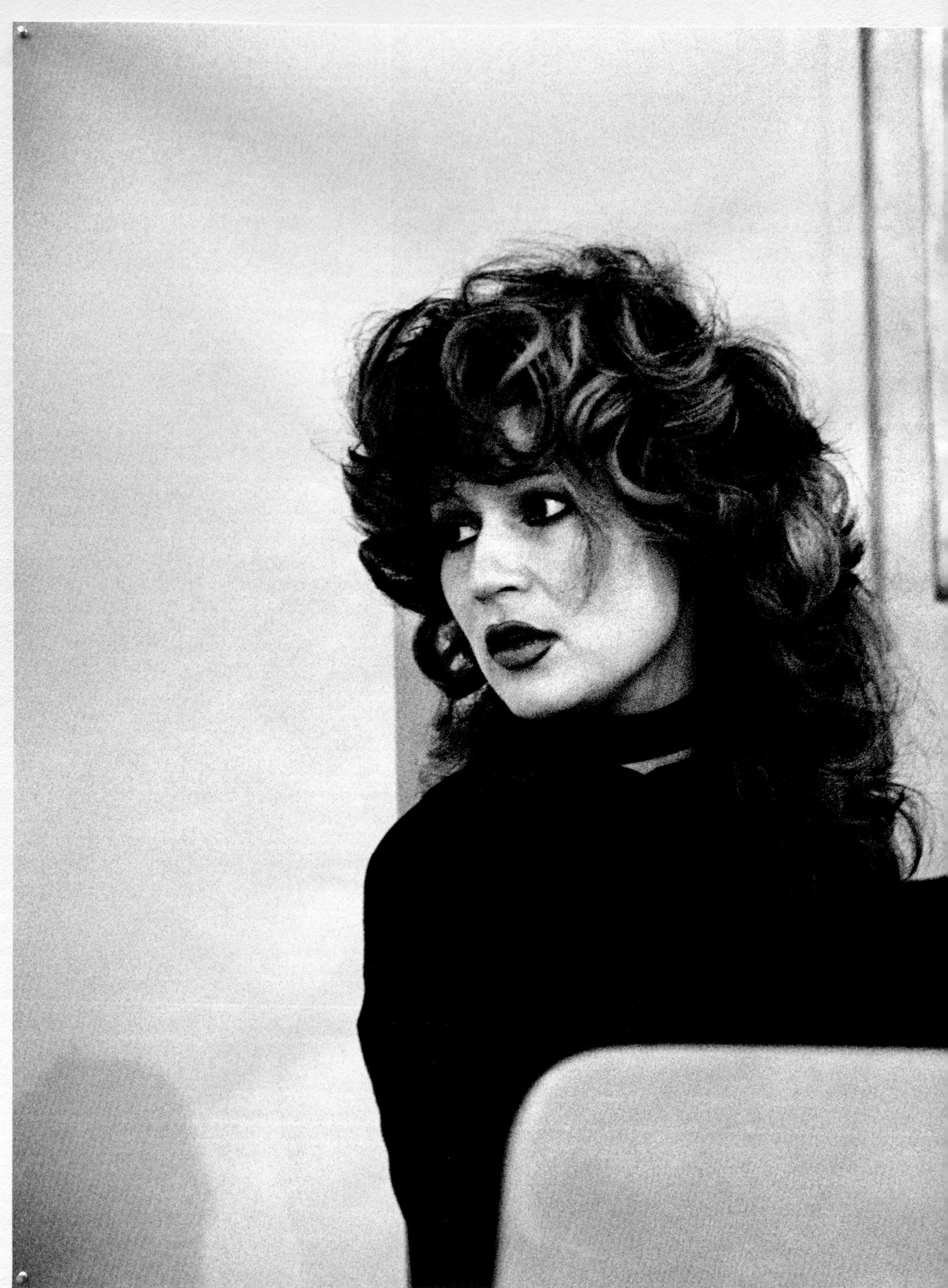

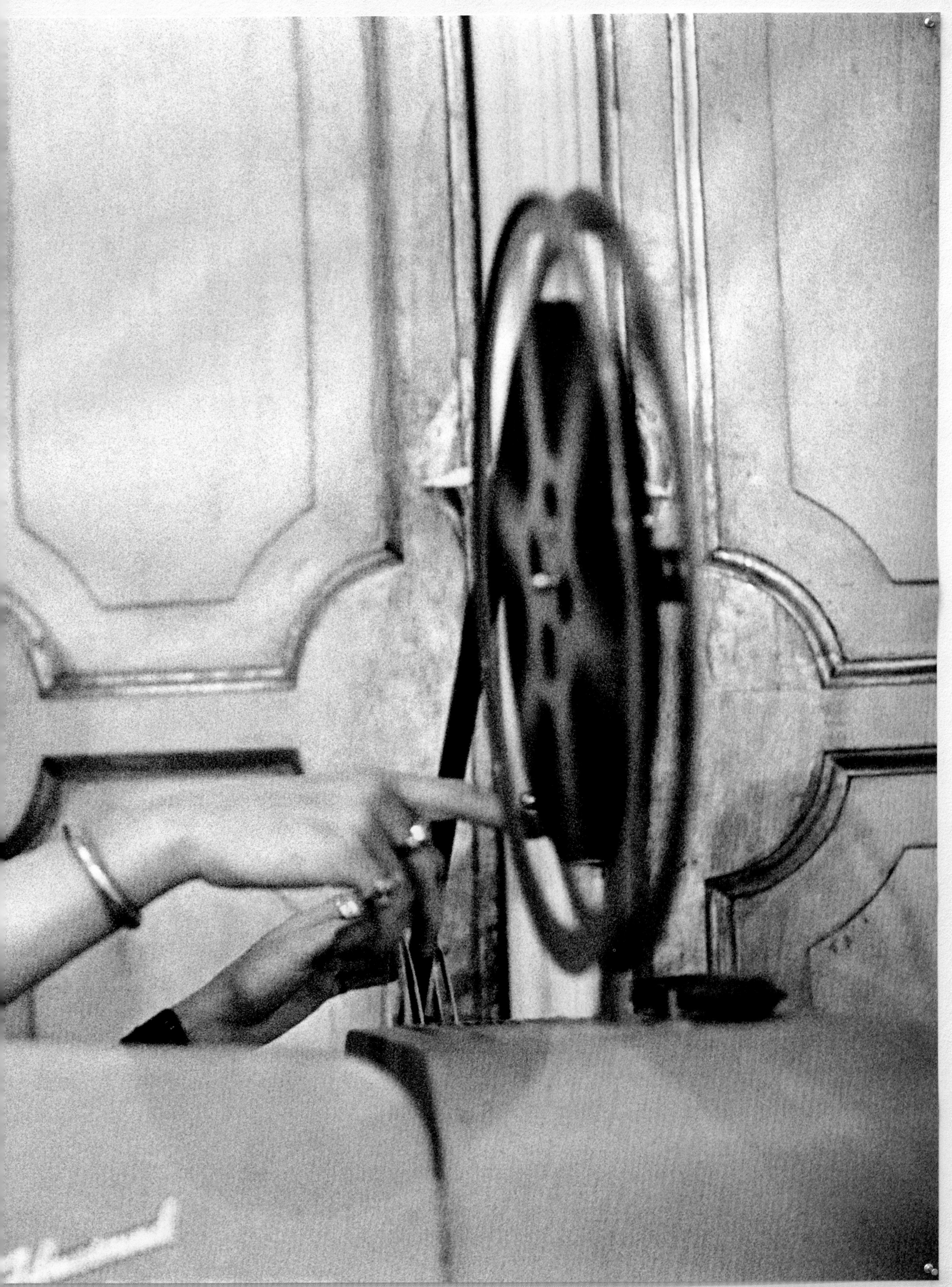

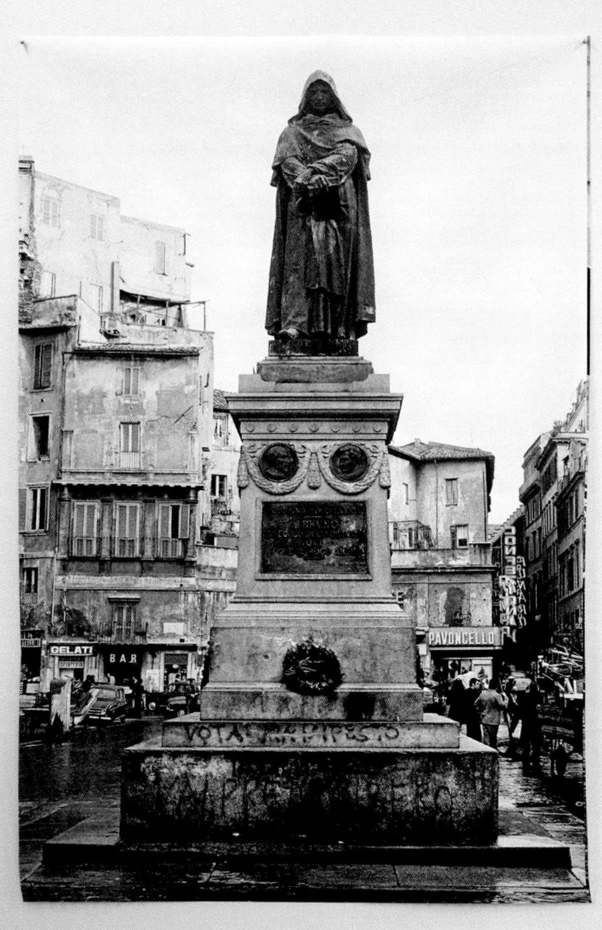
GELATI
BAR
PAVONCELLO

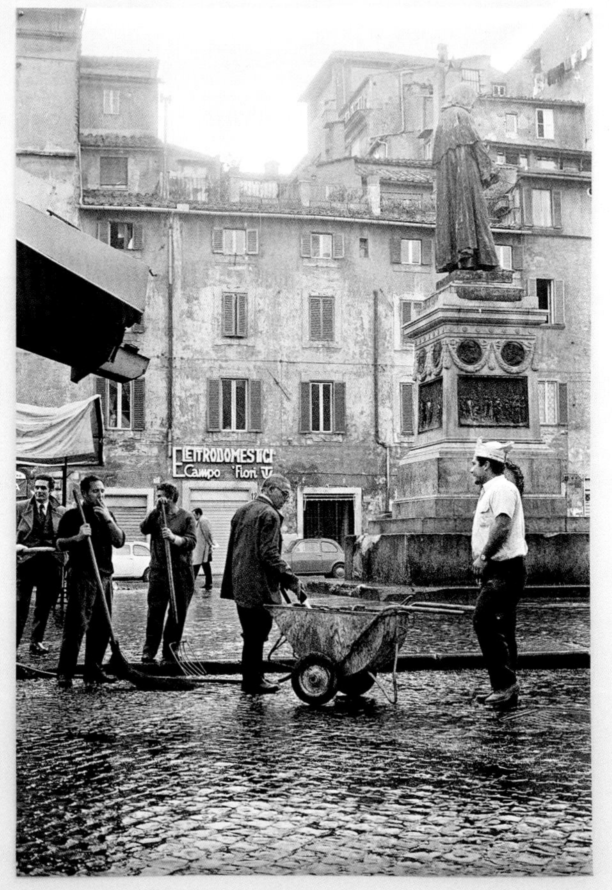

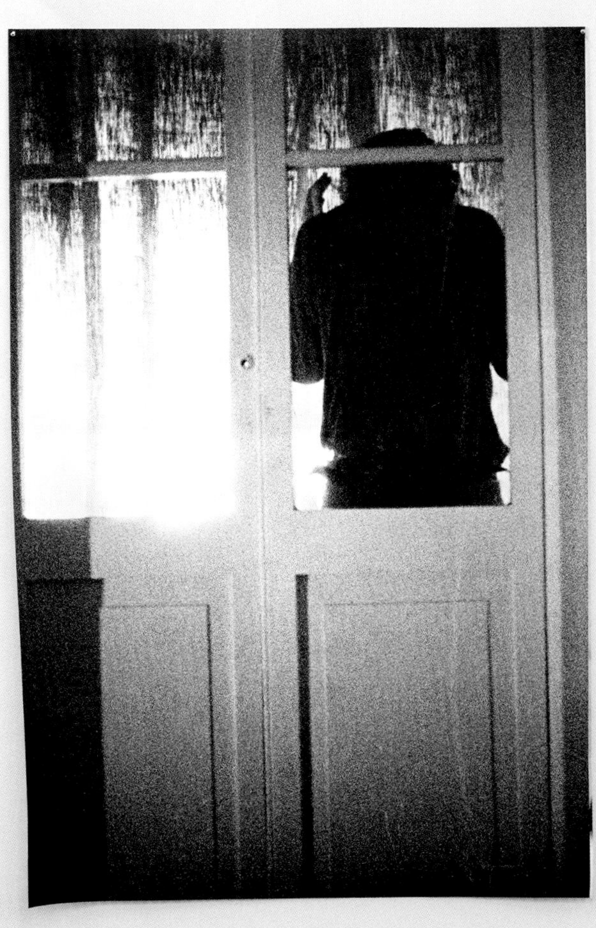

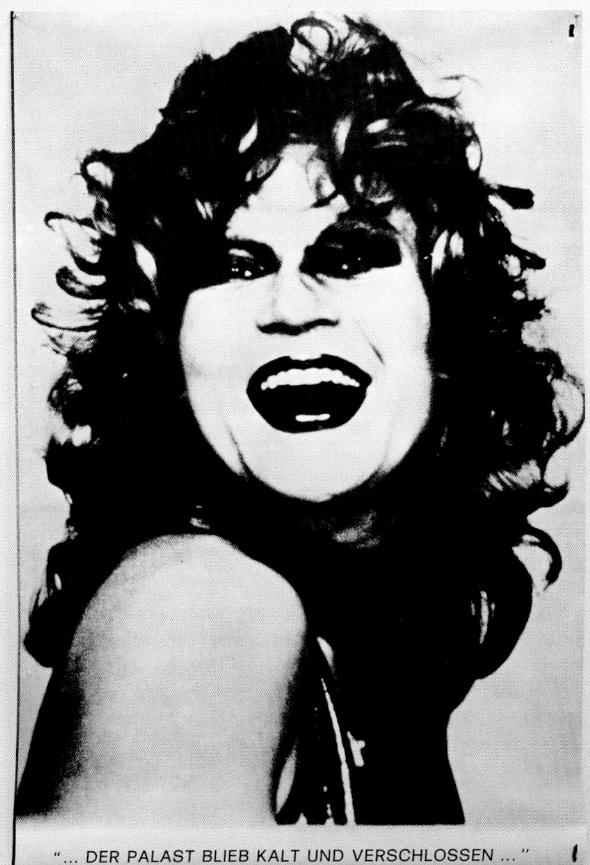
"... DER PALAST BLIEB KALT UND VERSCHLOSSEN ..."

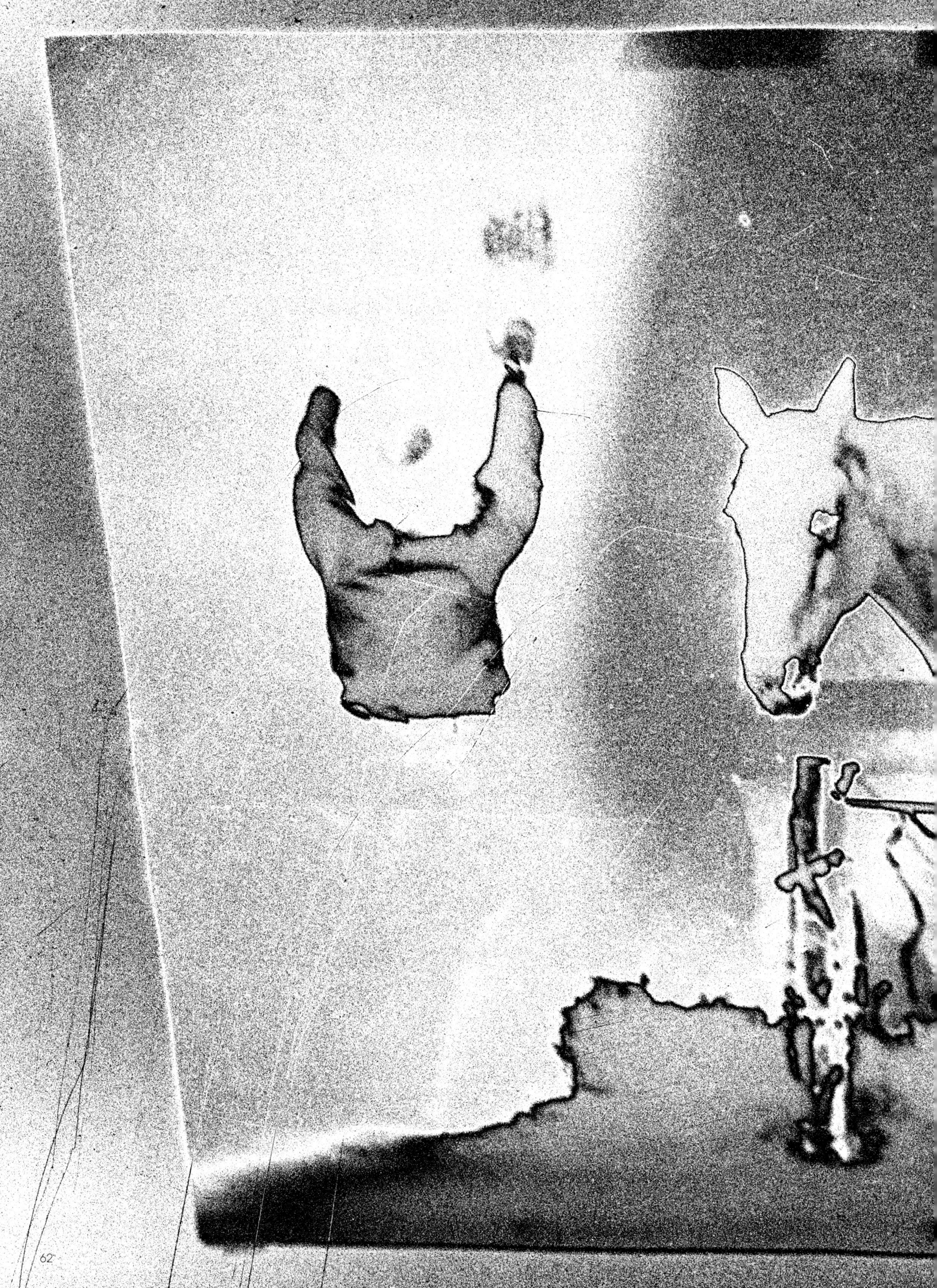

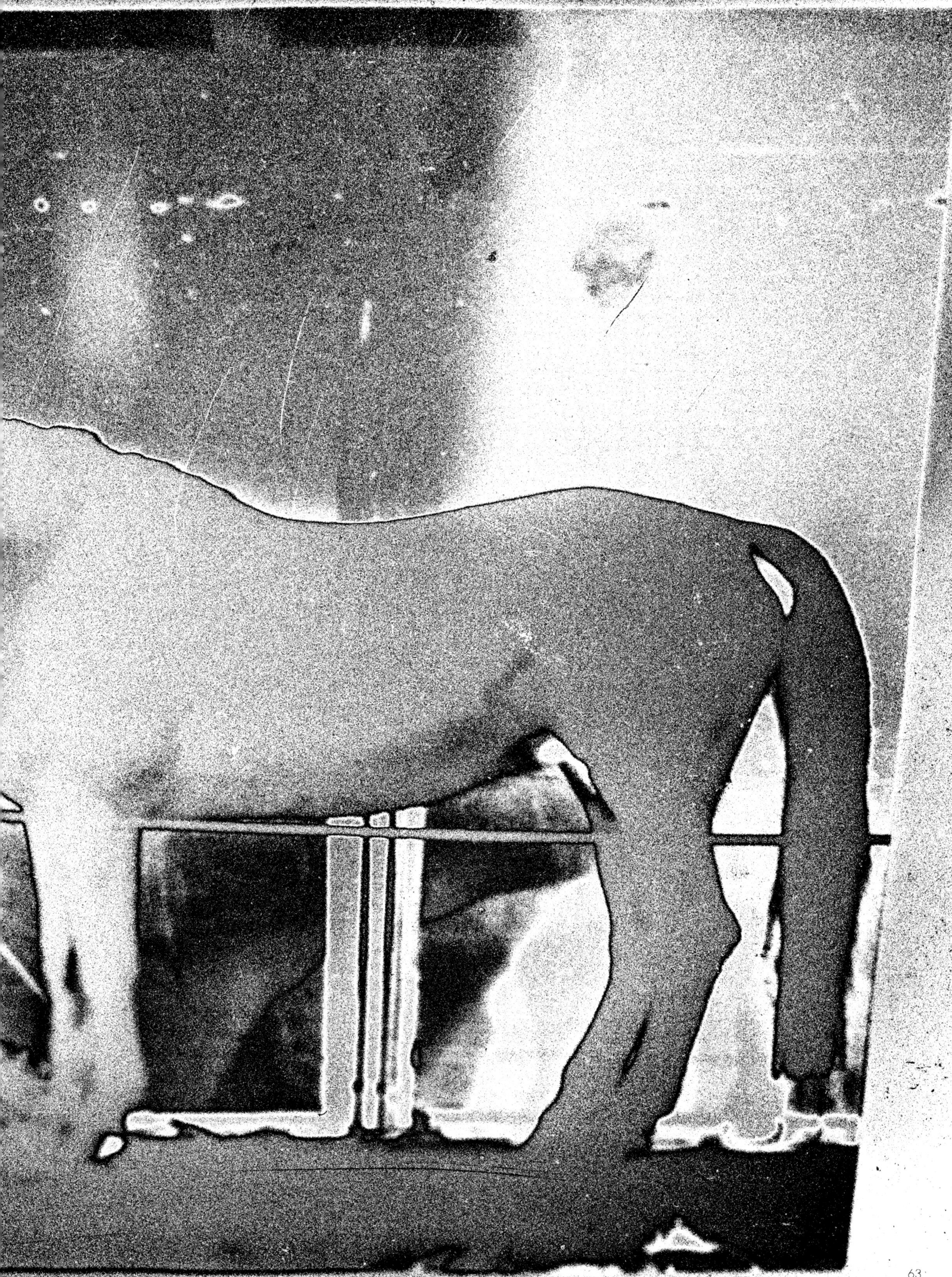

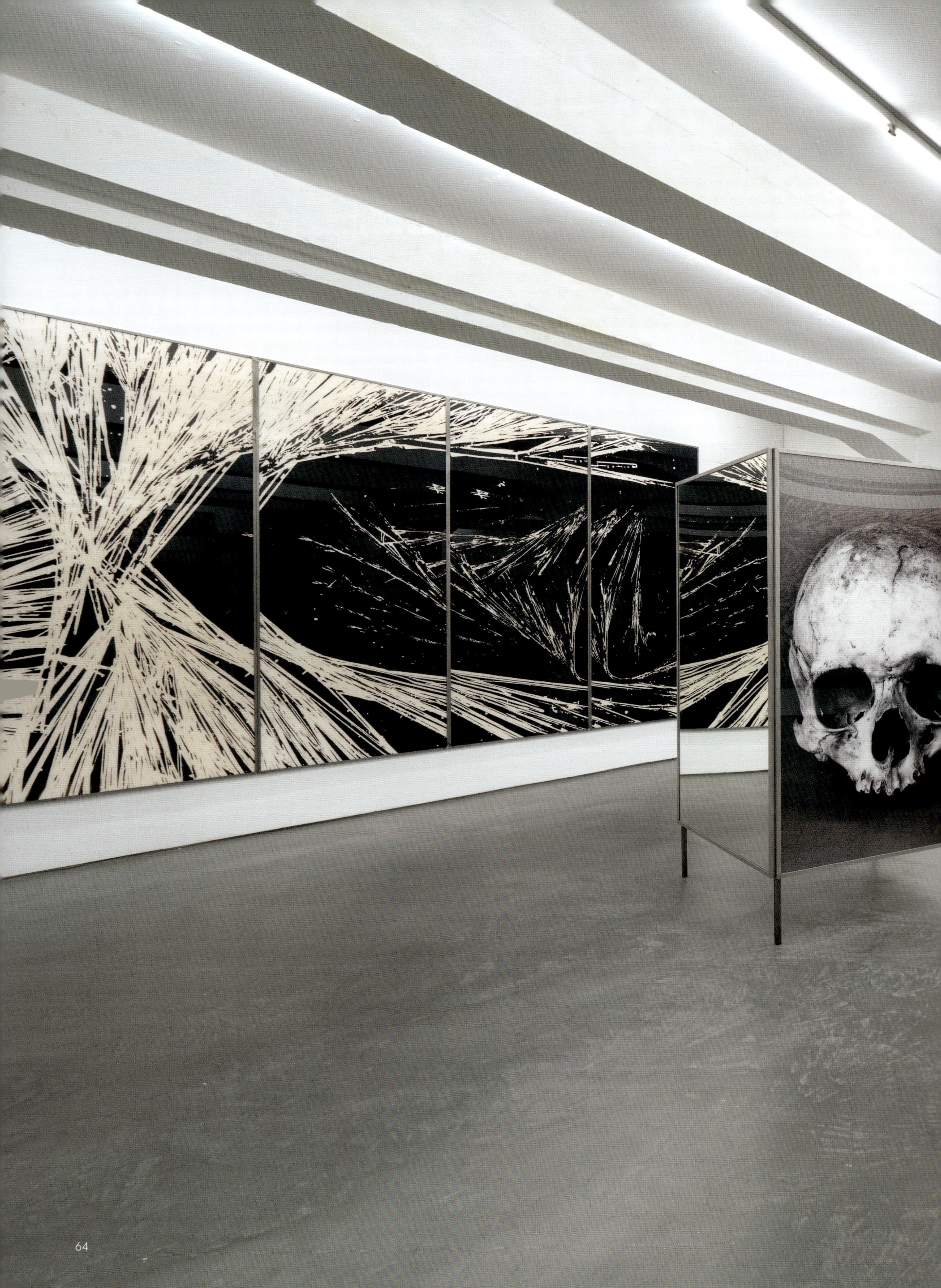

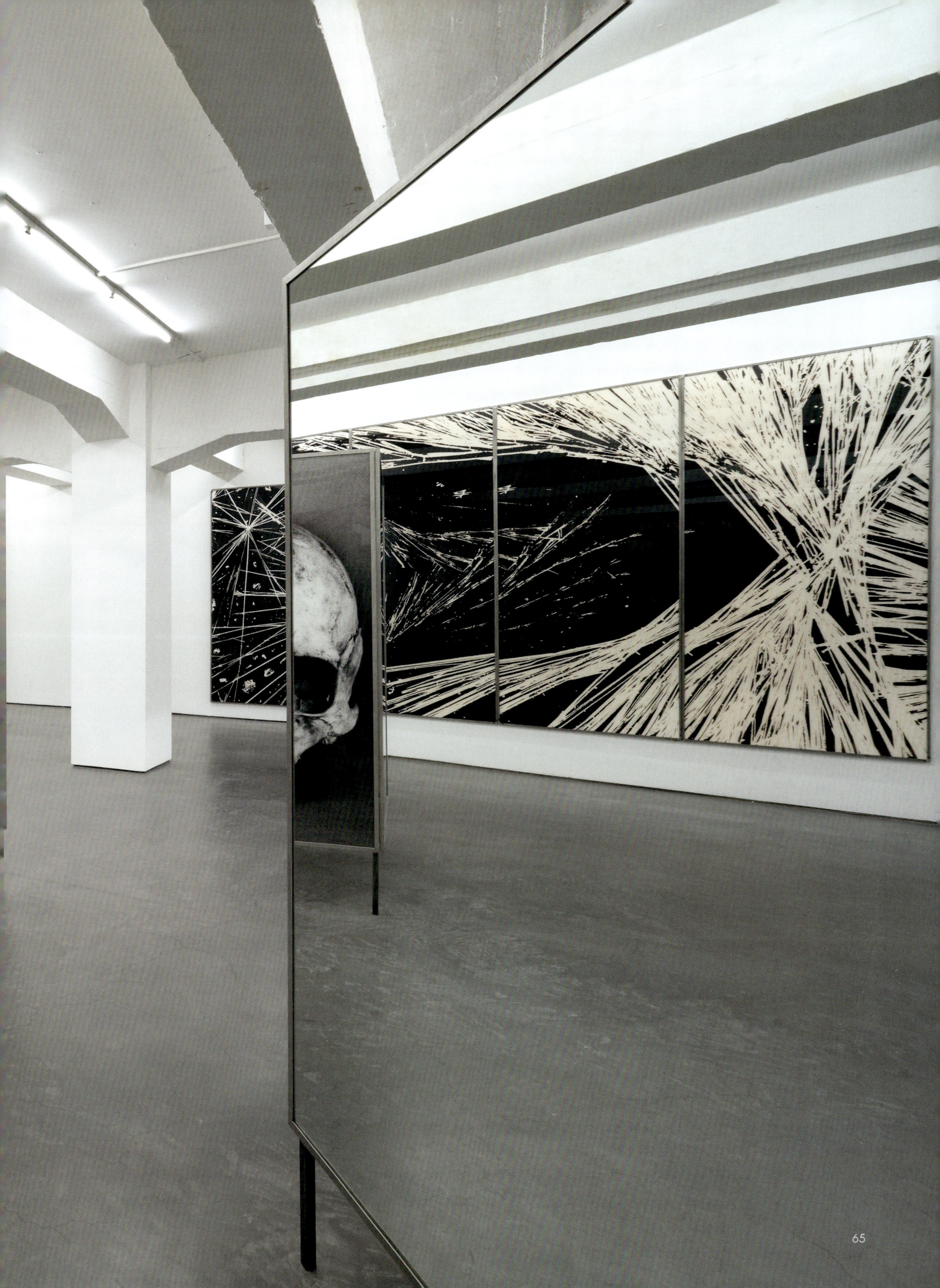

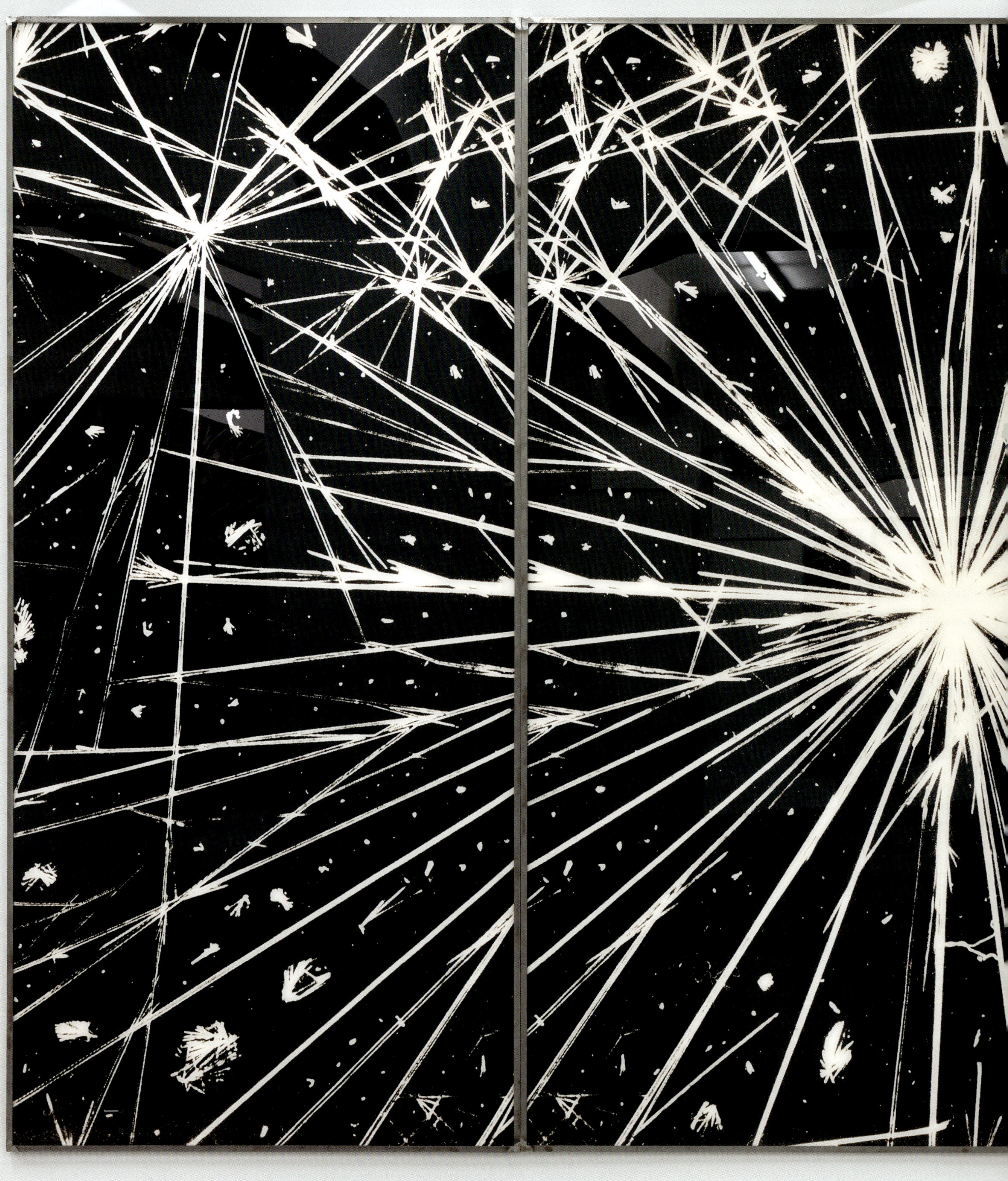

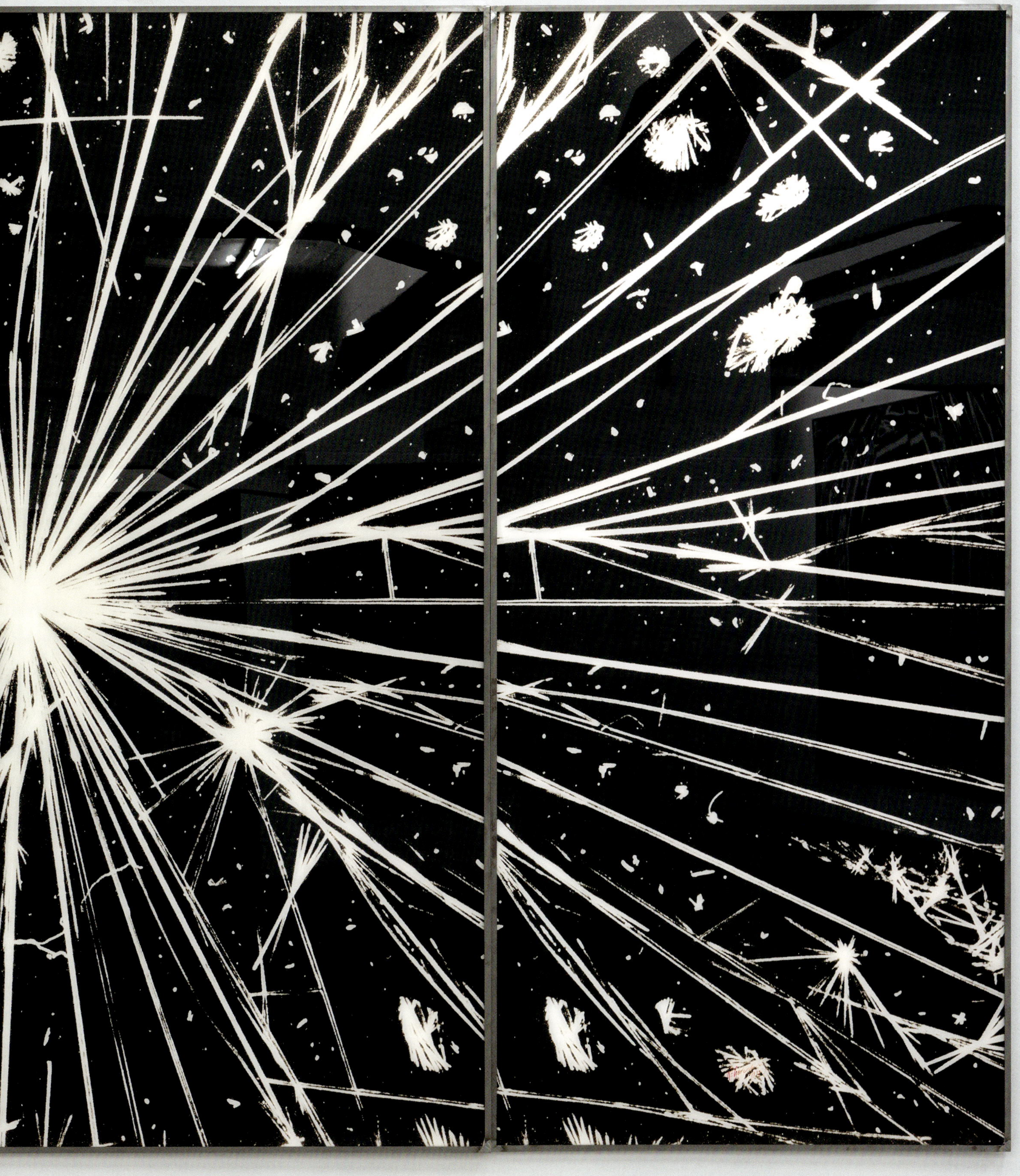

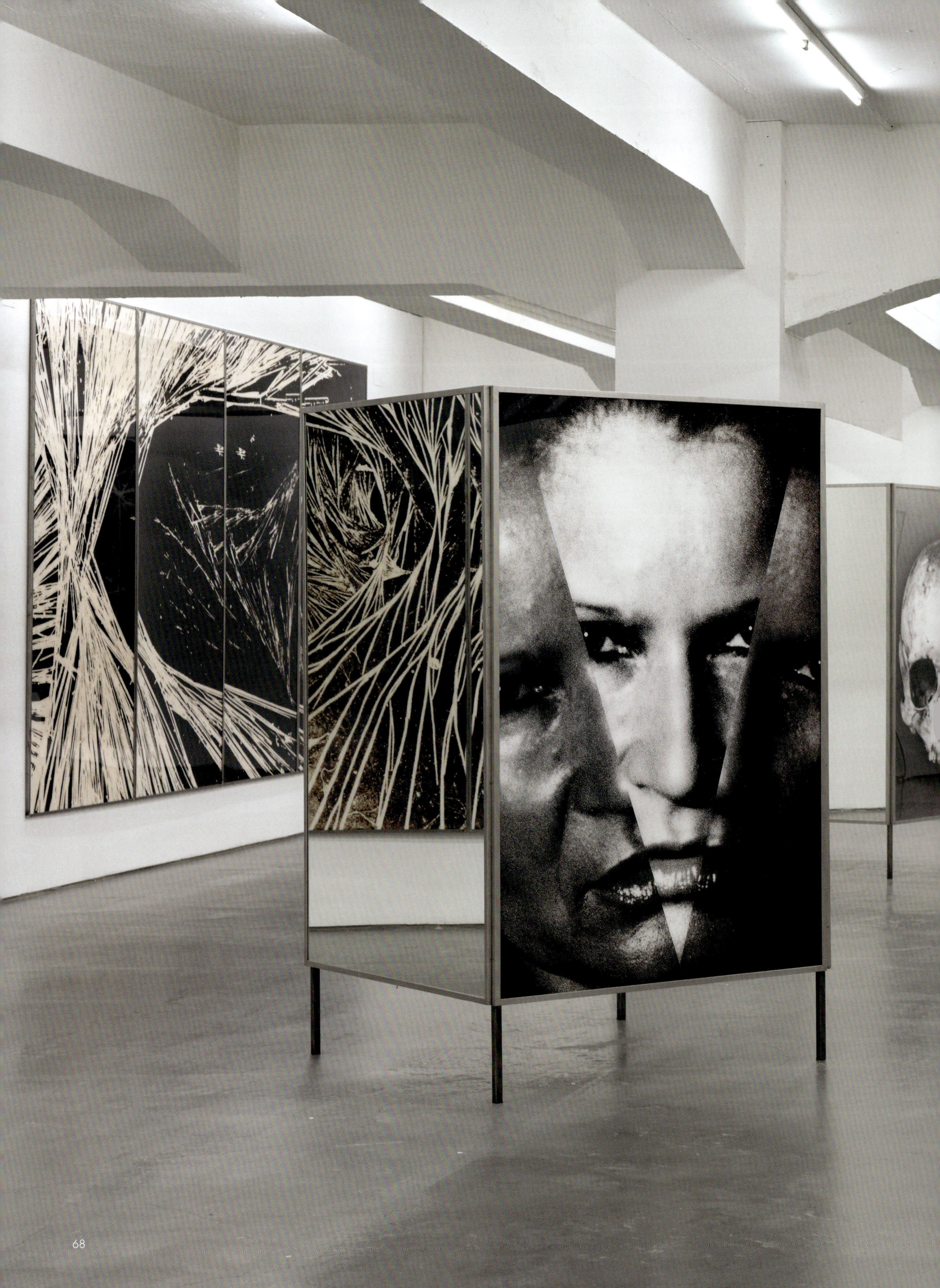

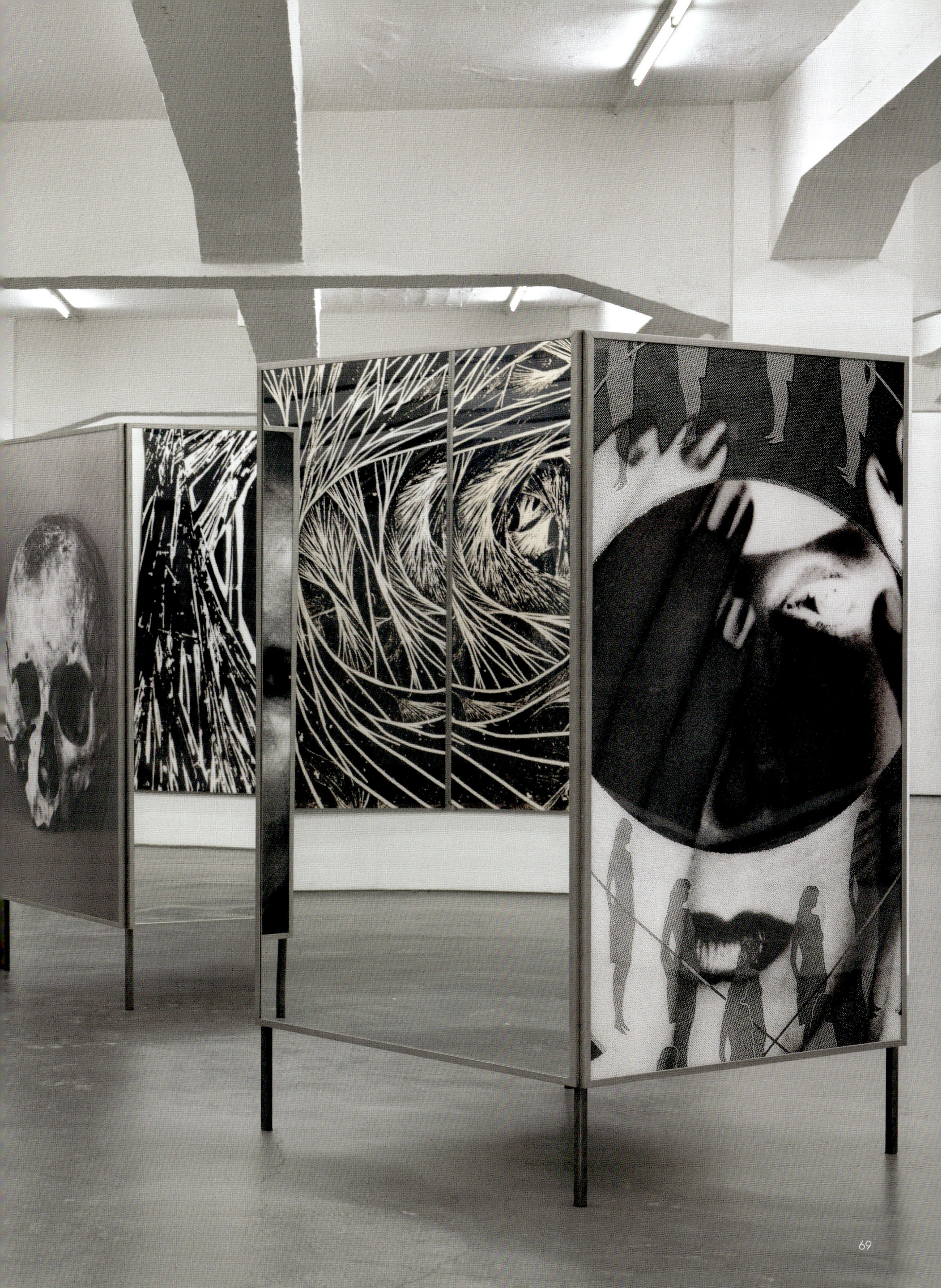

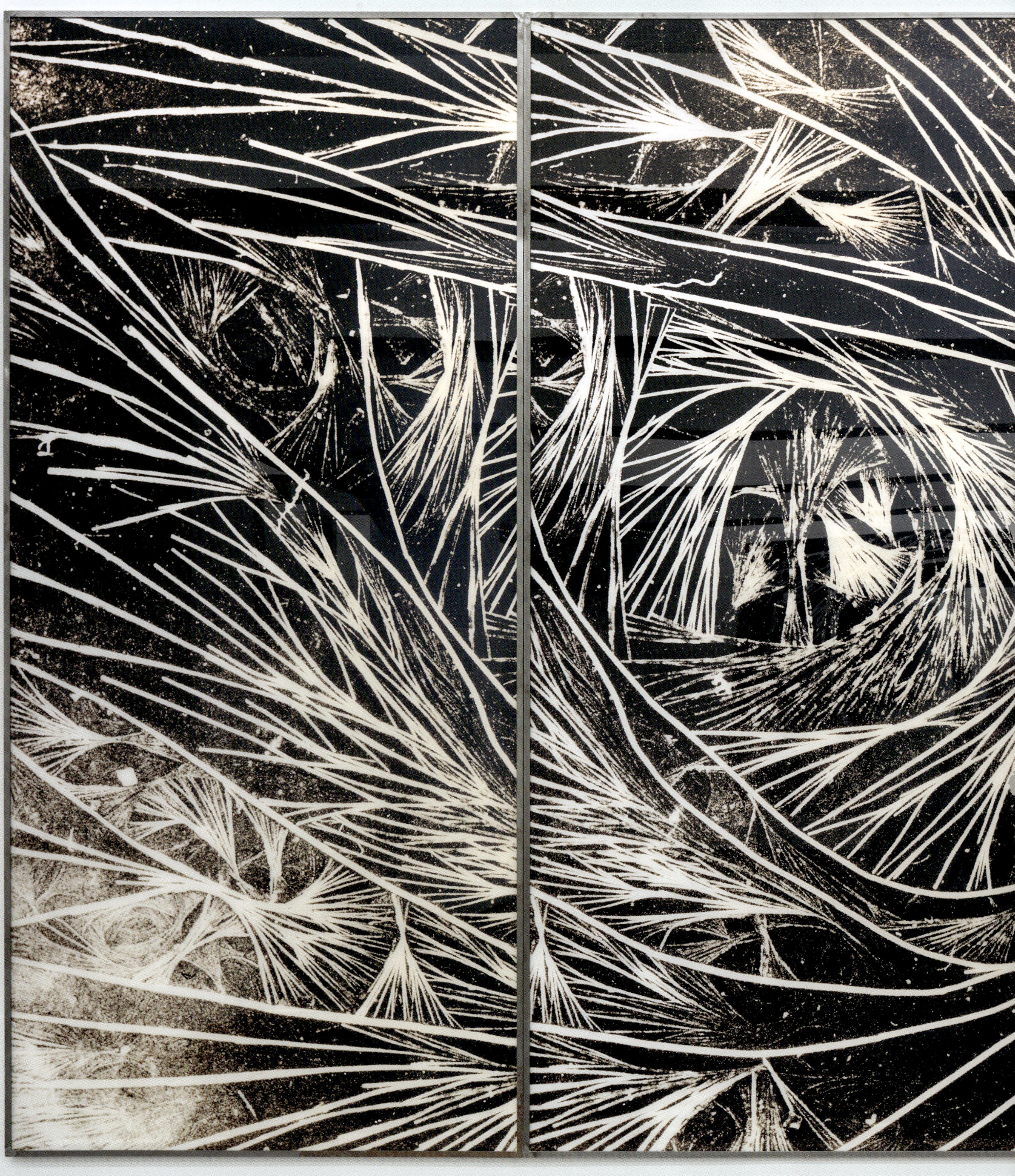

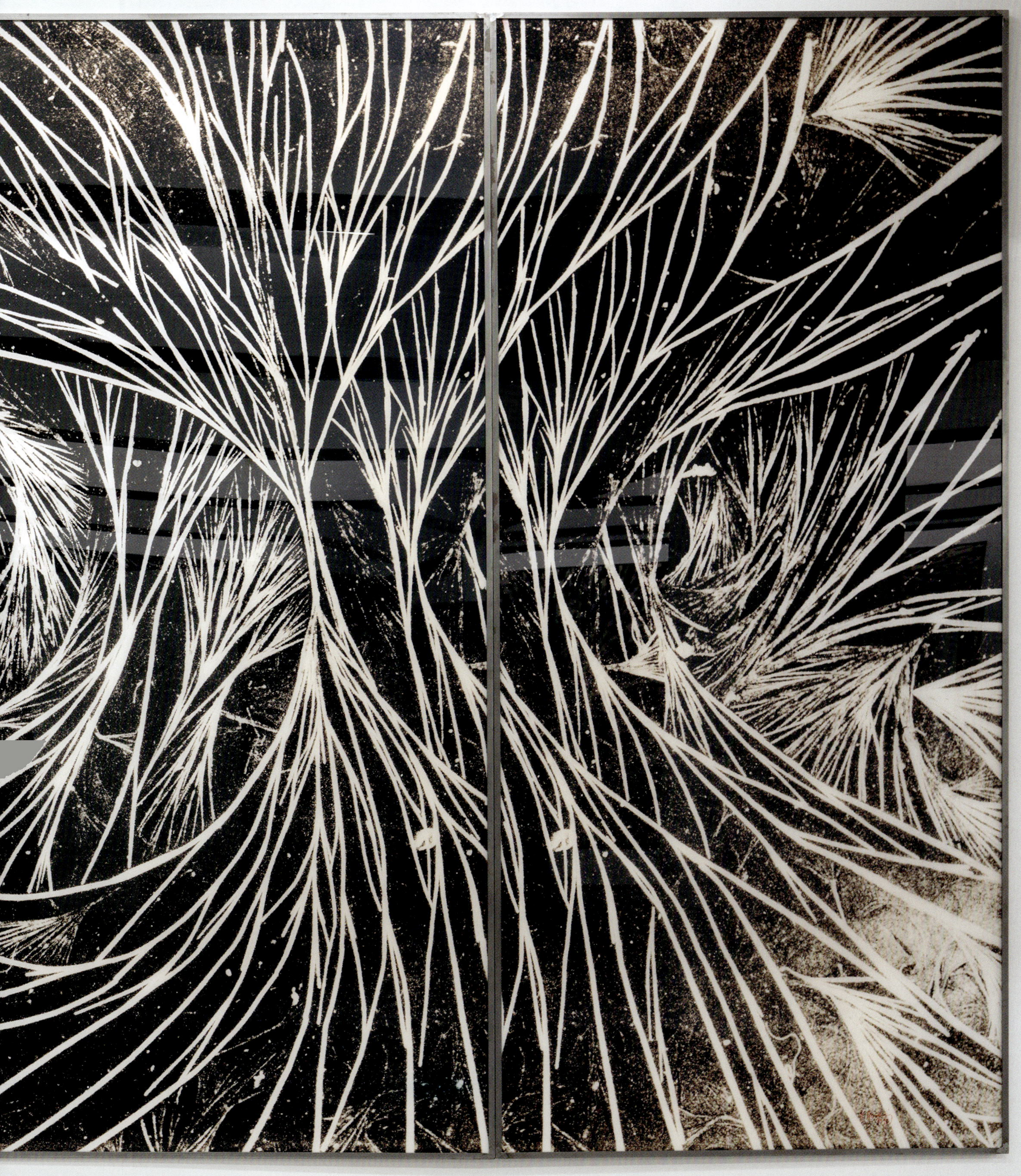

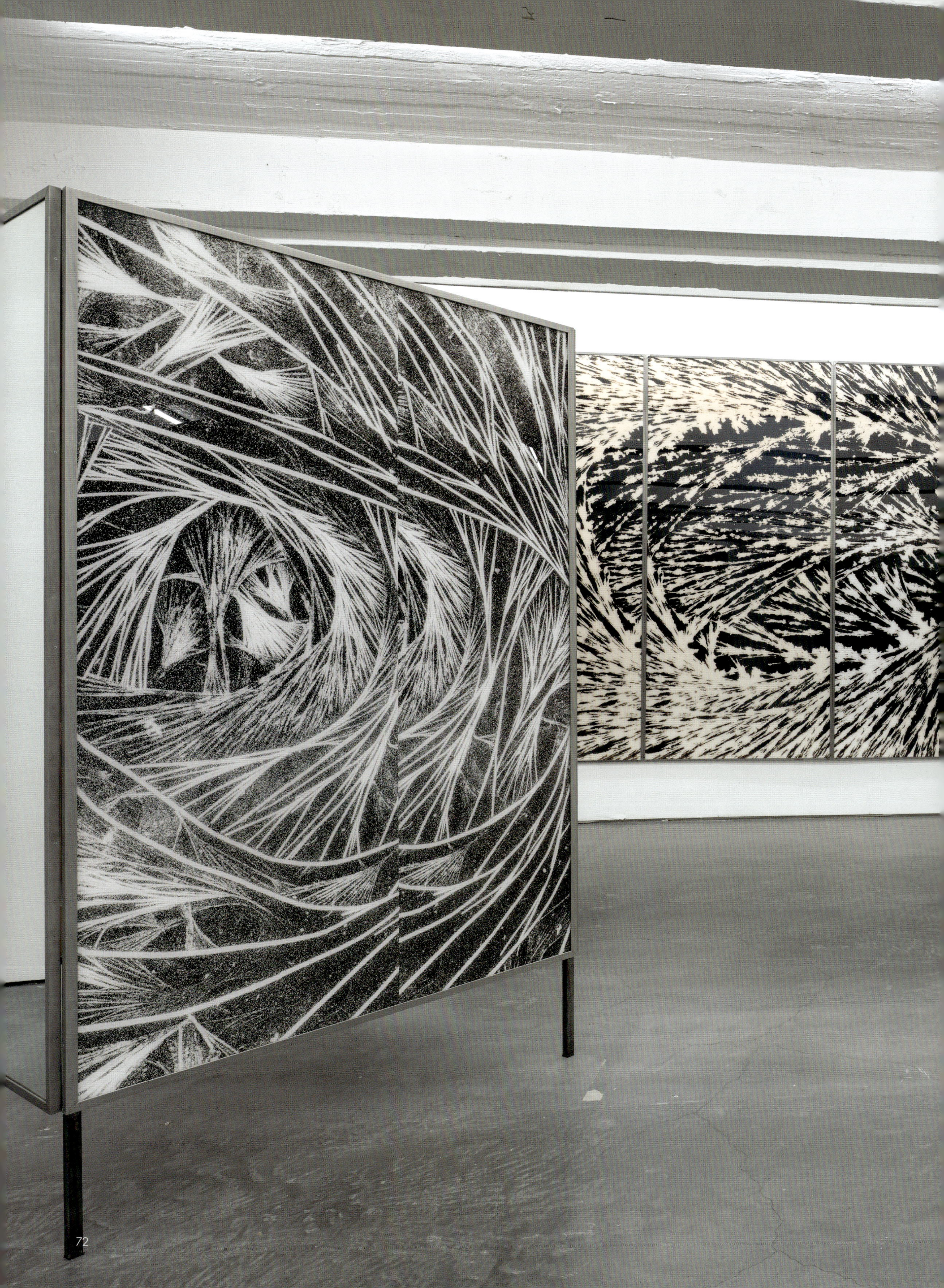

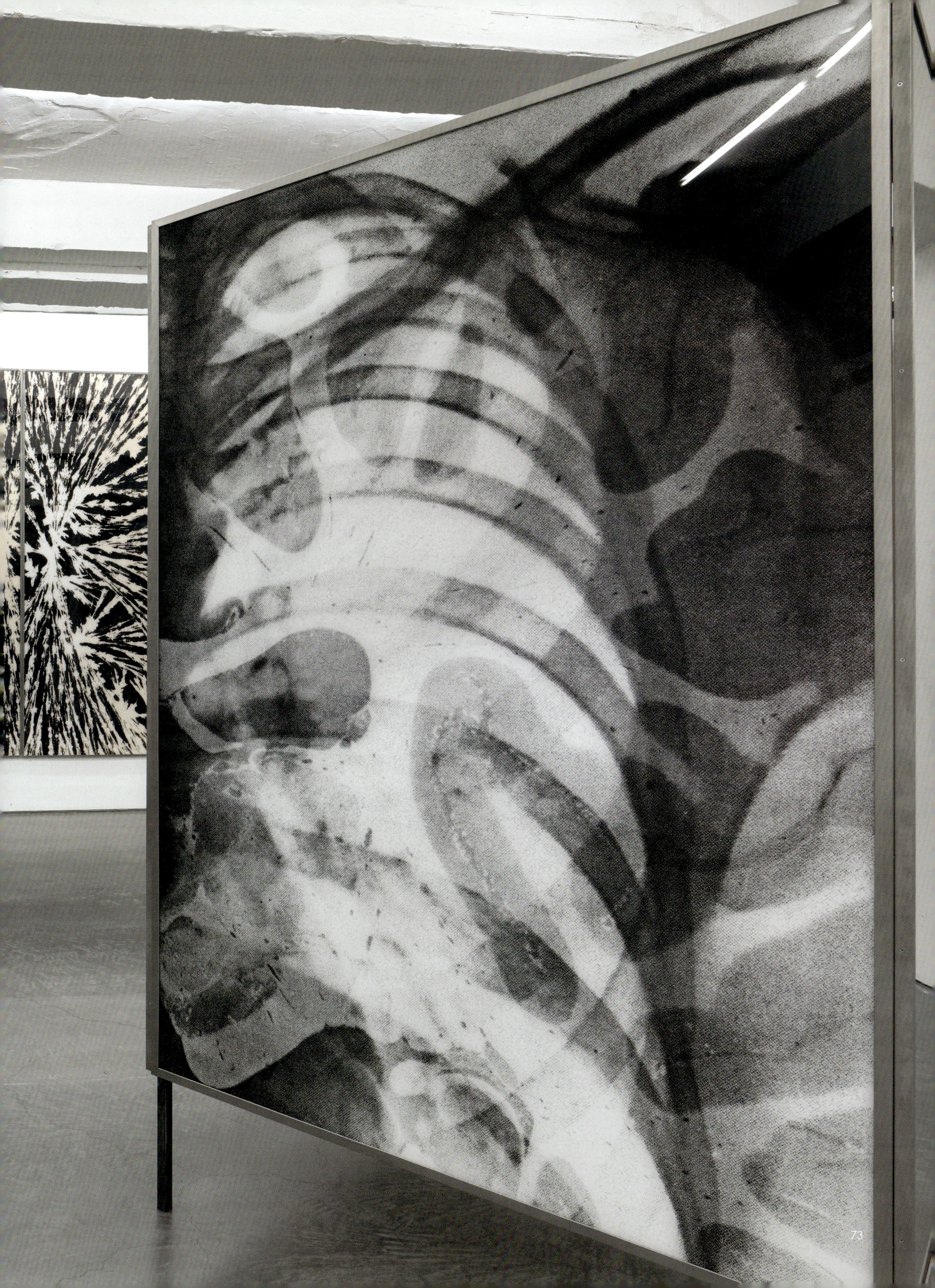

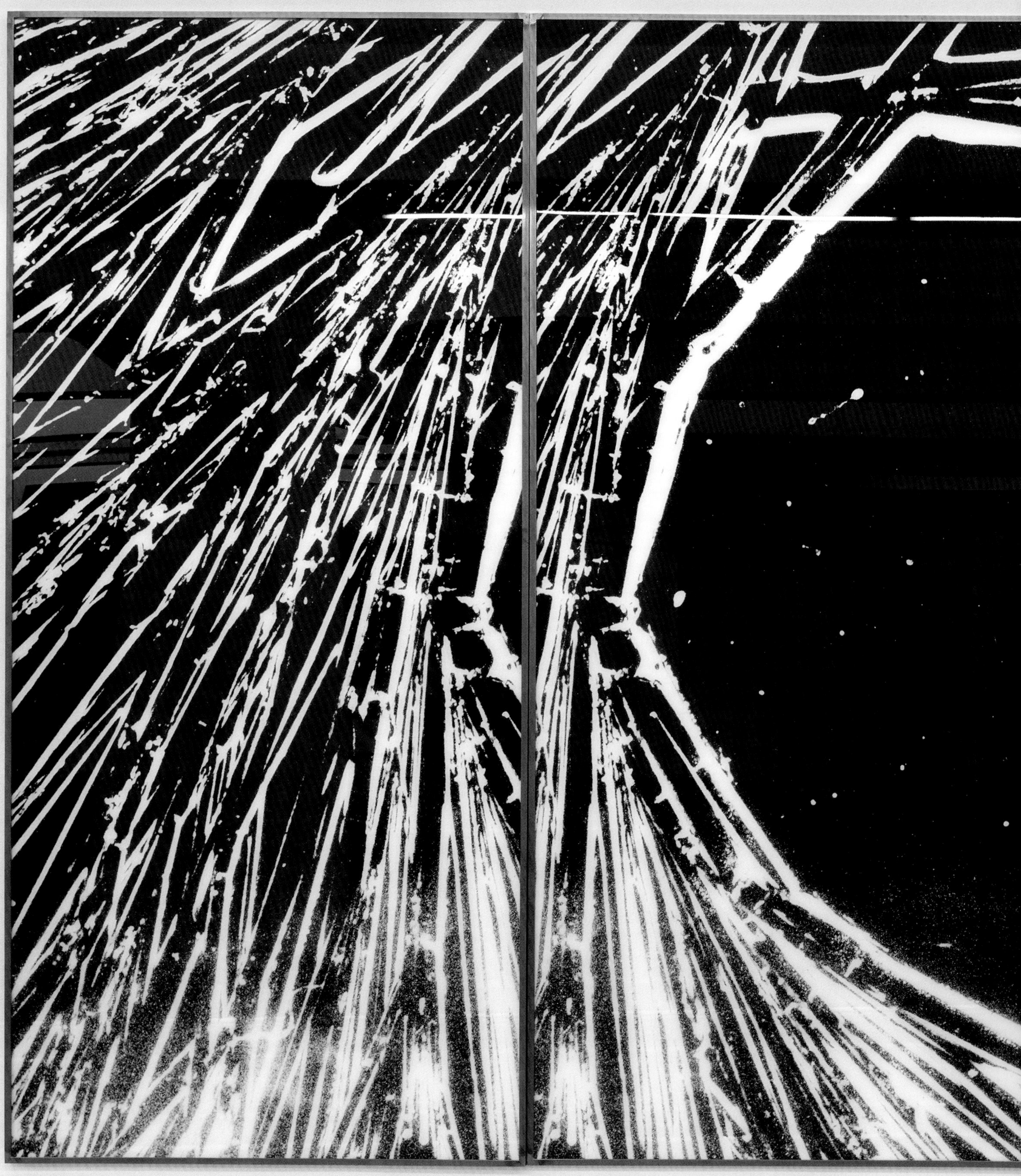

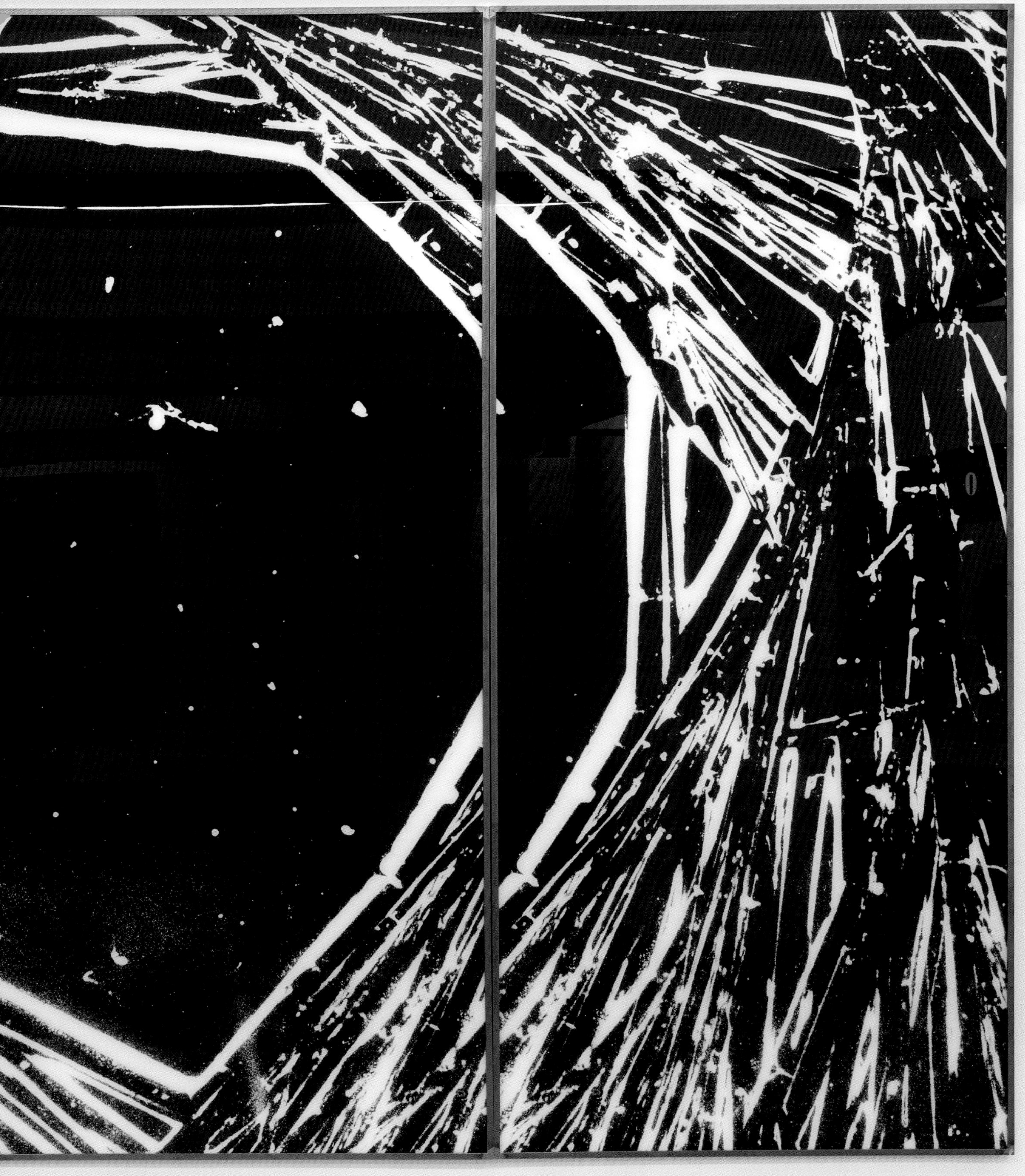

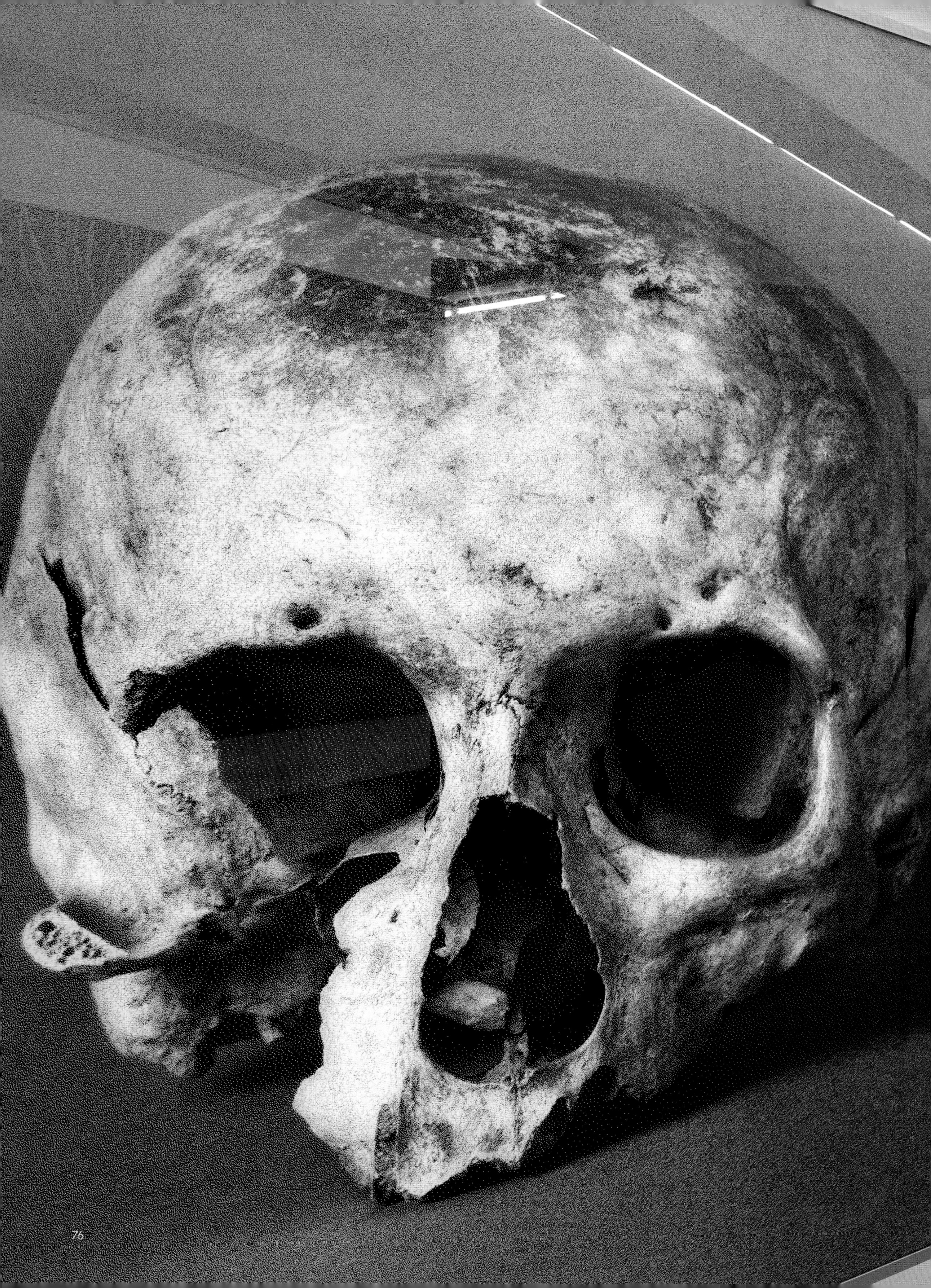

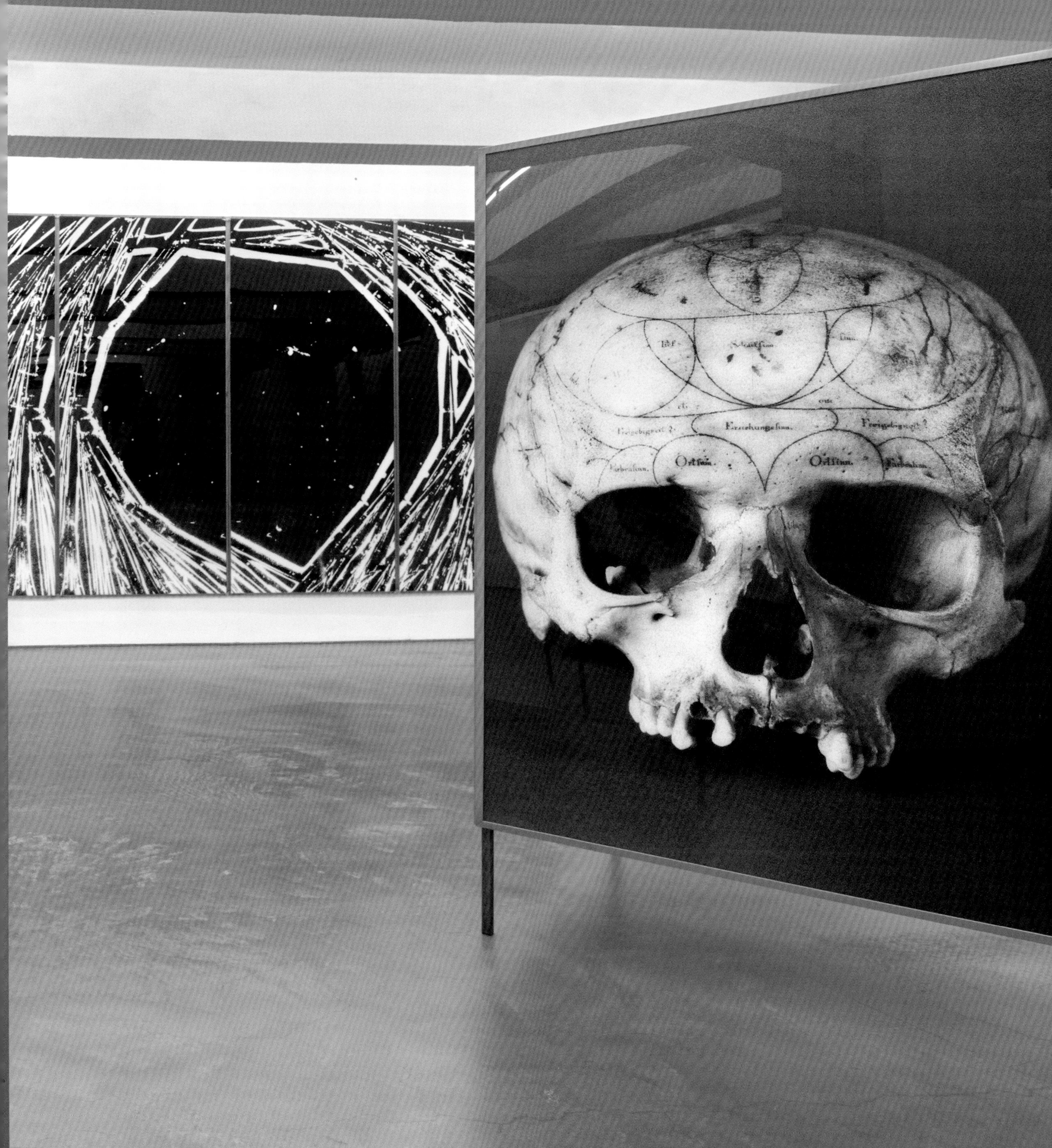

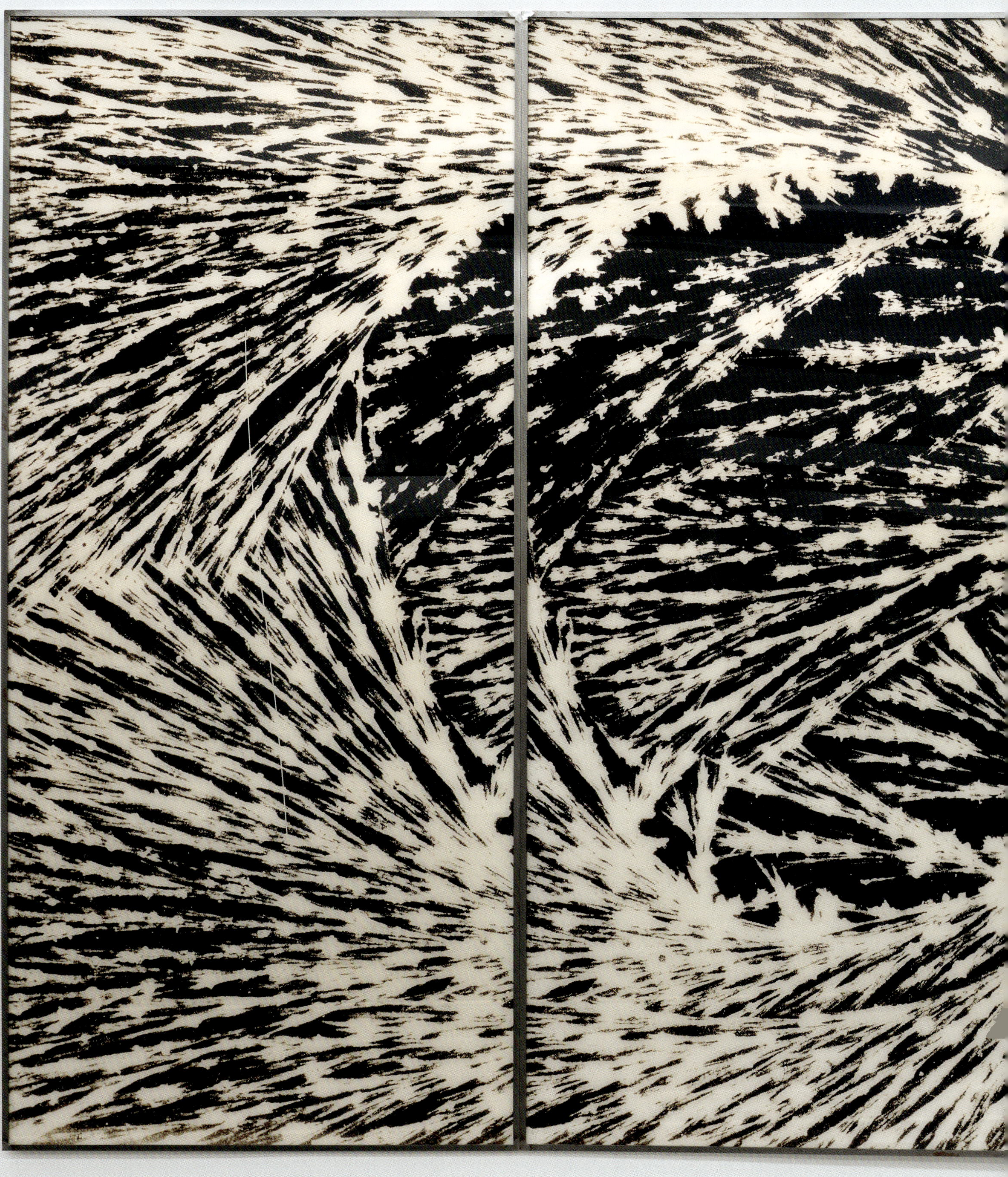

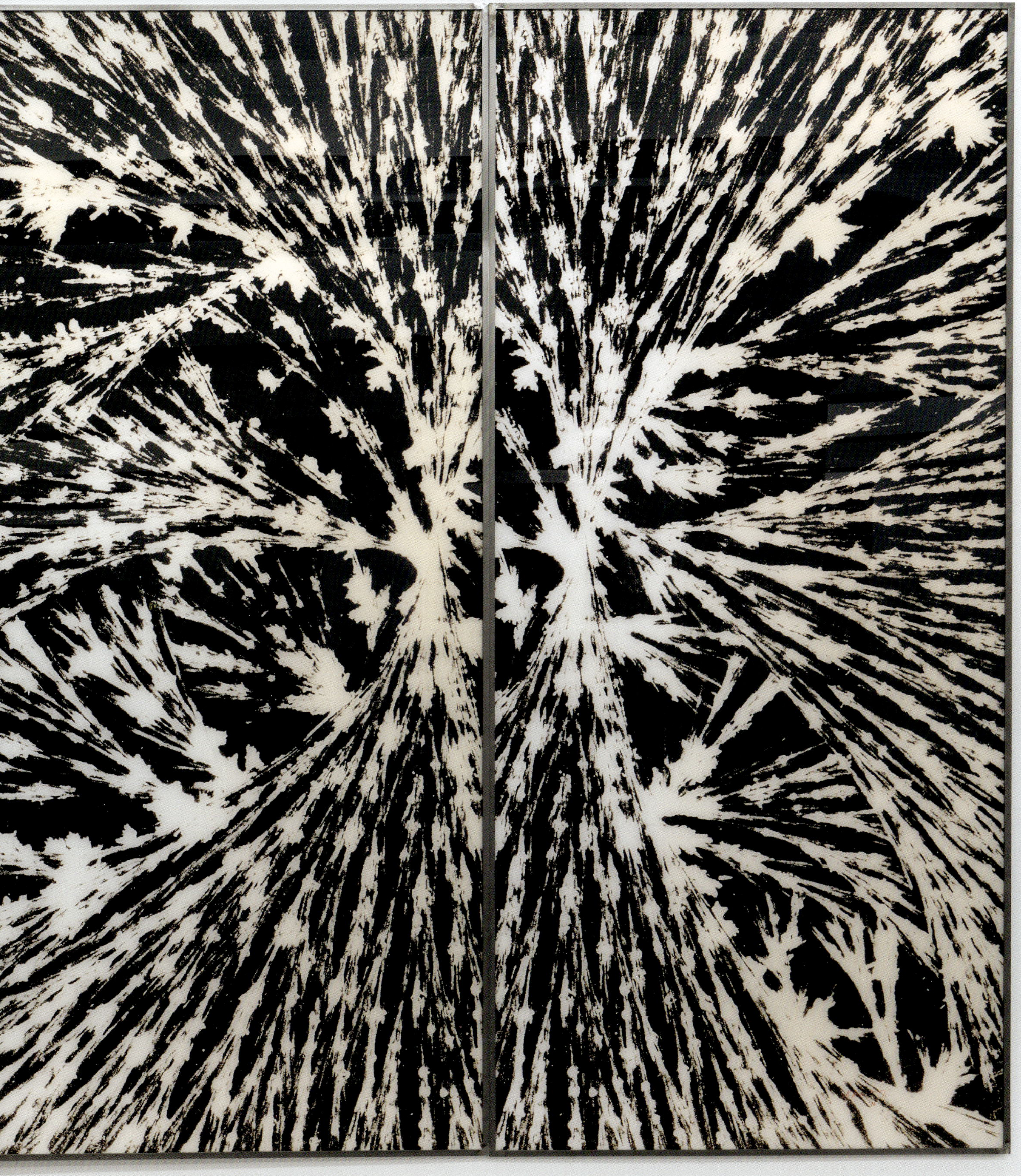

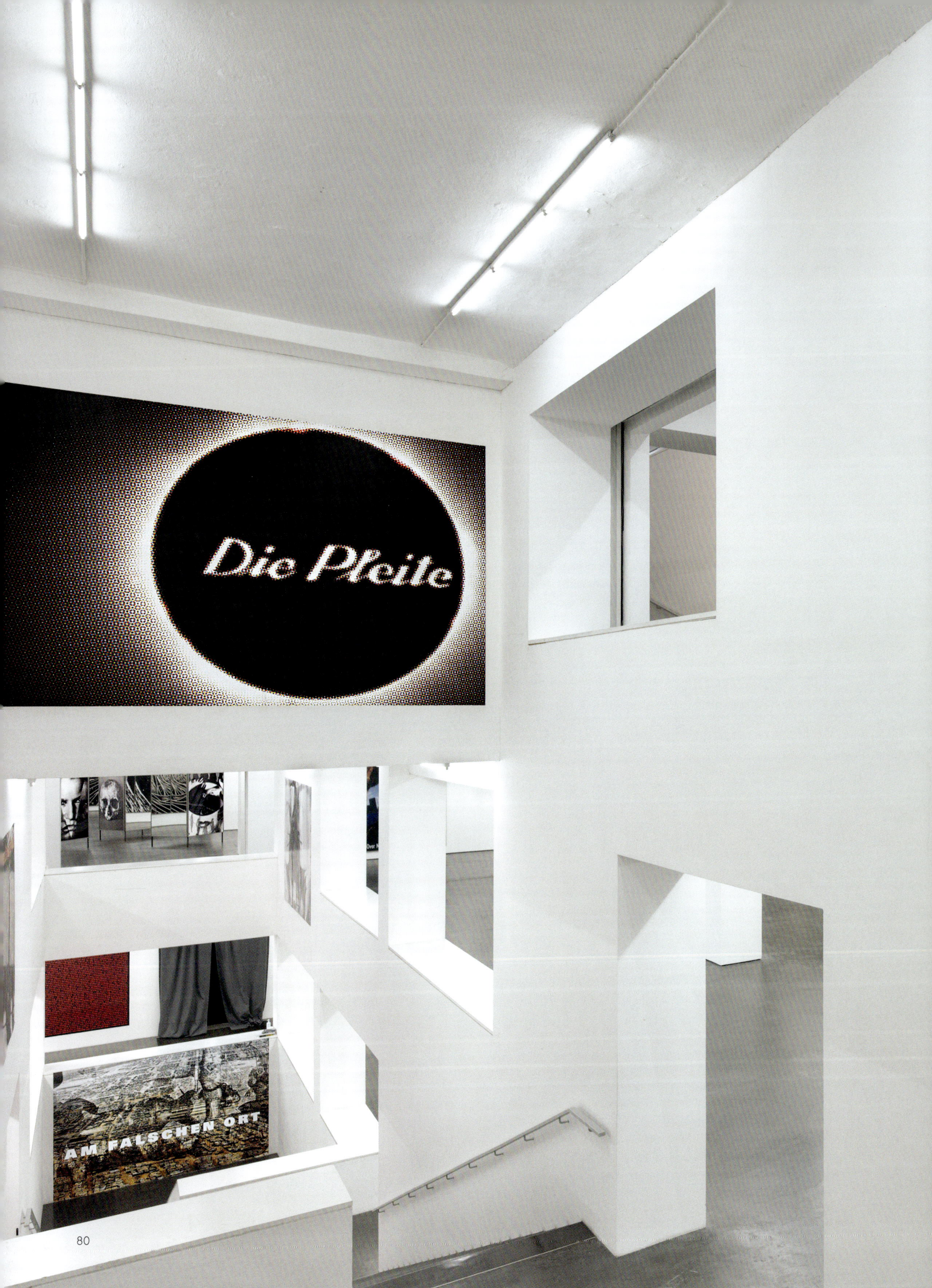
Die Pleite
AM FALSCHEN ORT

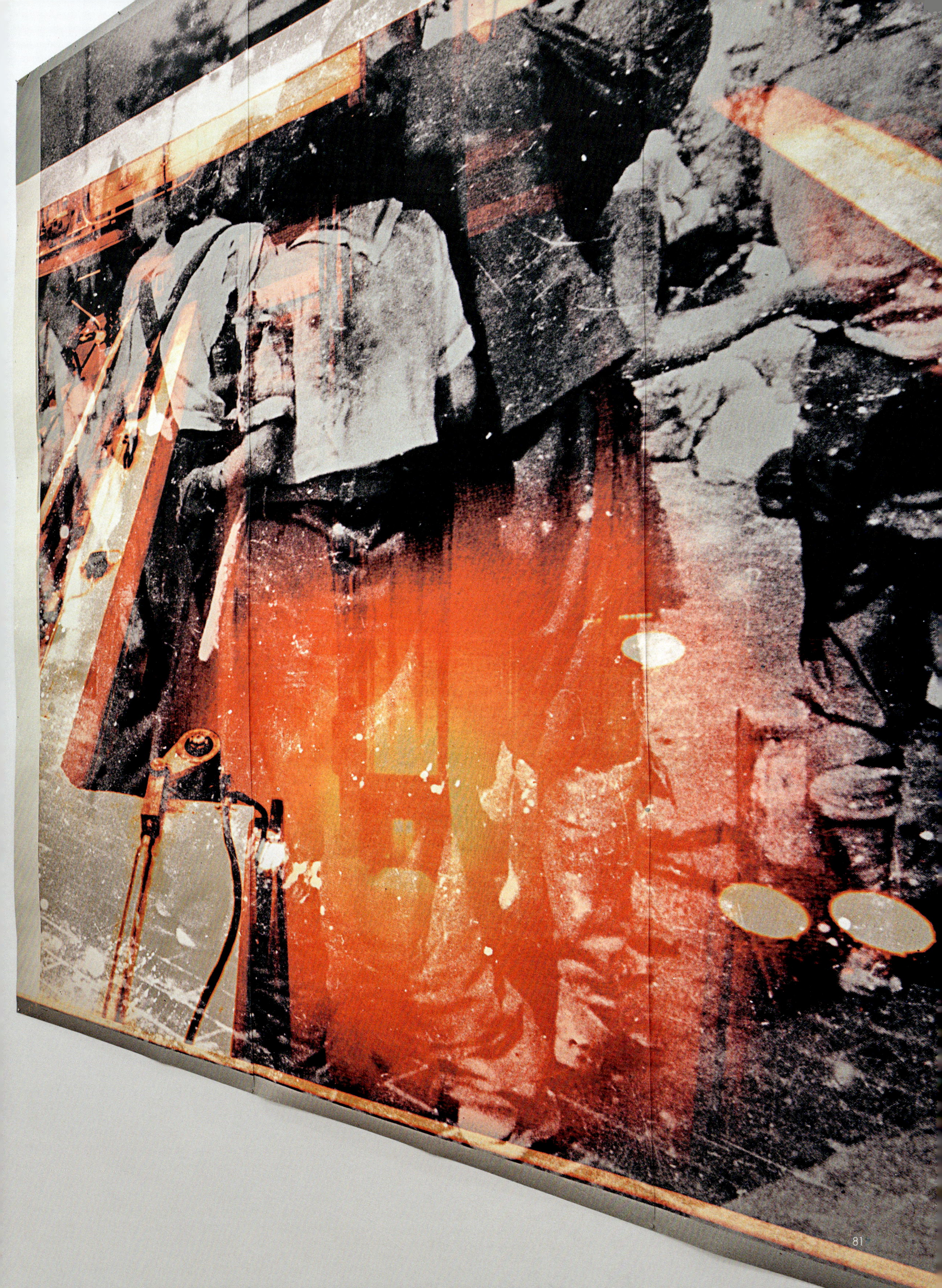

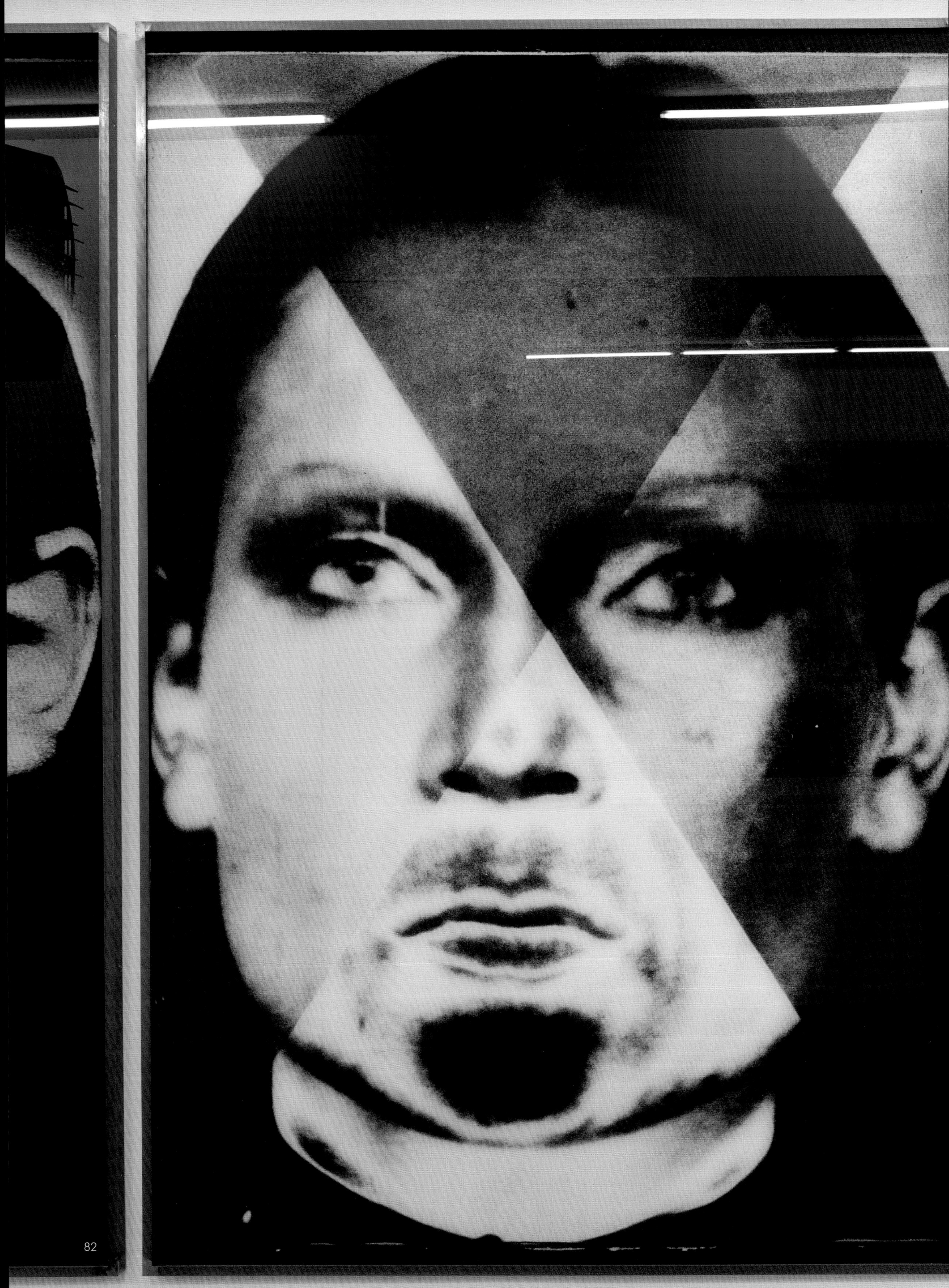

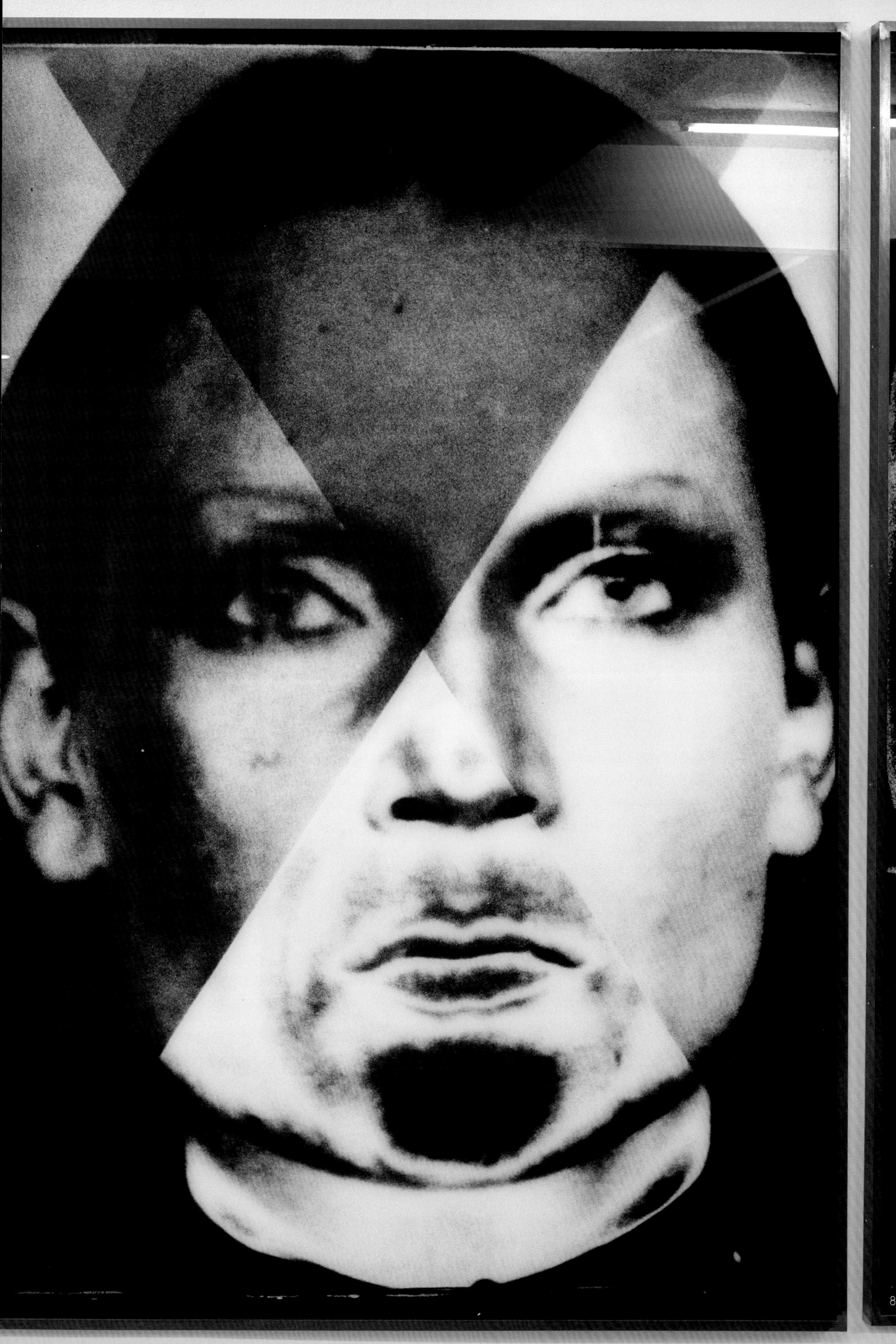

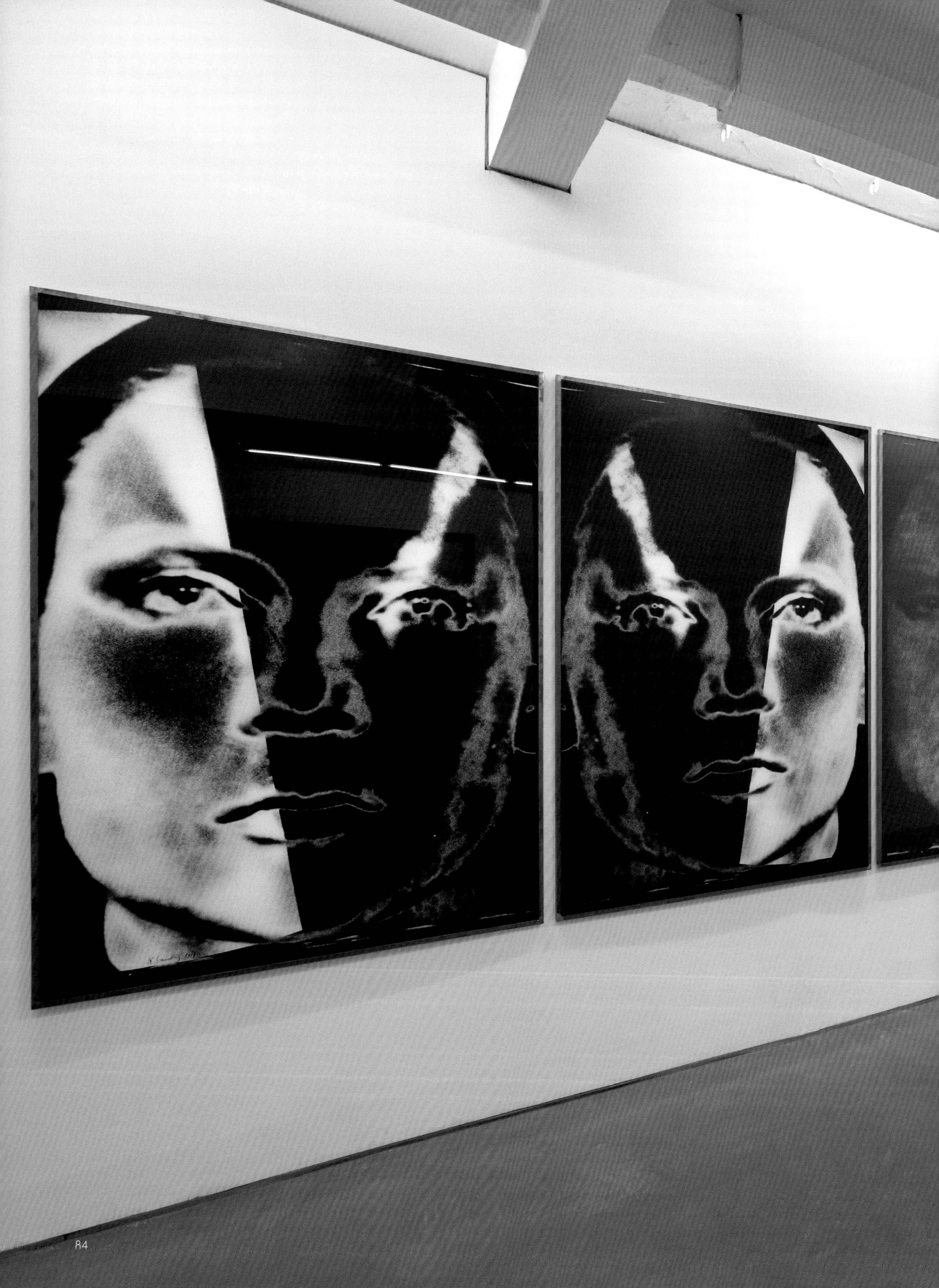

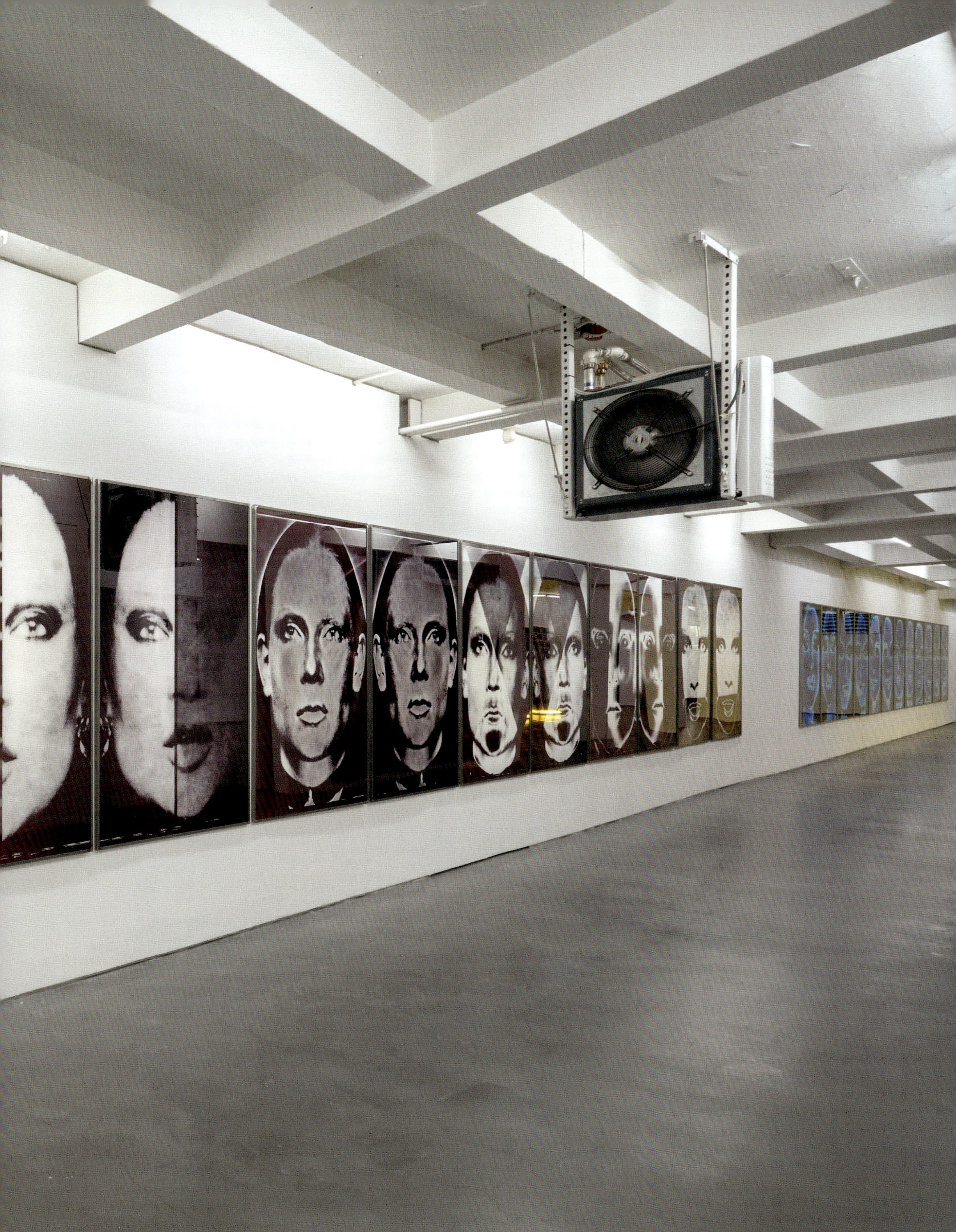

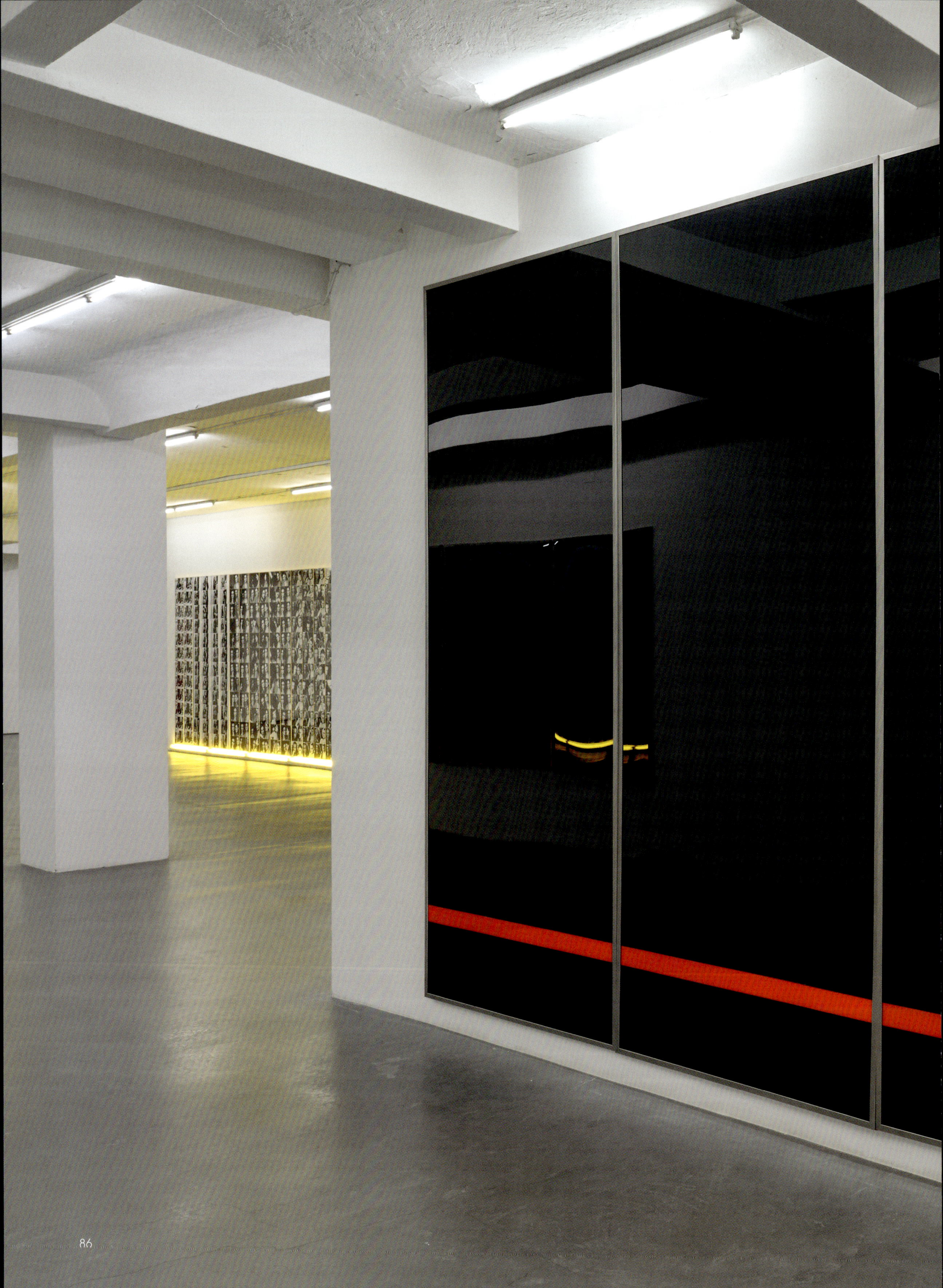

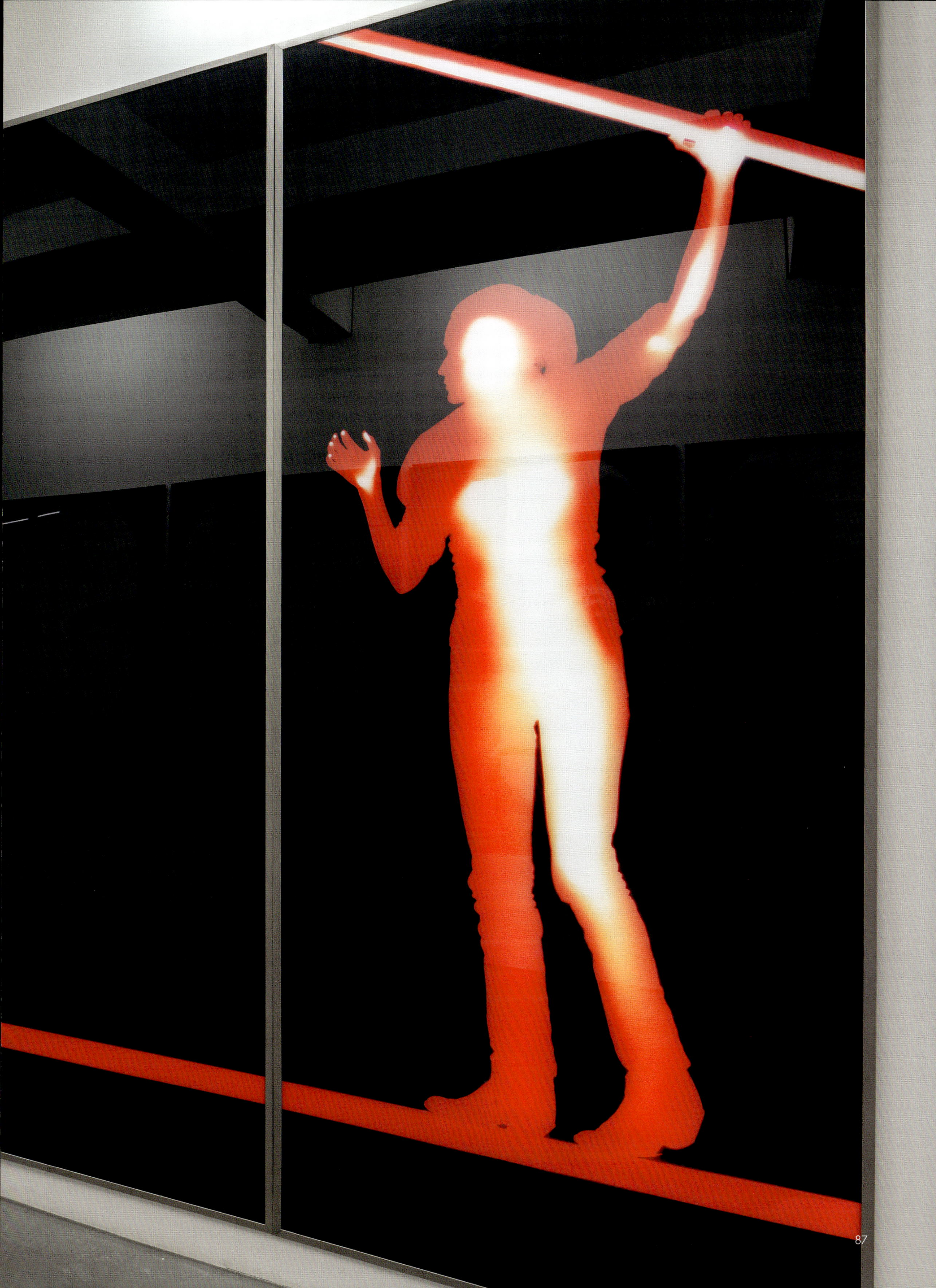

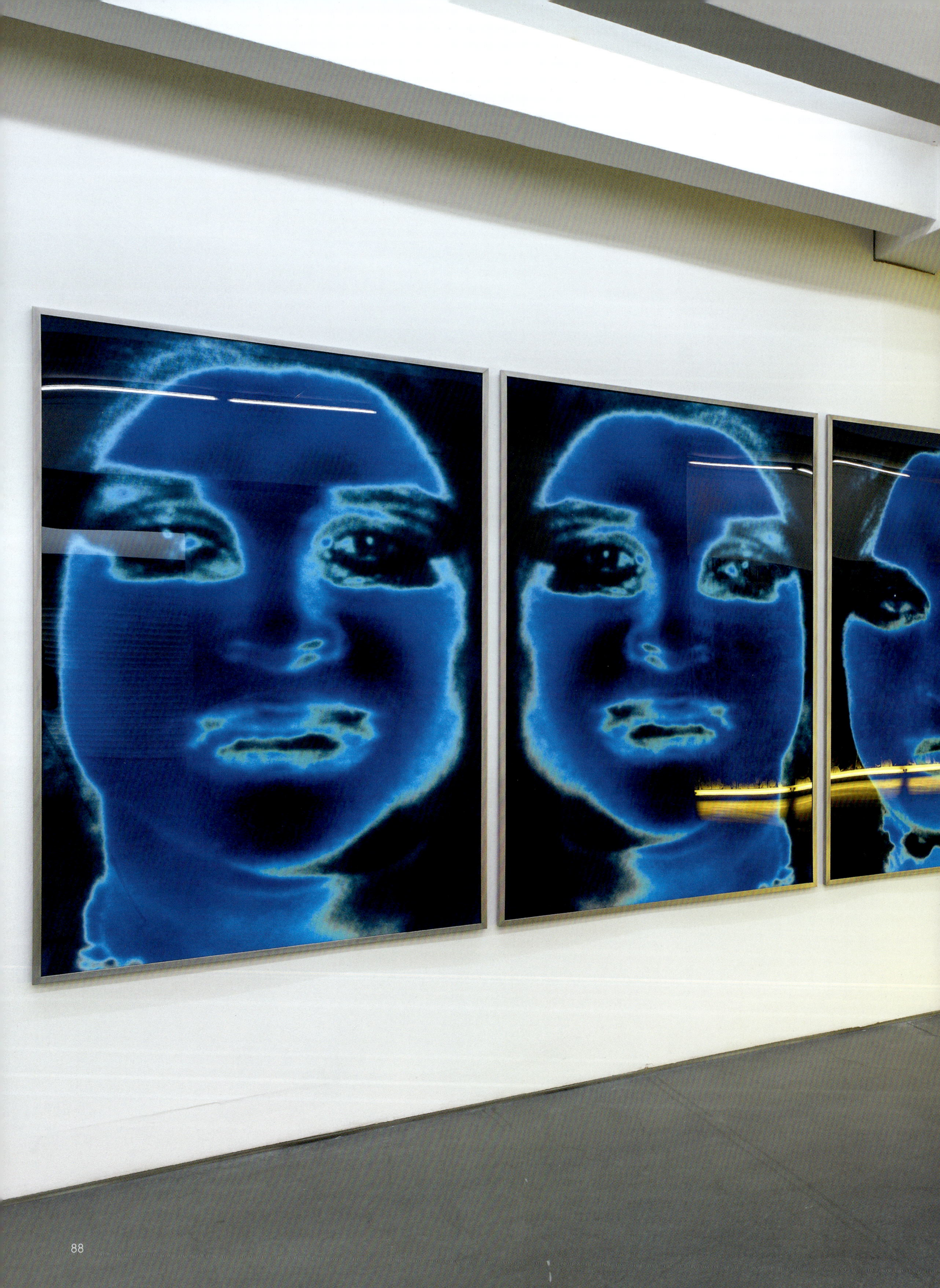

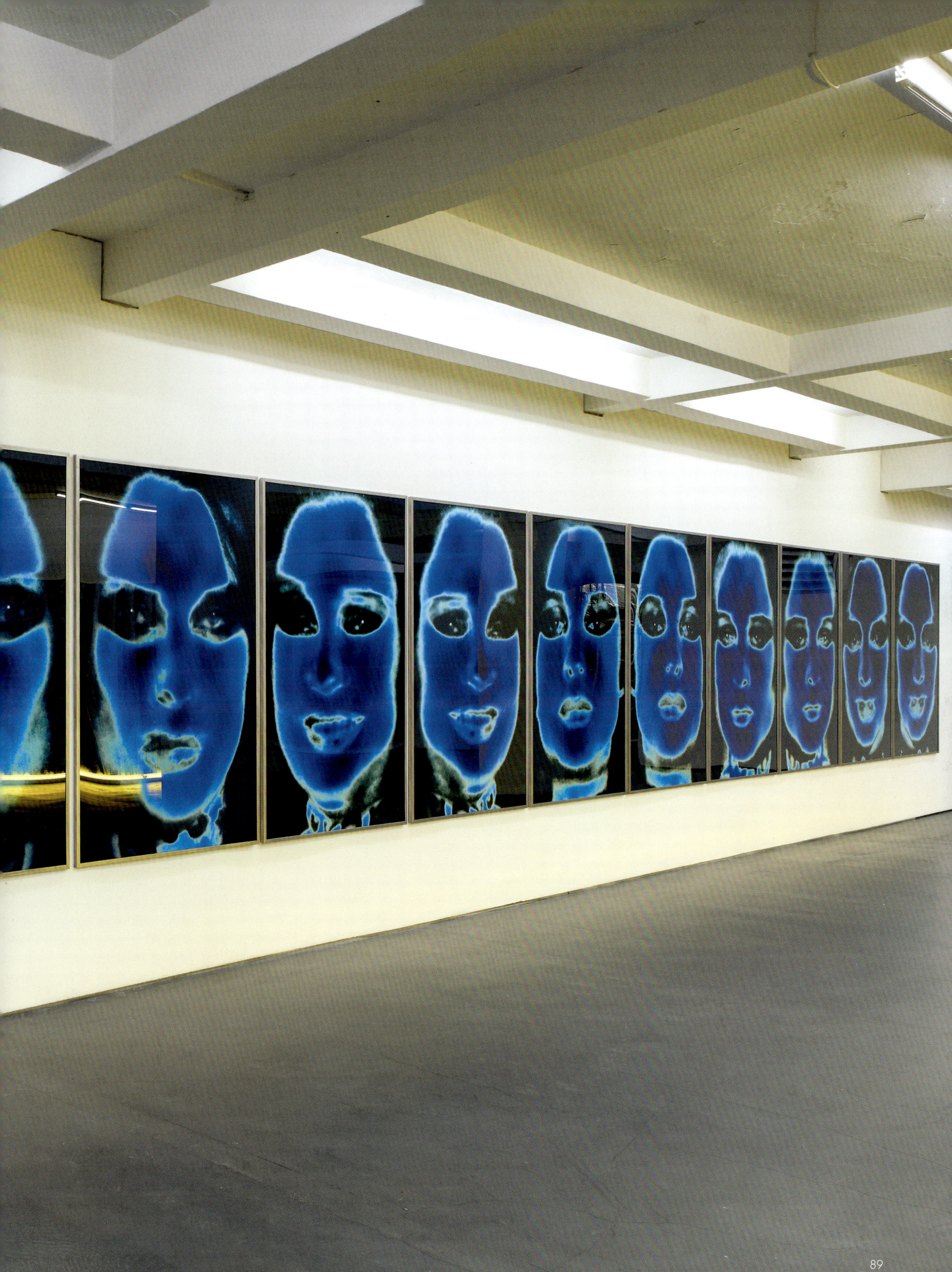

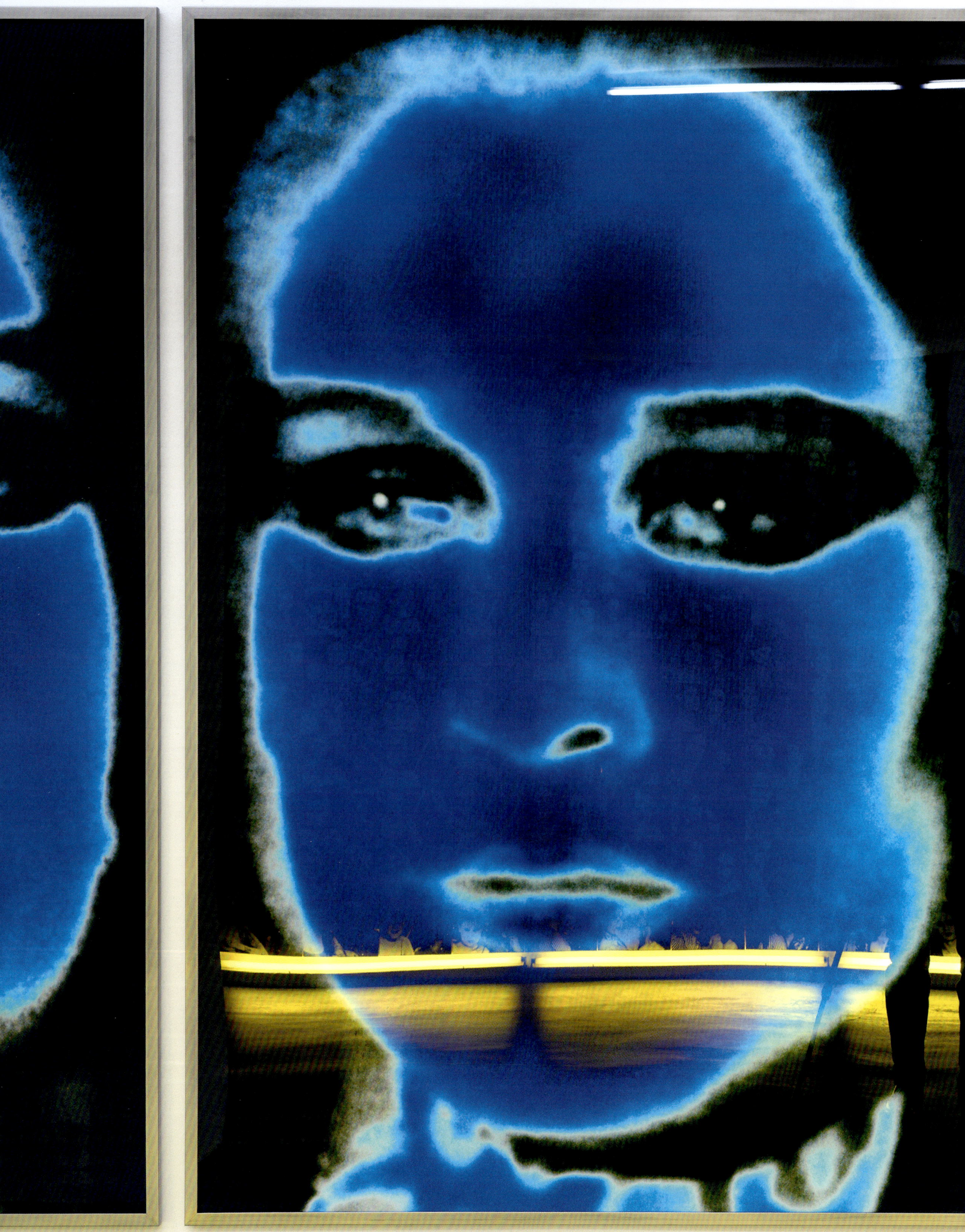

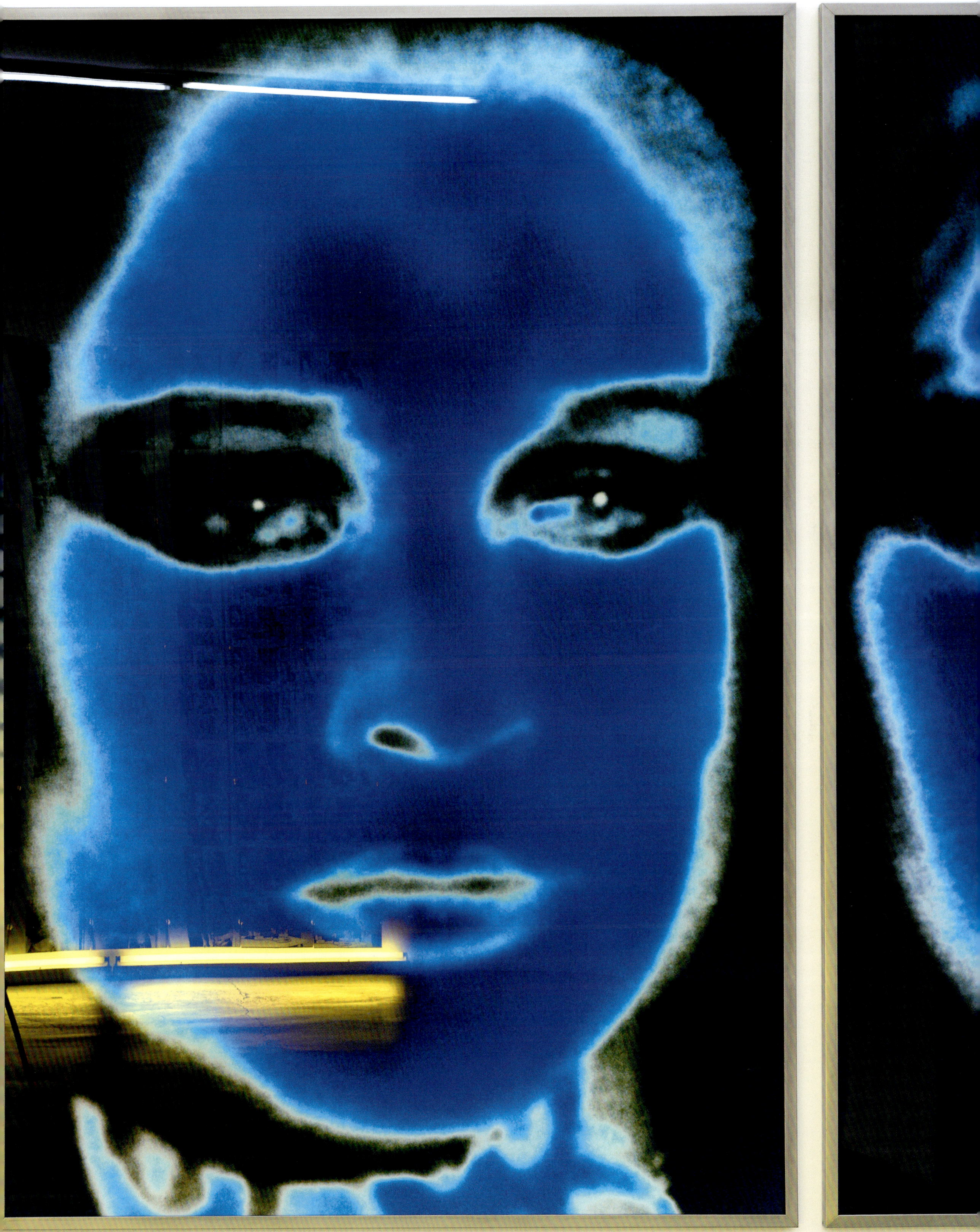

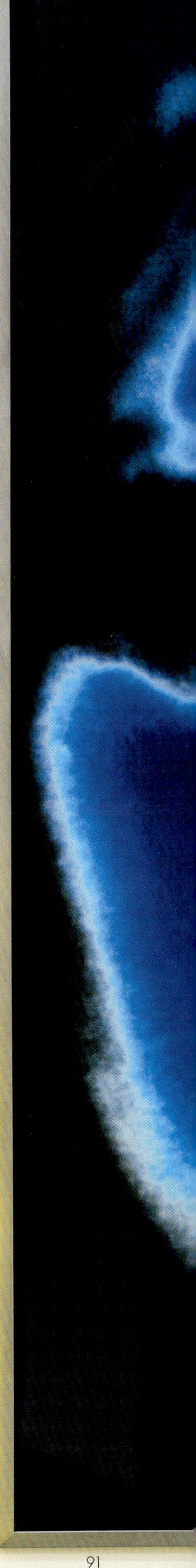

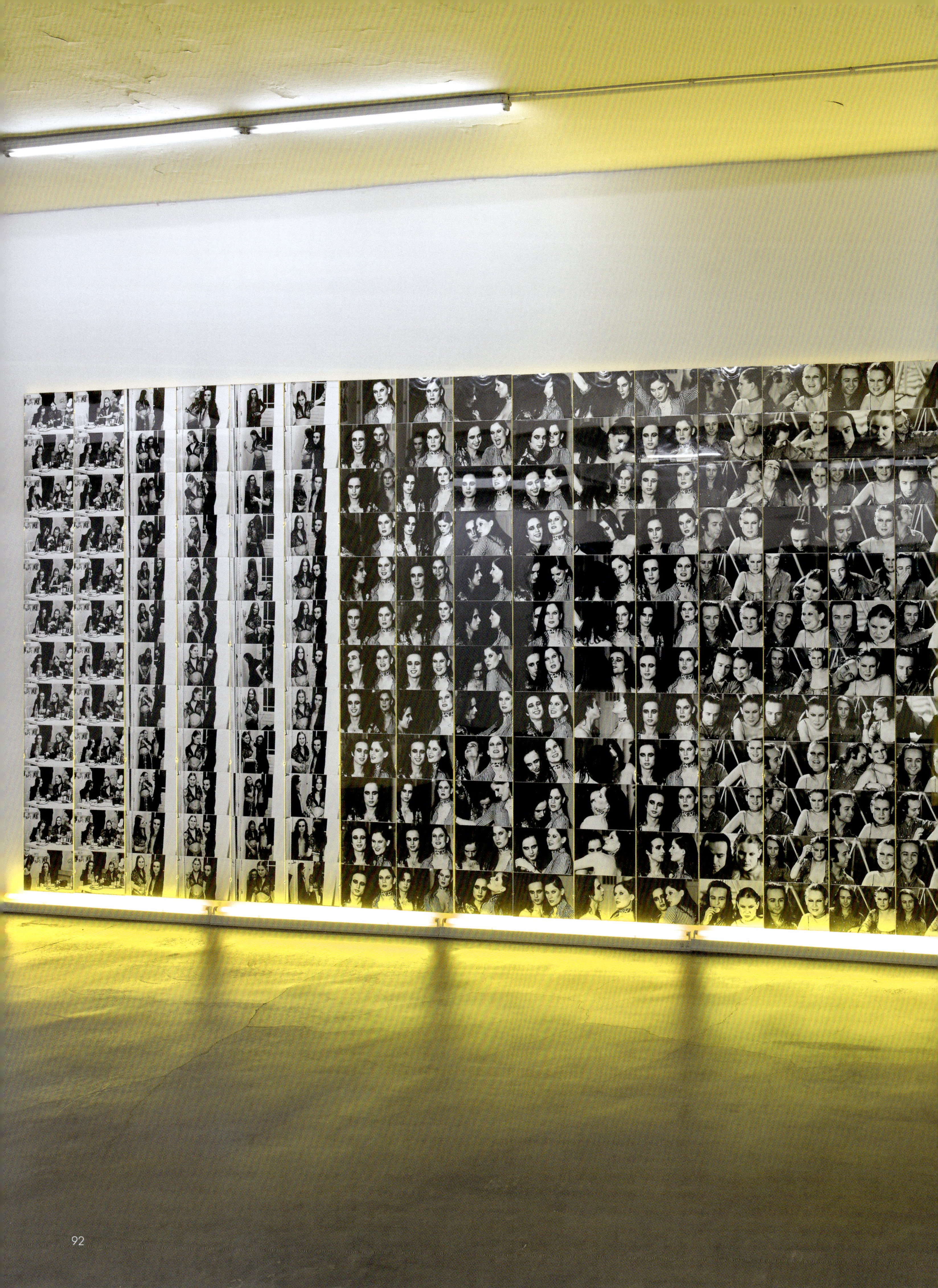

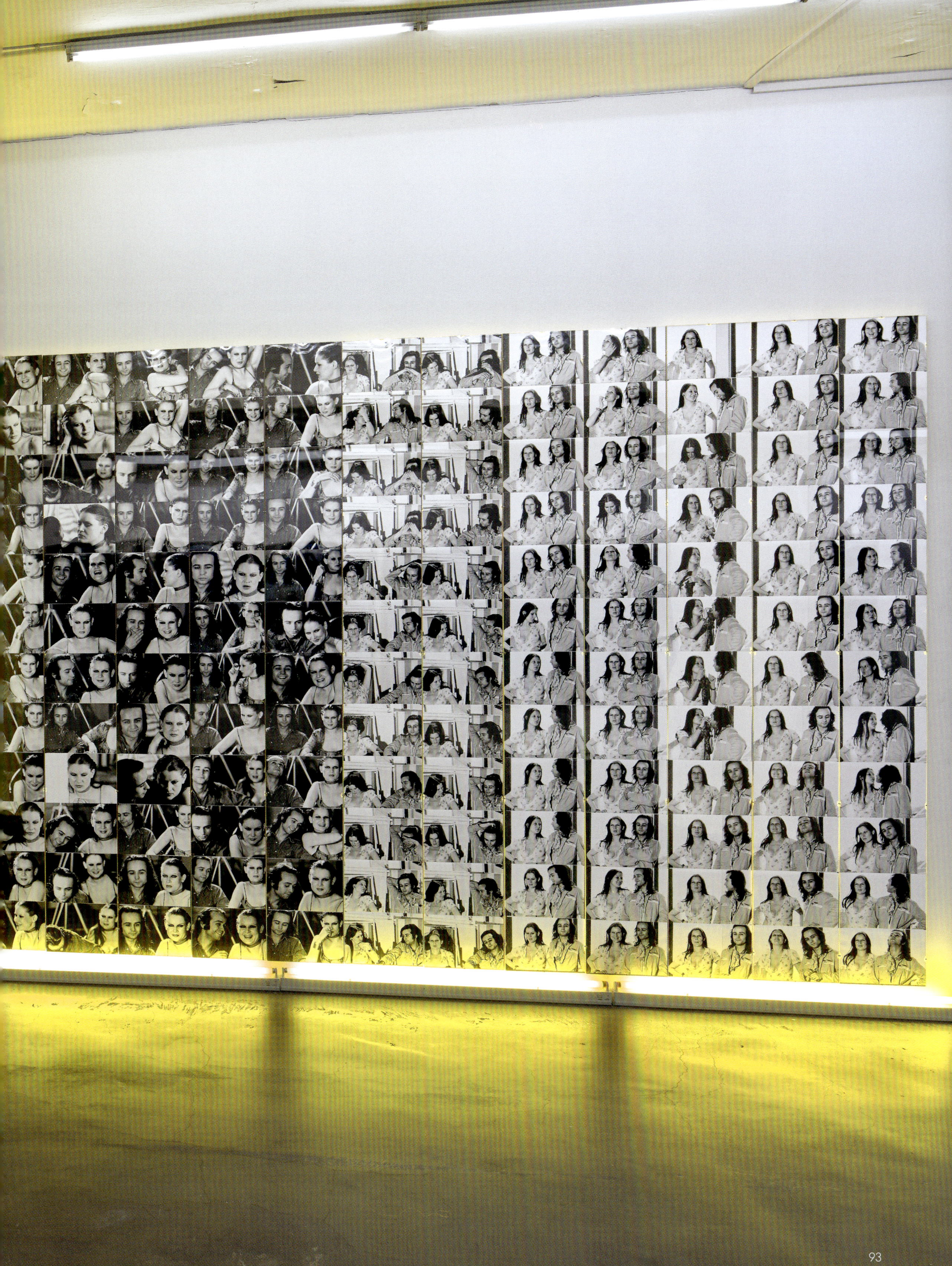

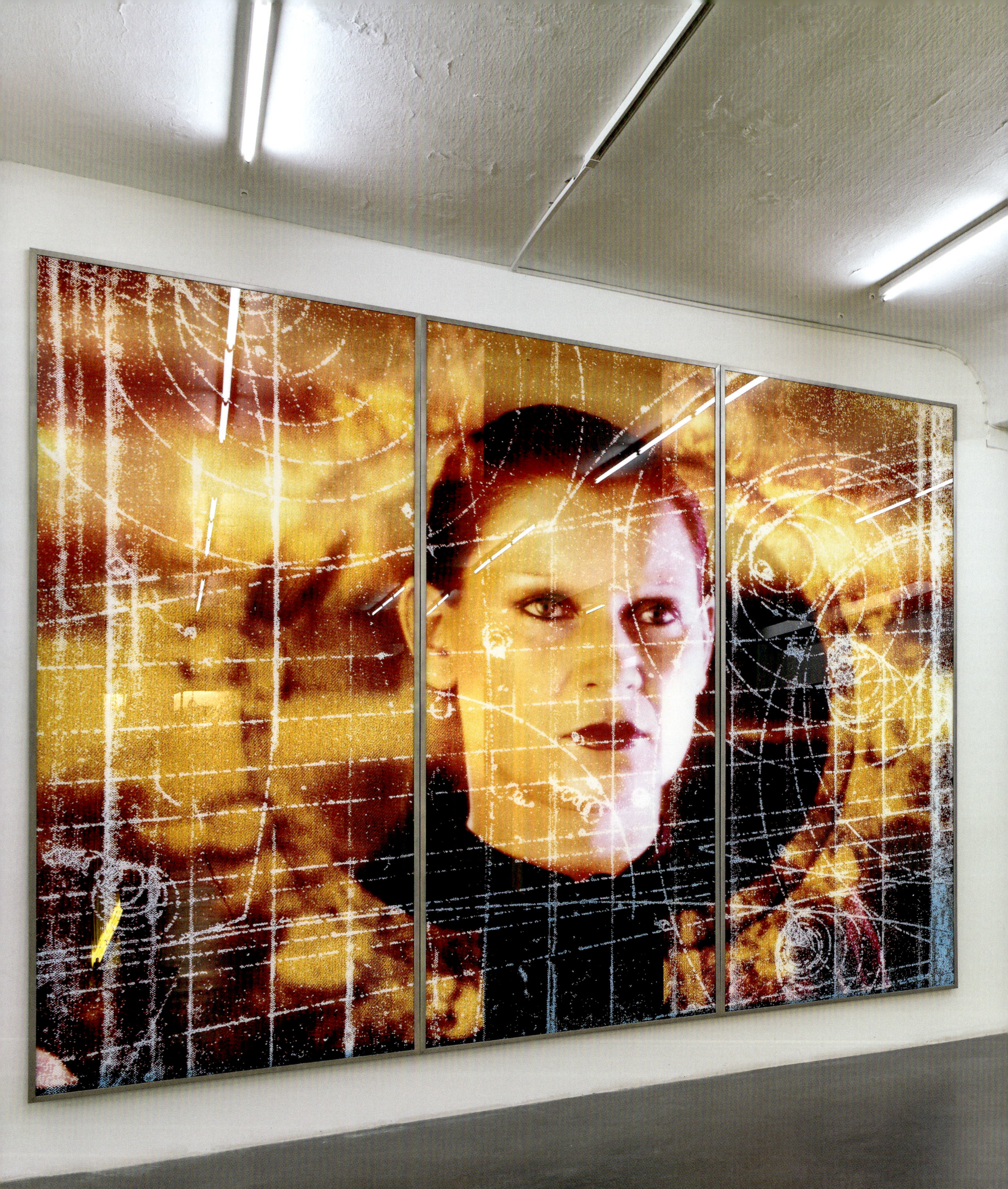

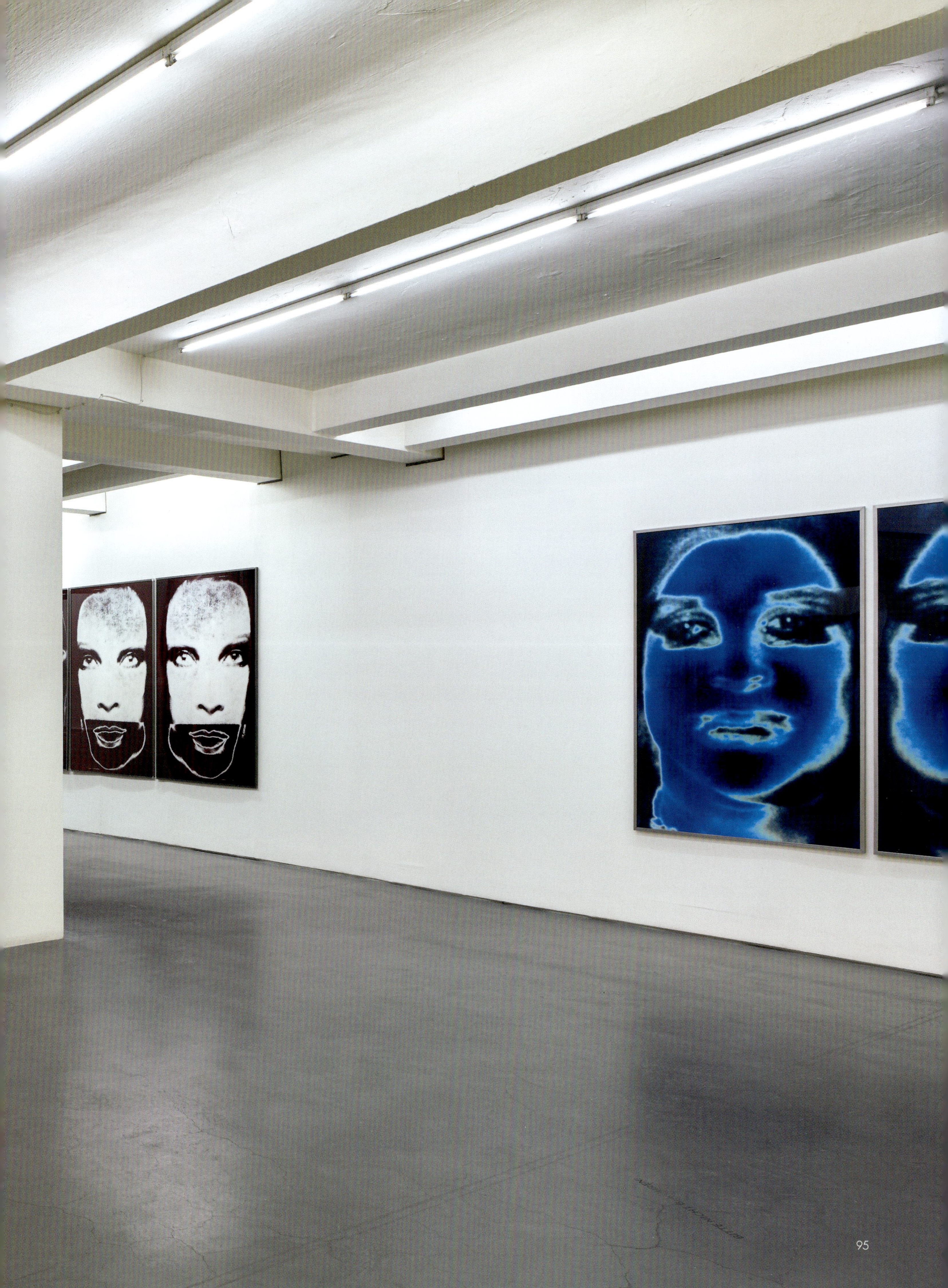

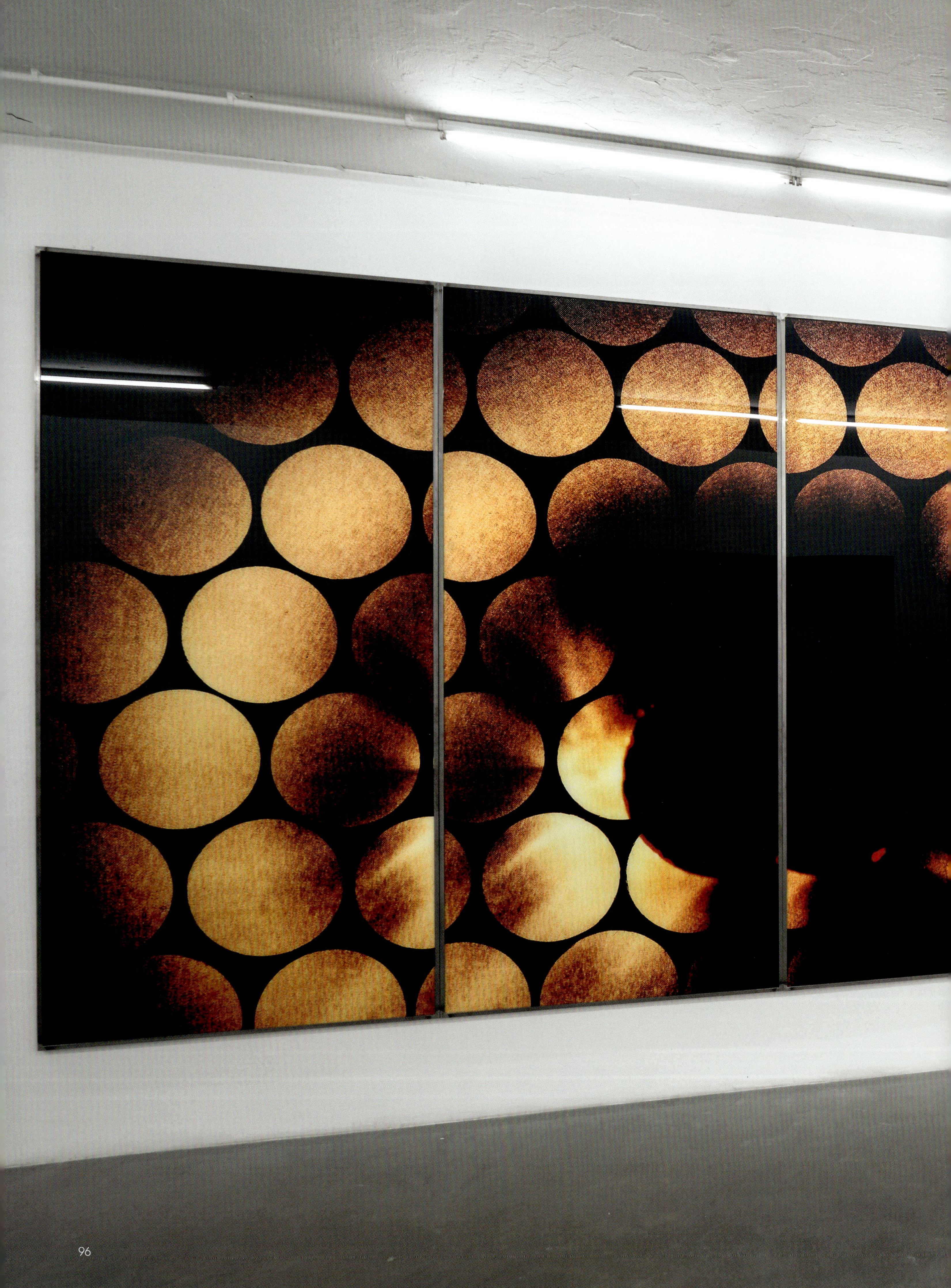

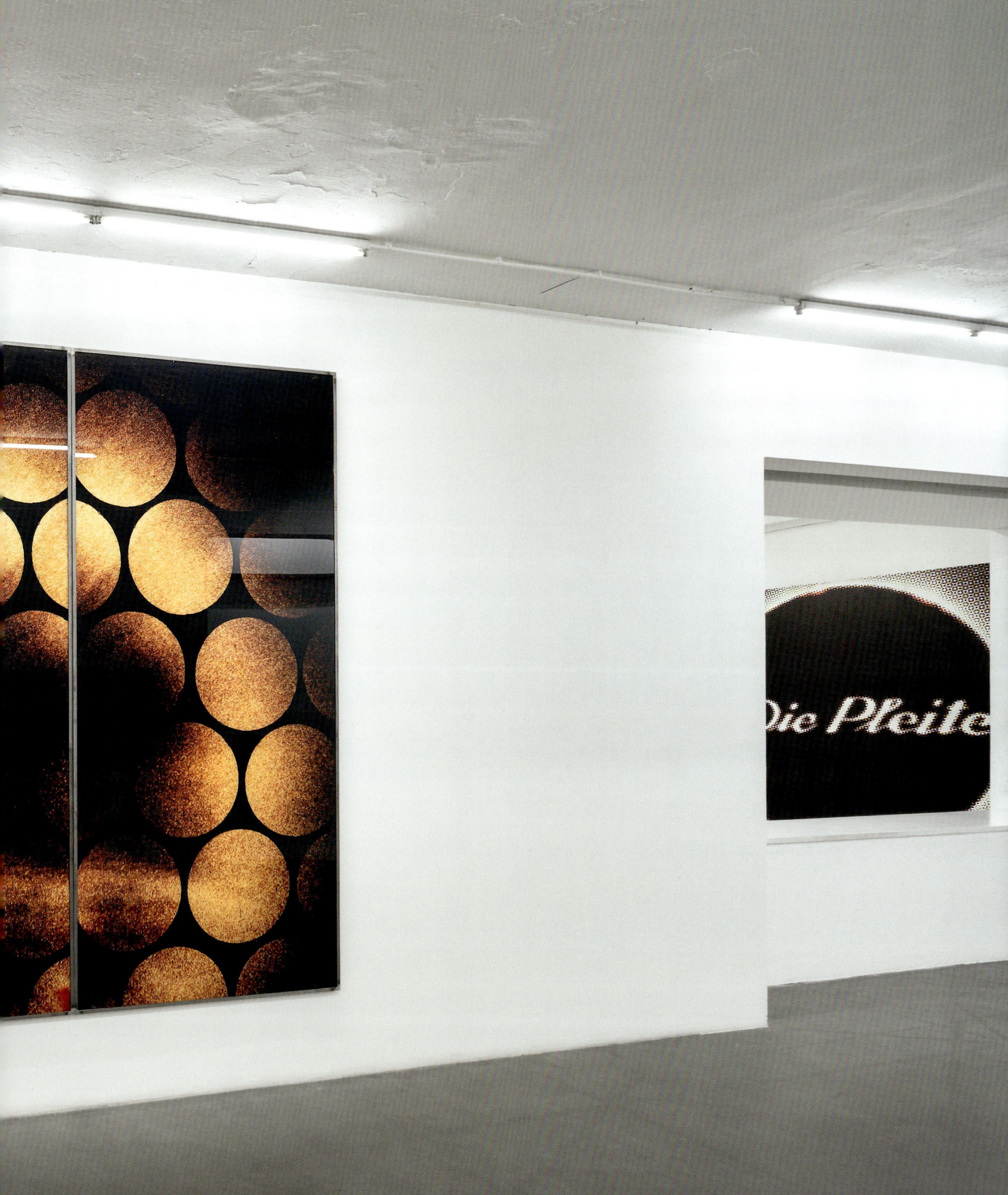
Die Pleite

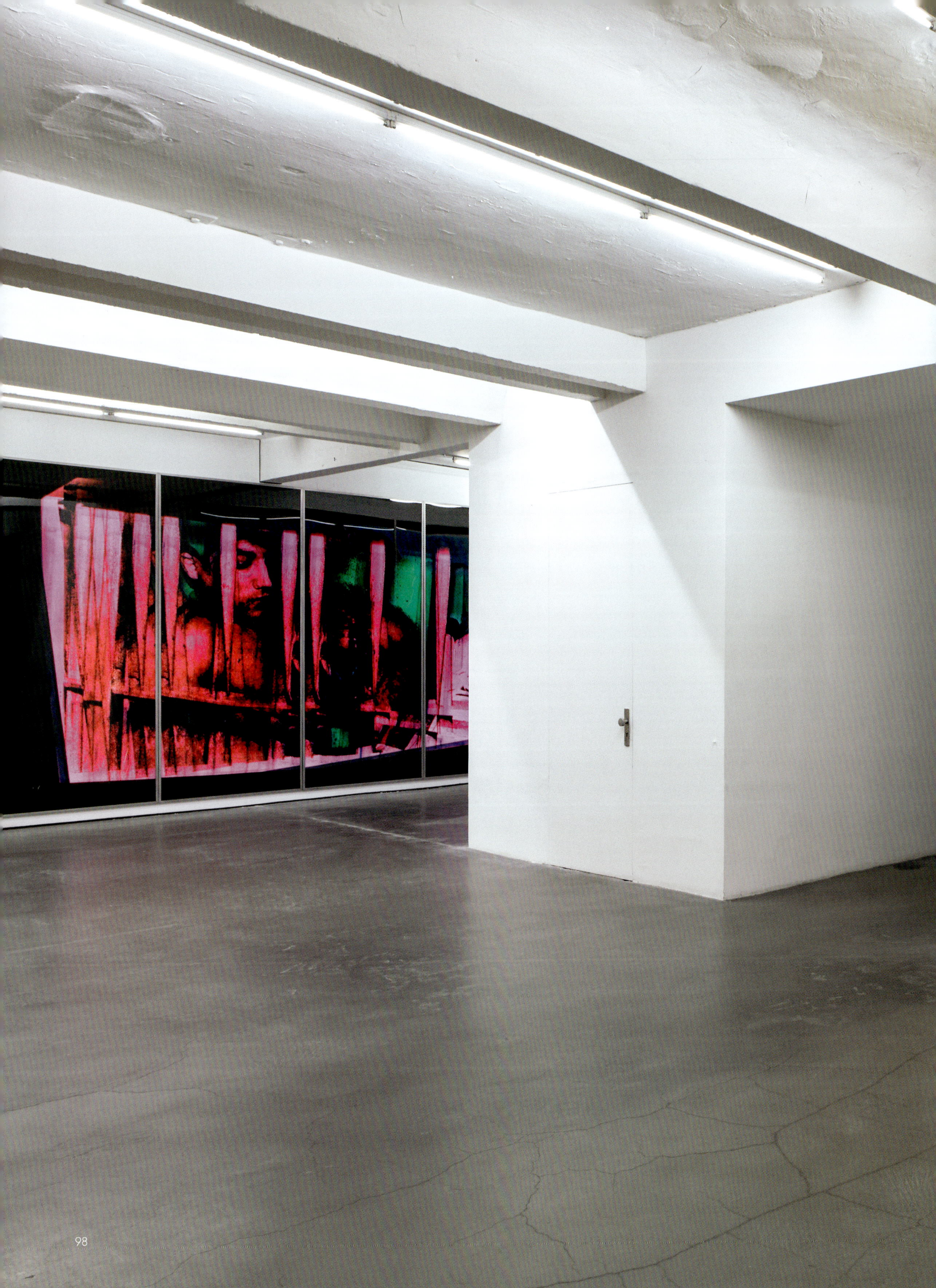

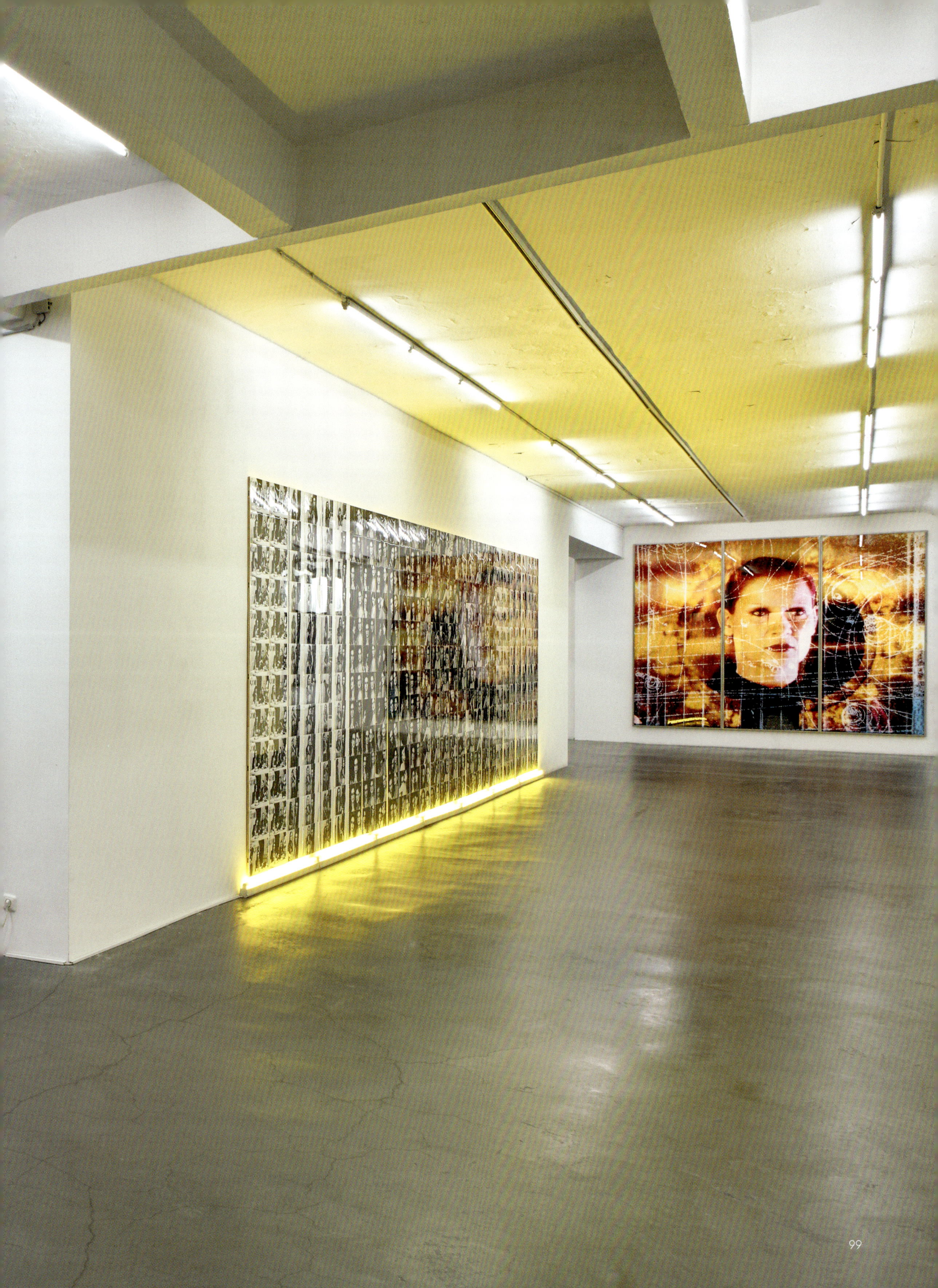

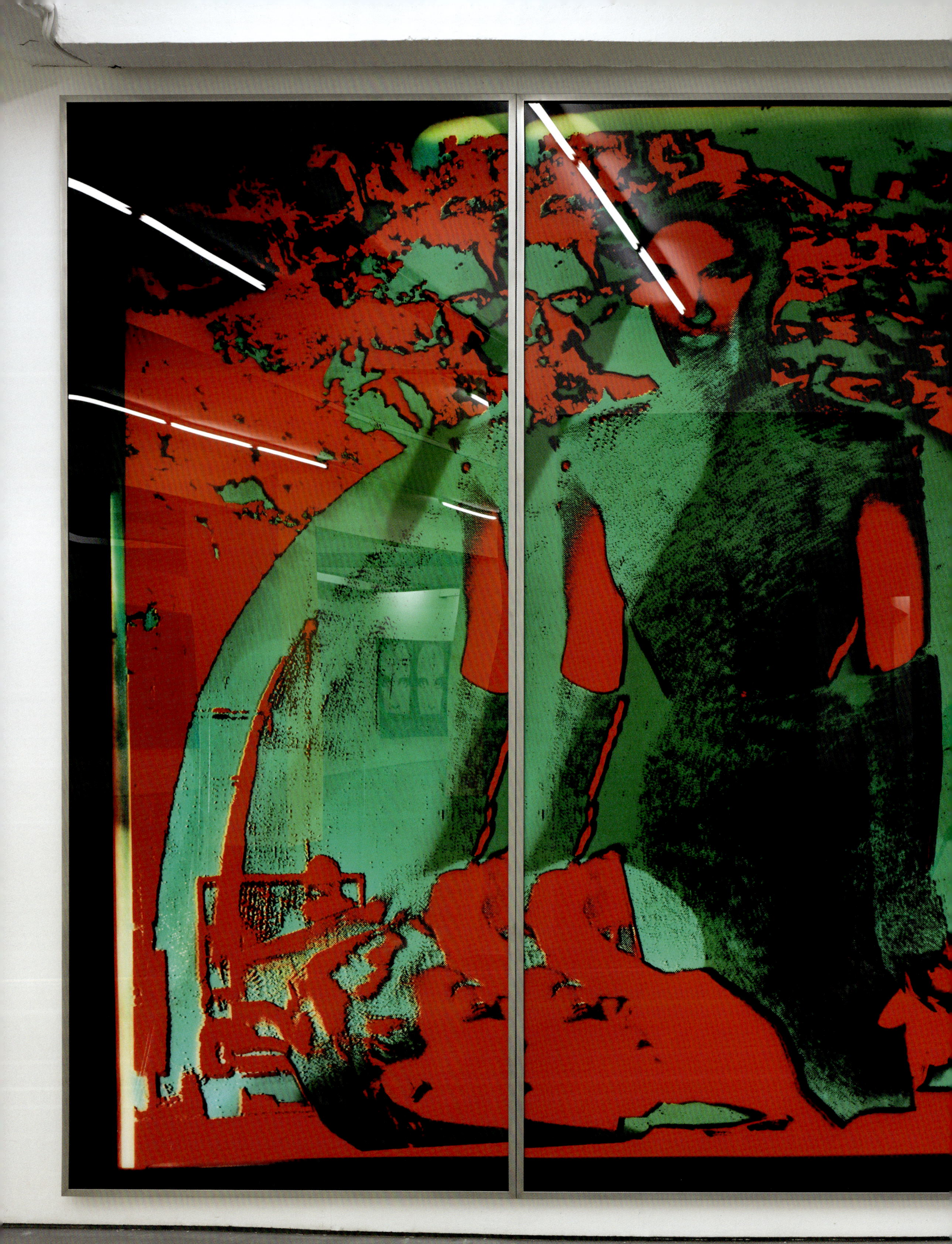

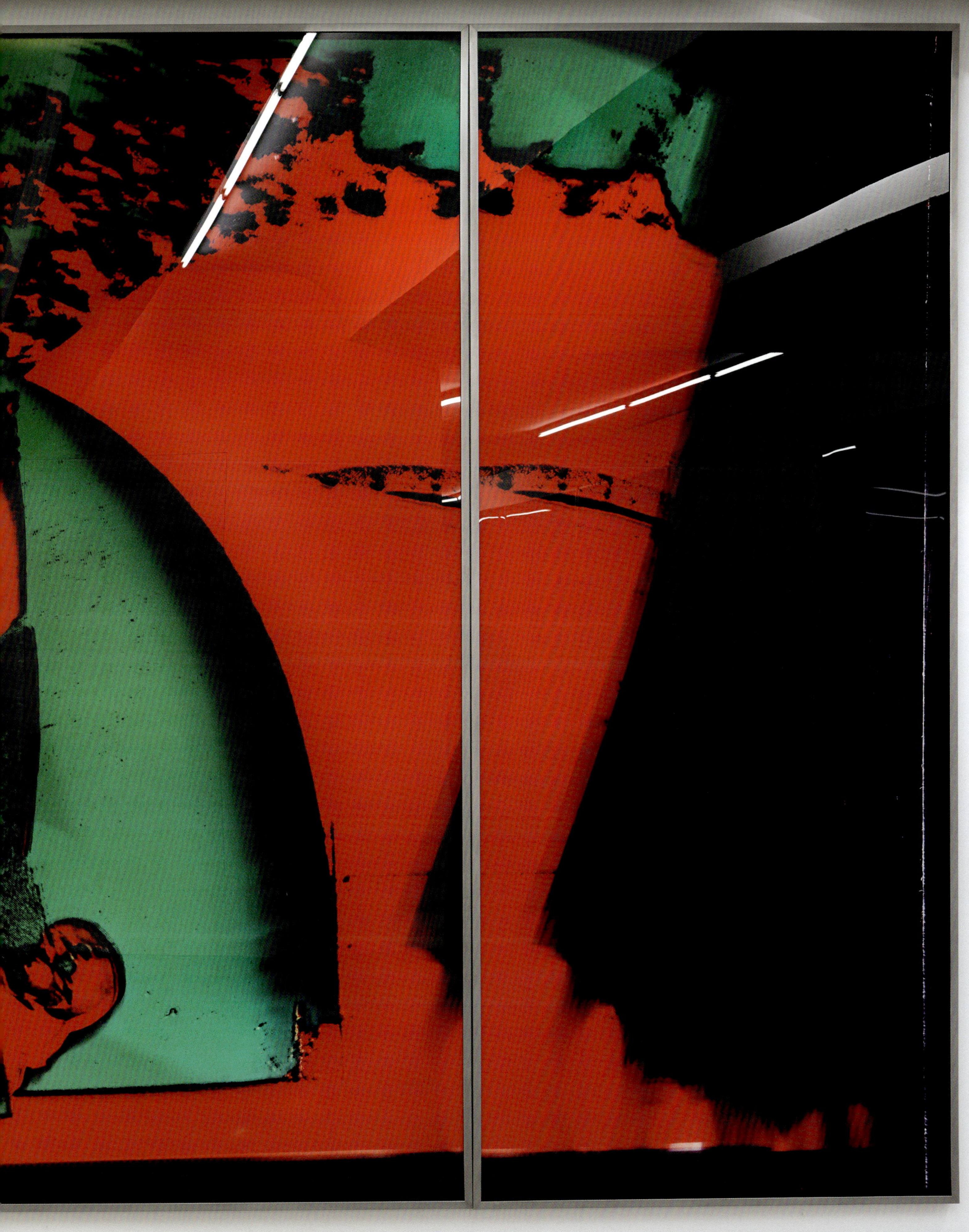

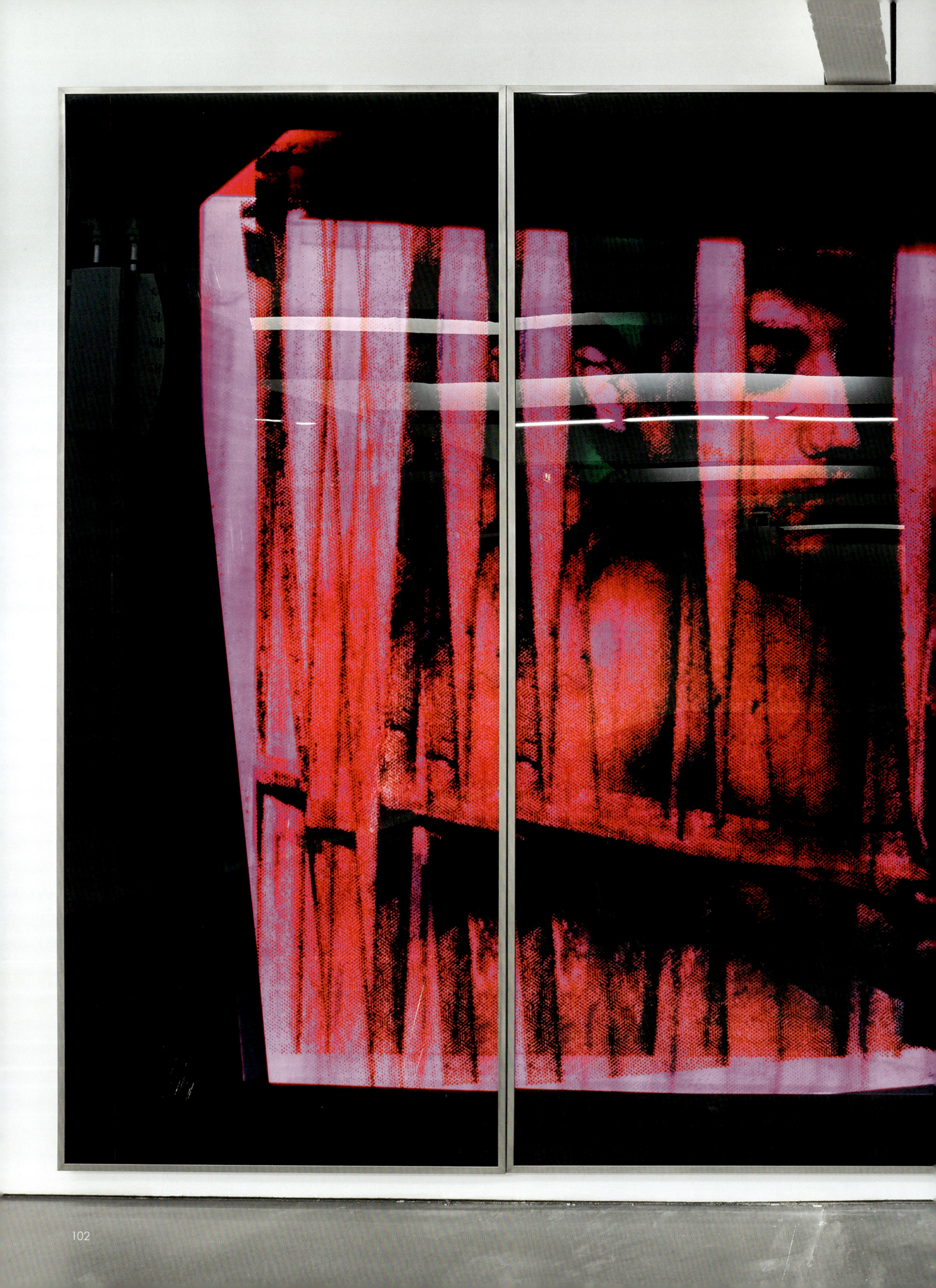

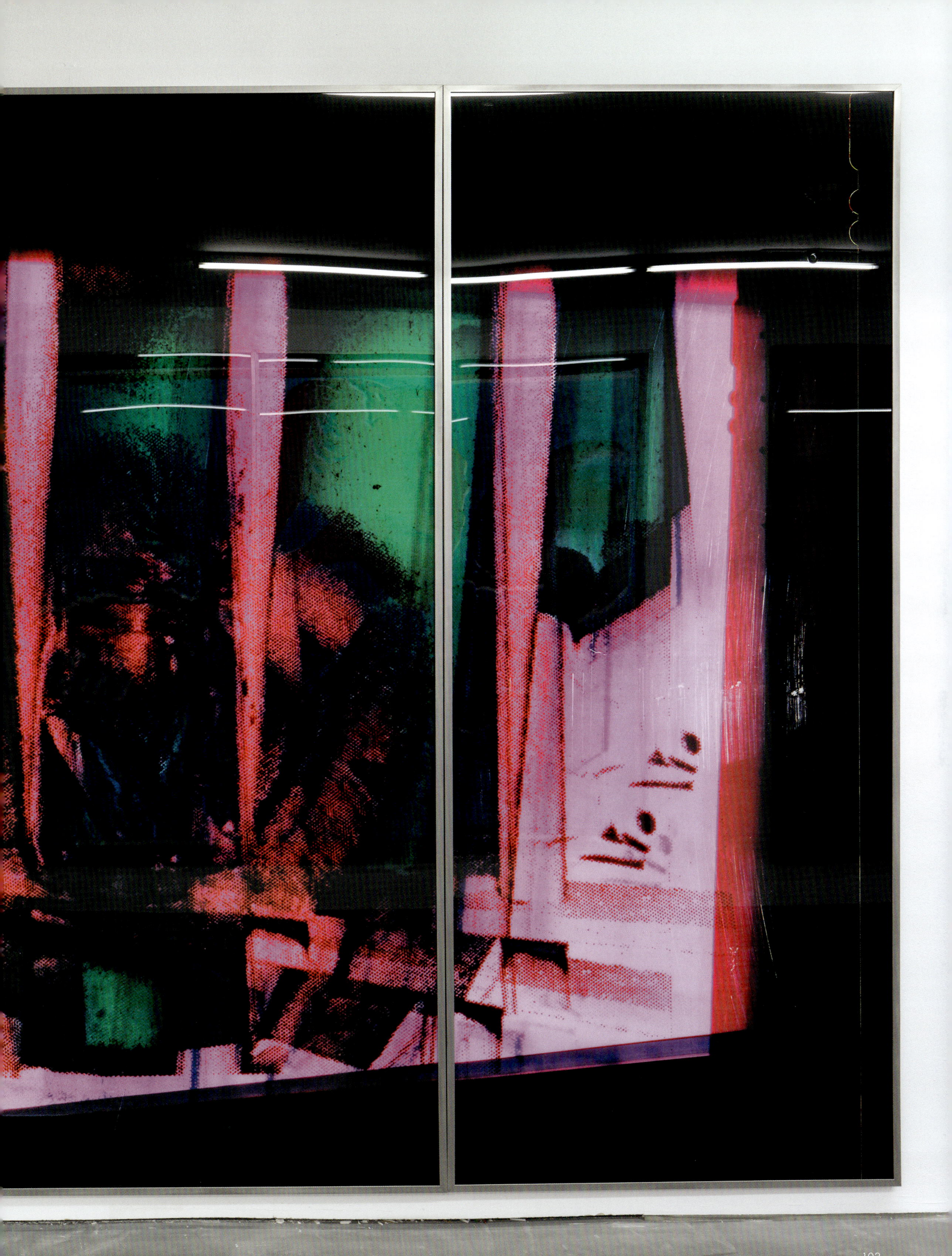

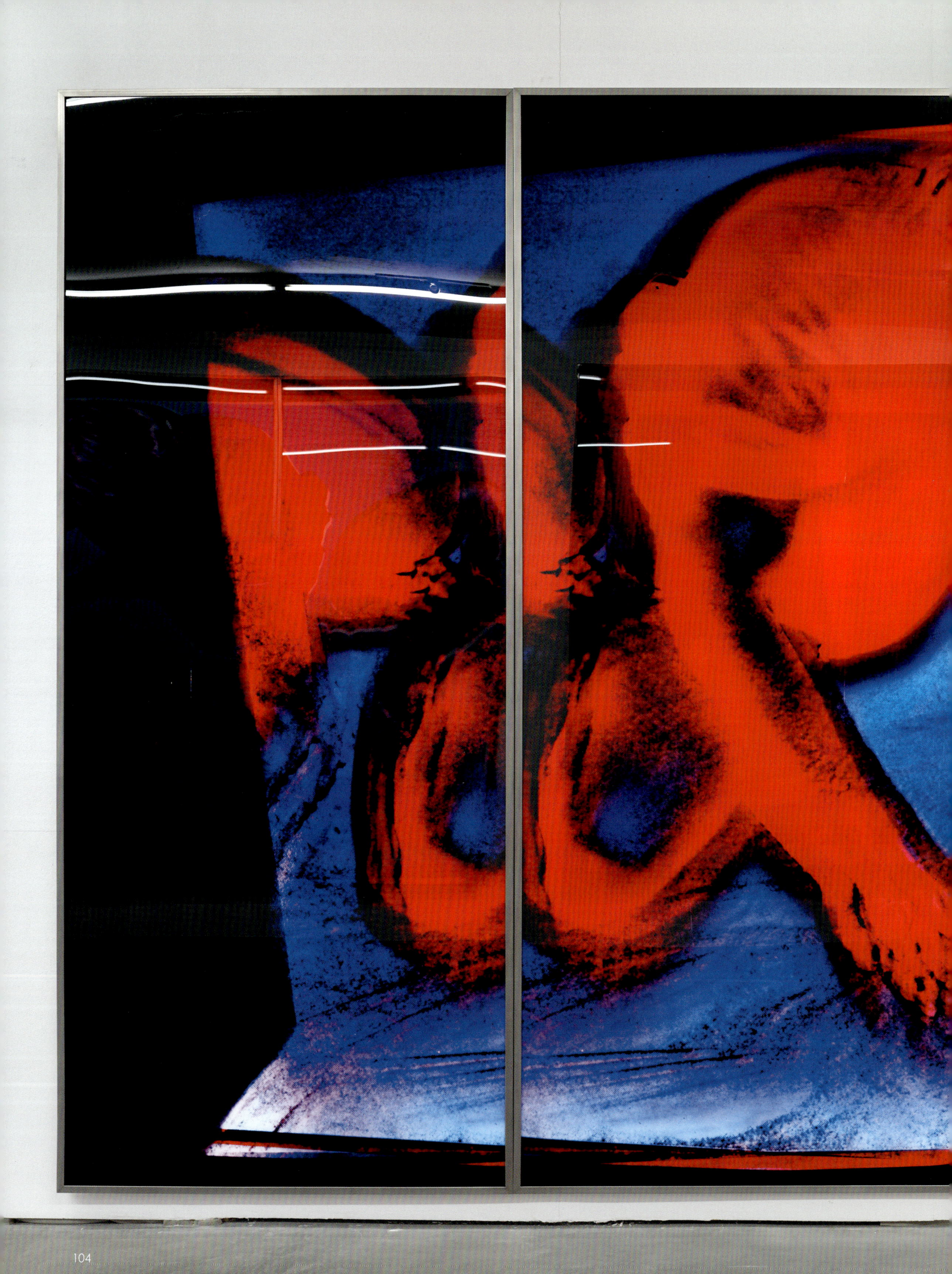

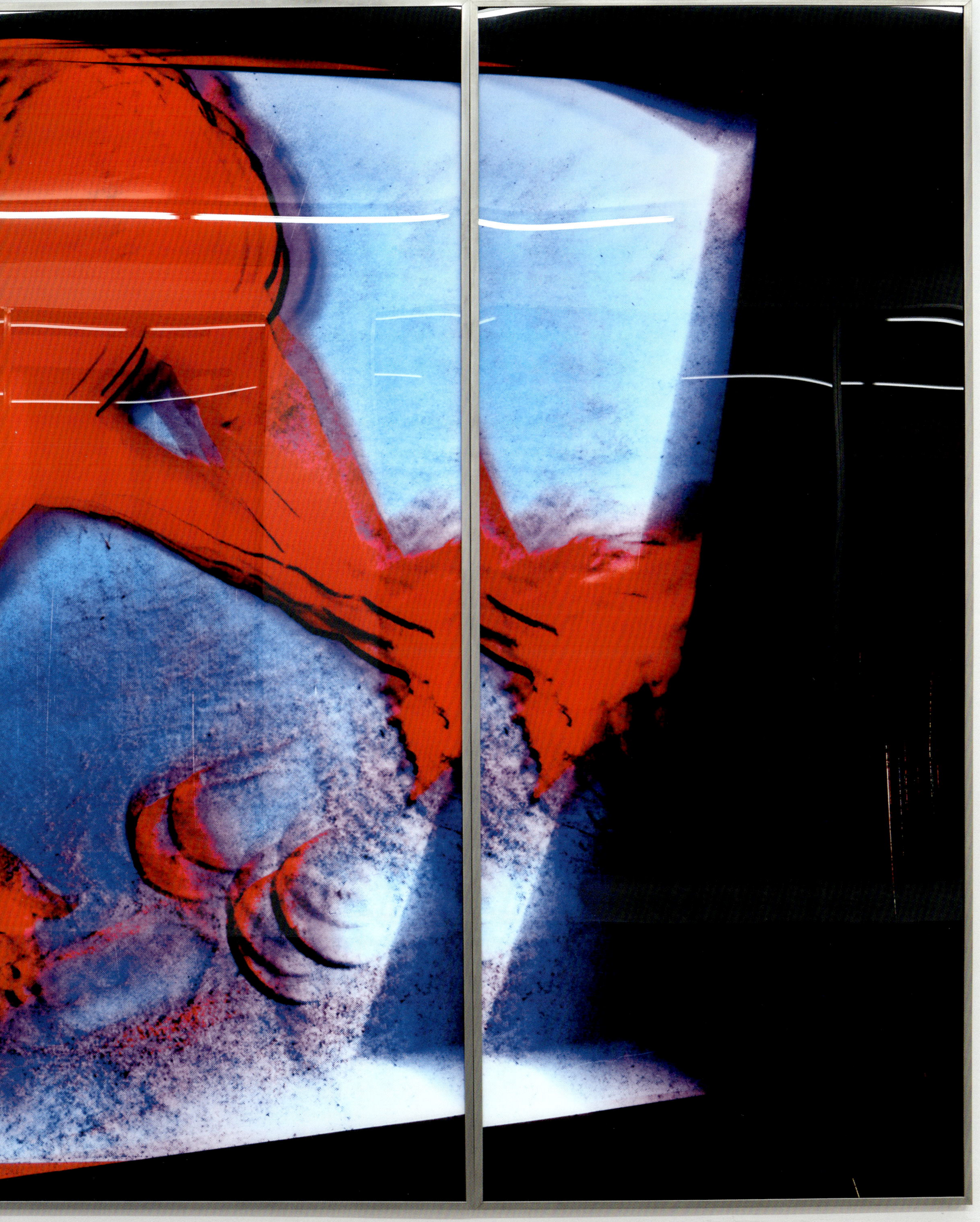

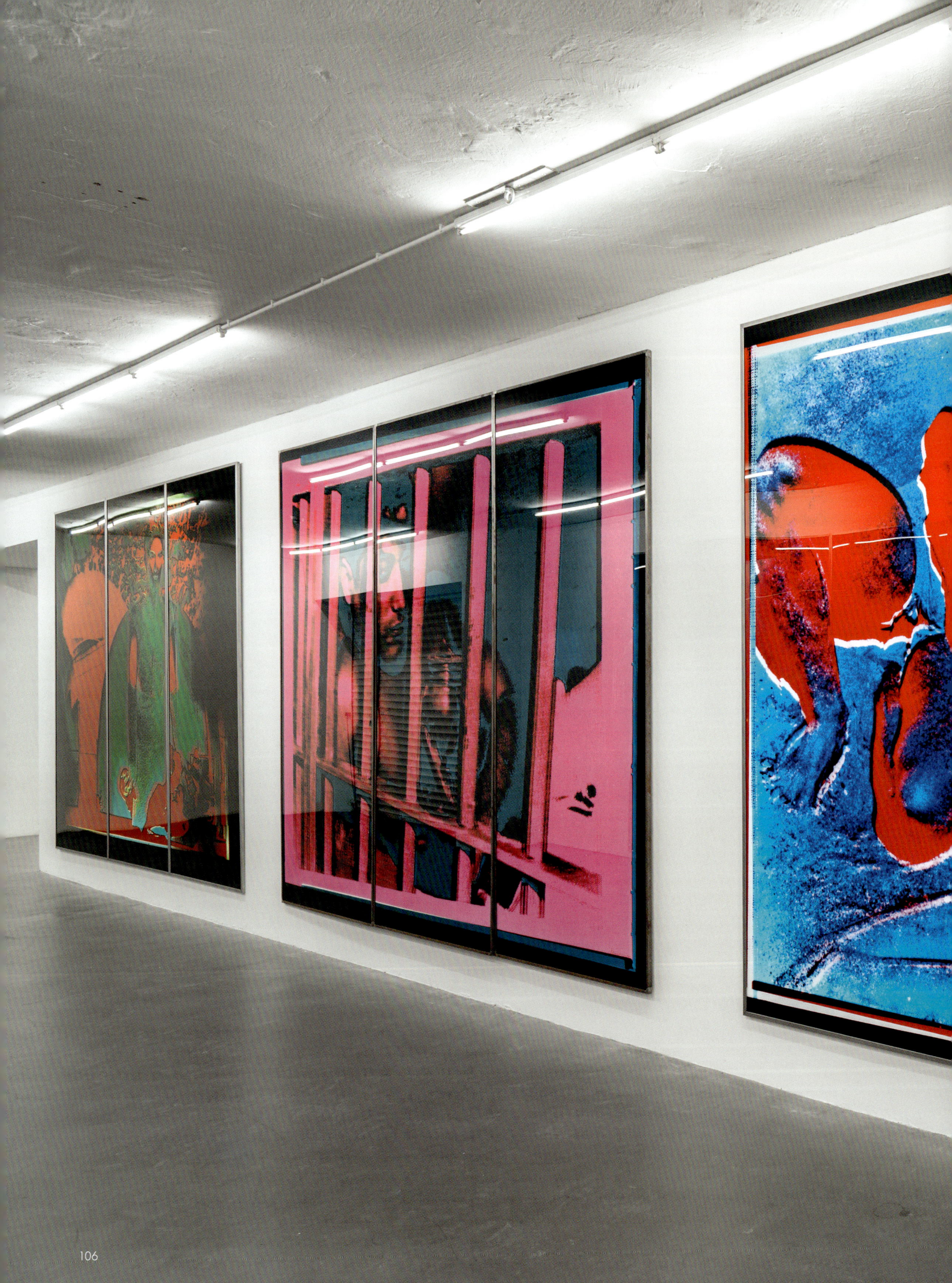

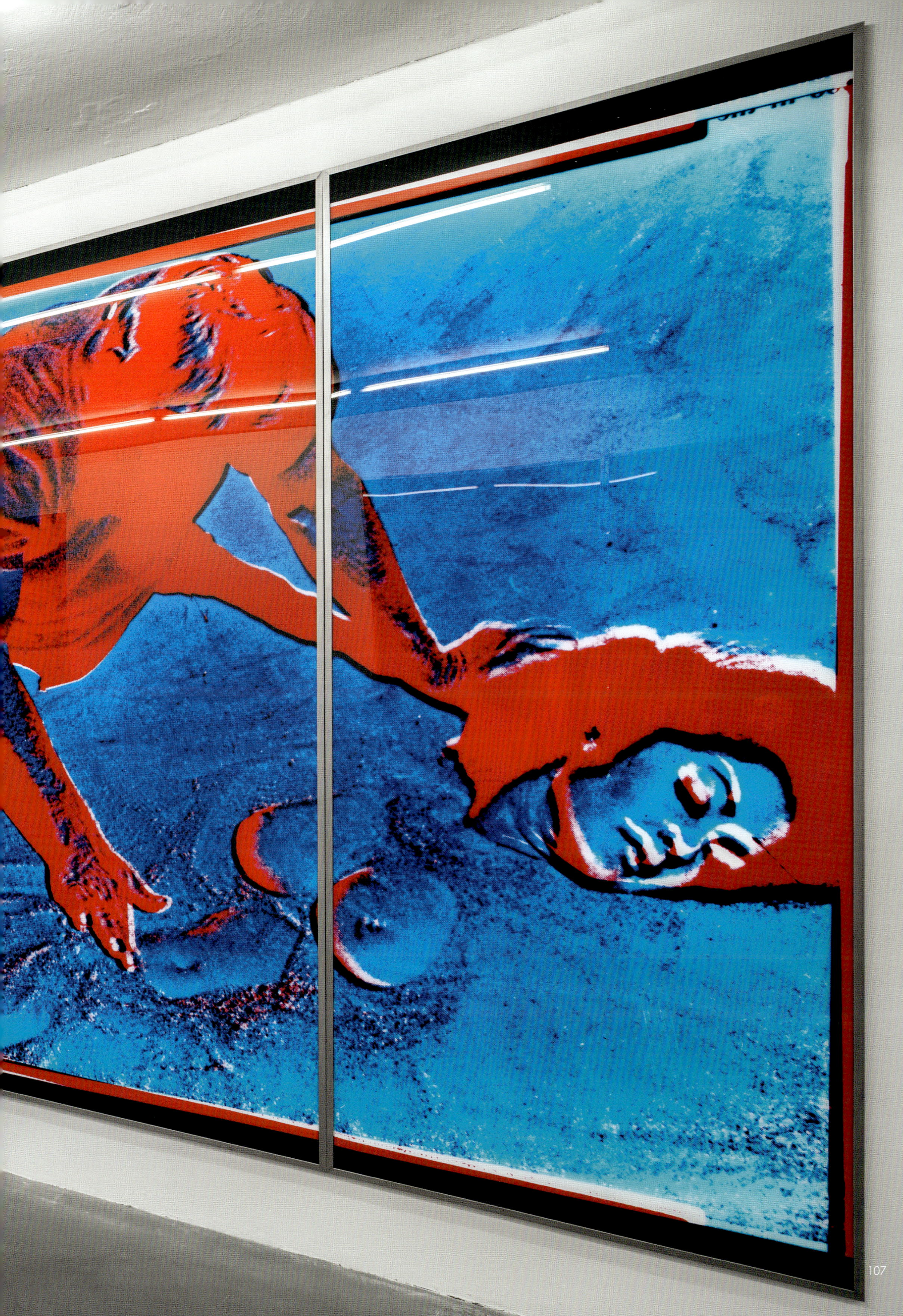

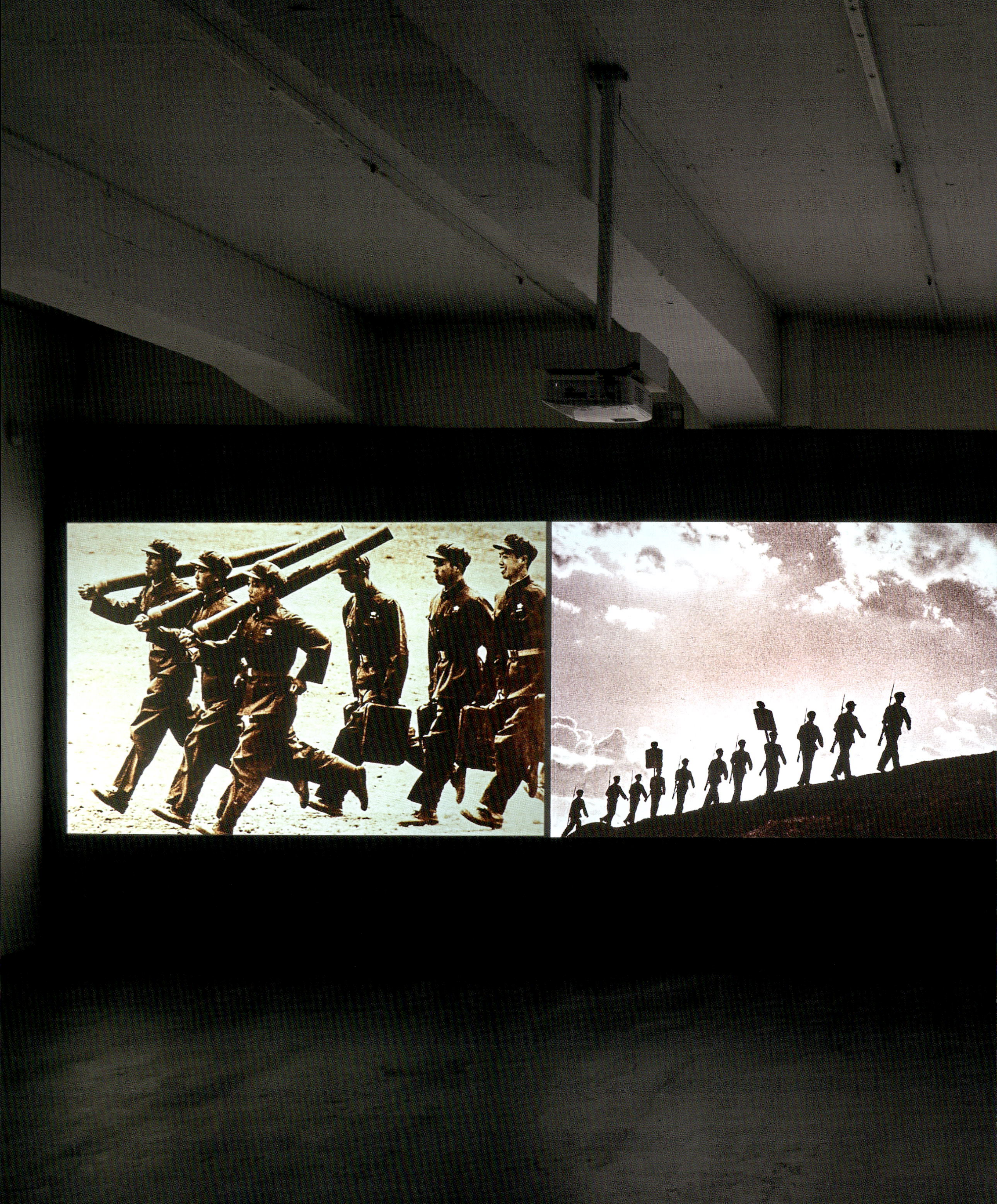

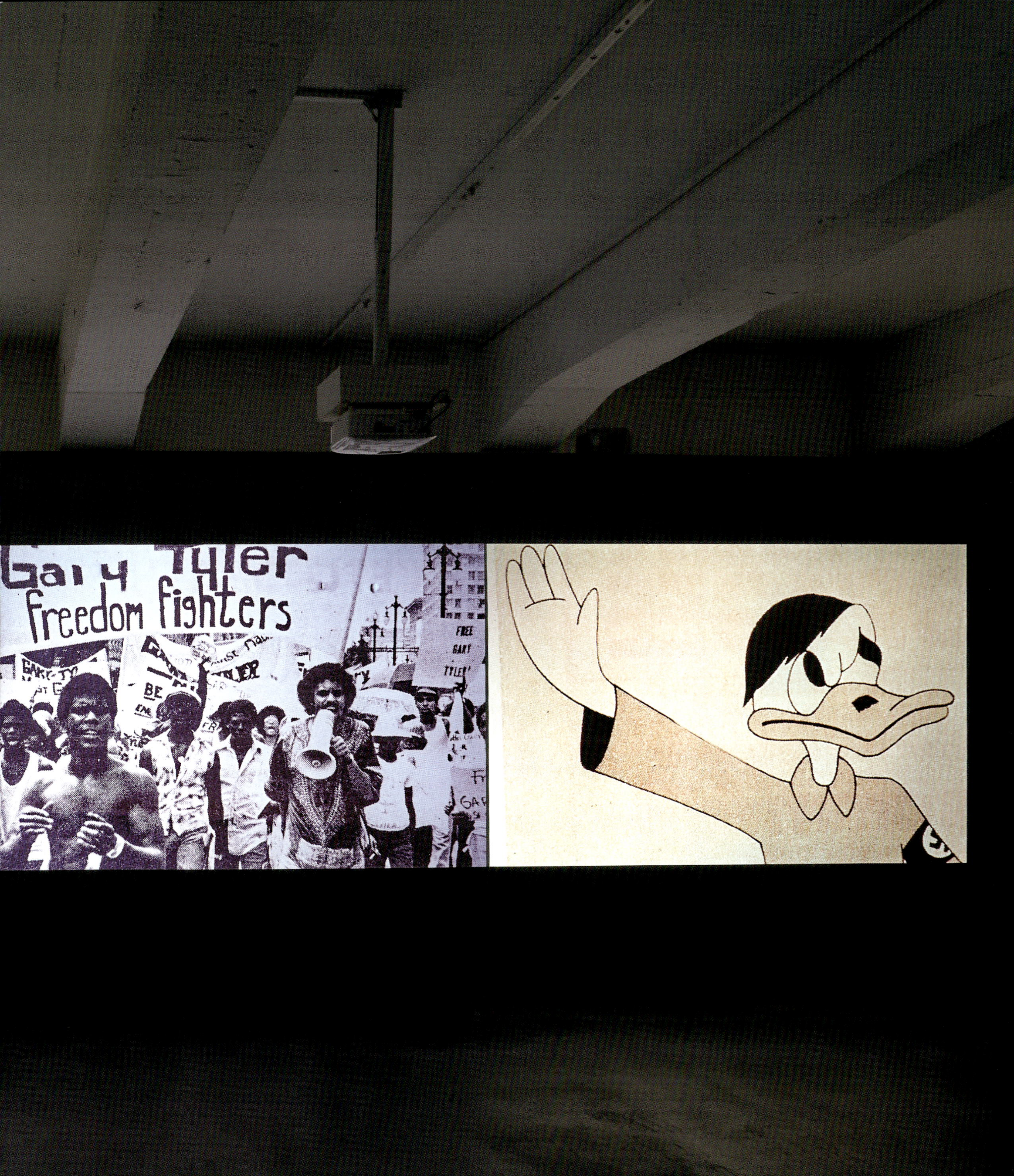

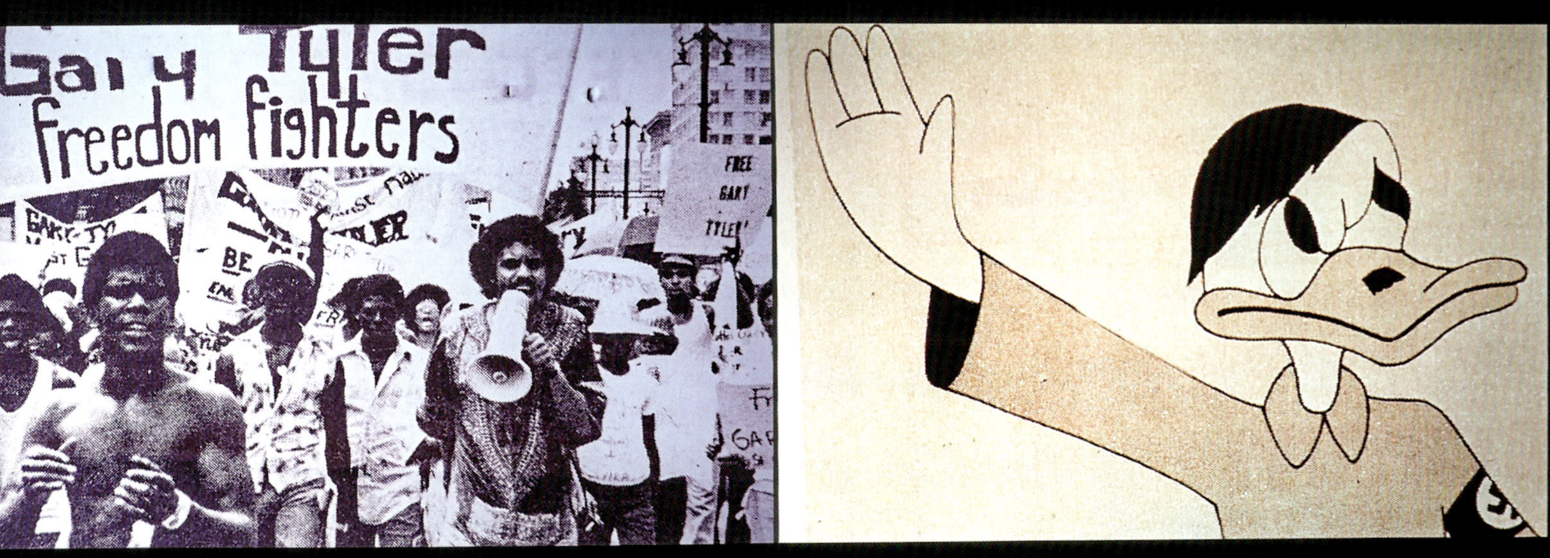
Gary Tyler
freedom fighters
FREE
GARY
TYLER

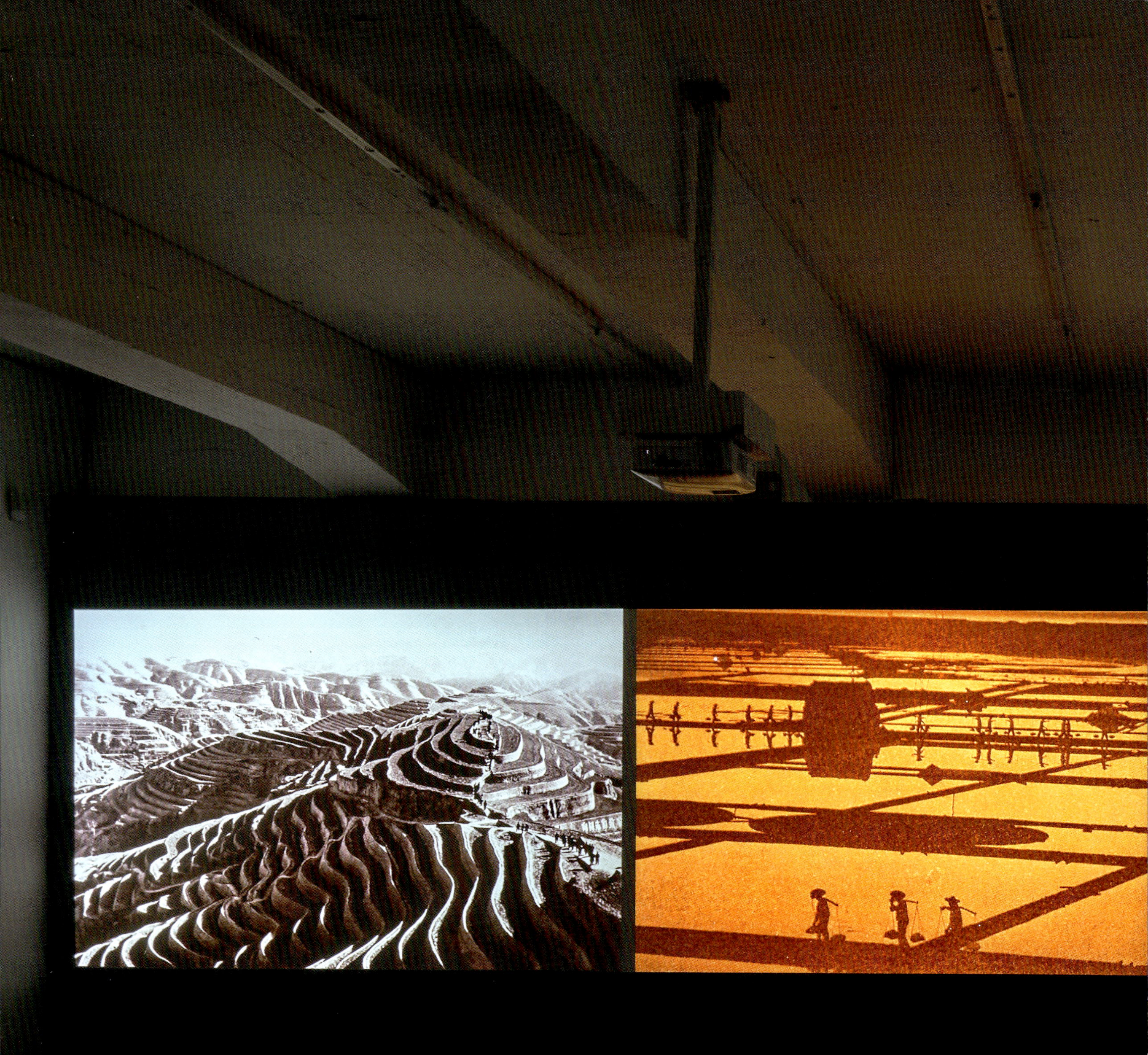

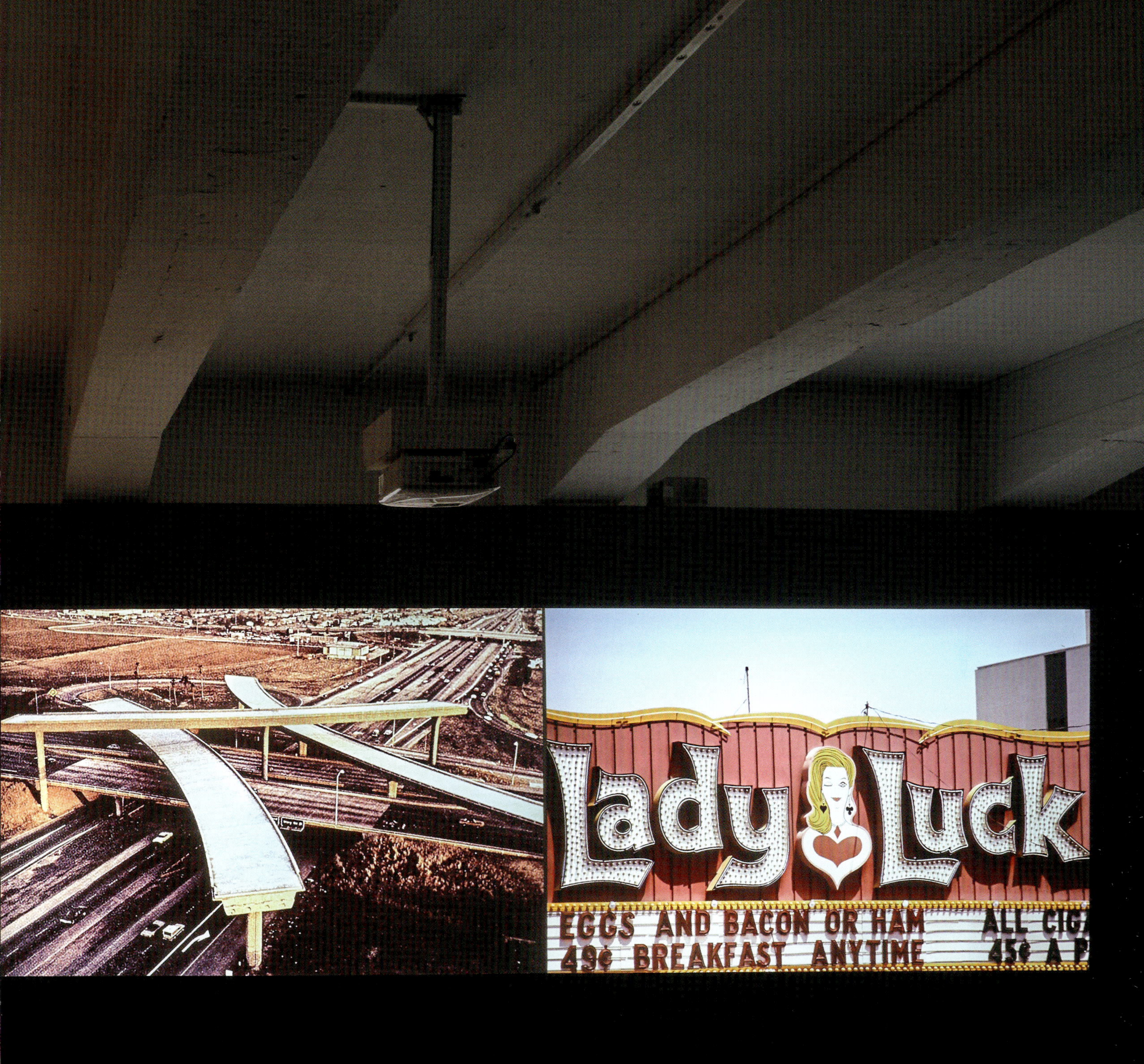

Lady Luck
EGGS AND BACON OR HAM
49¢ BREAKFAST ANYTIME

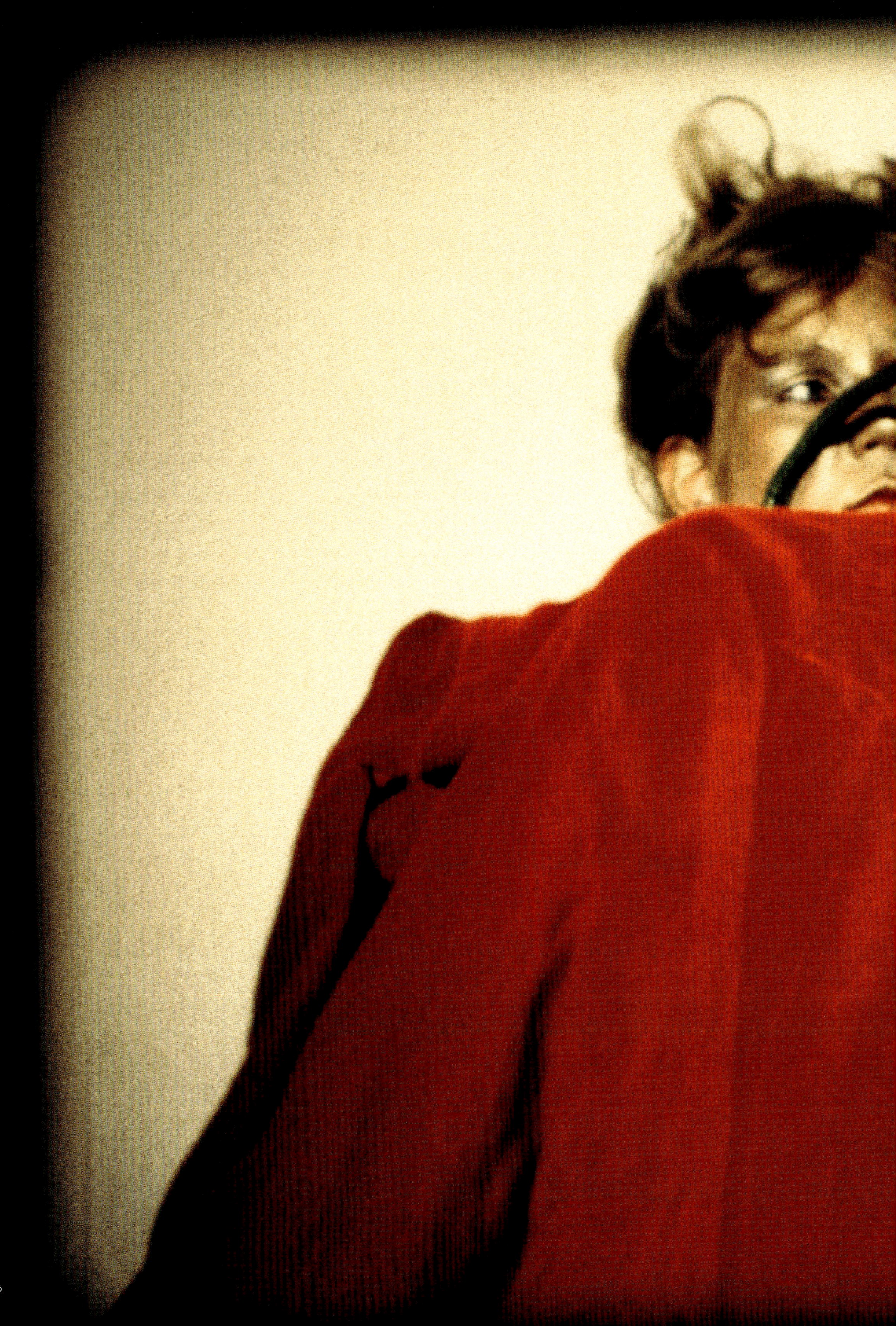

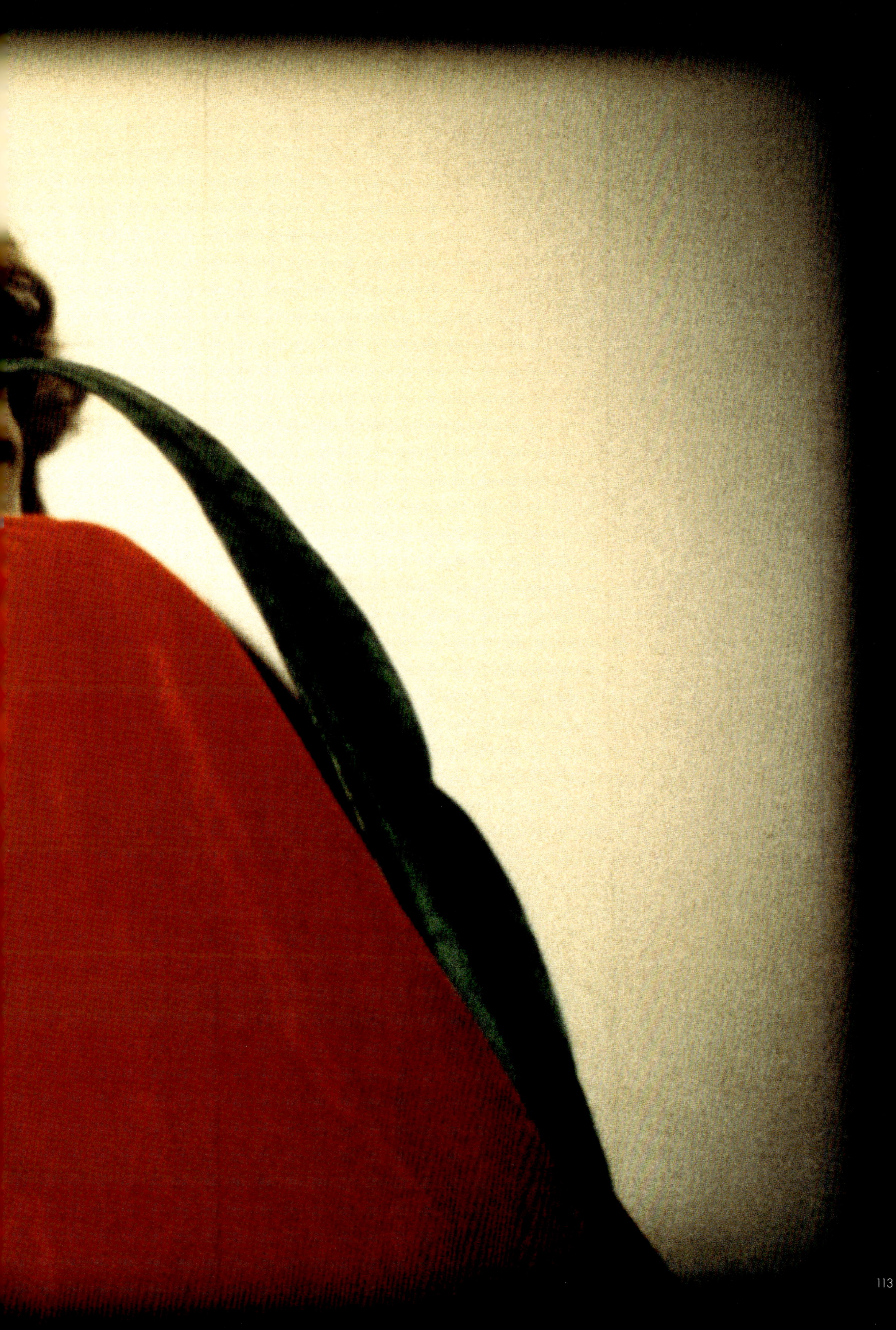

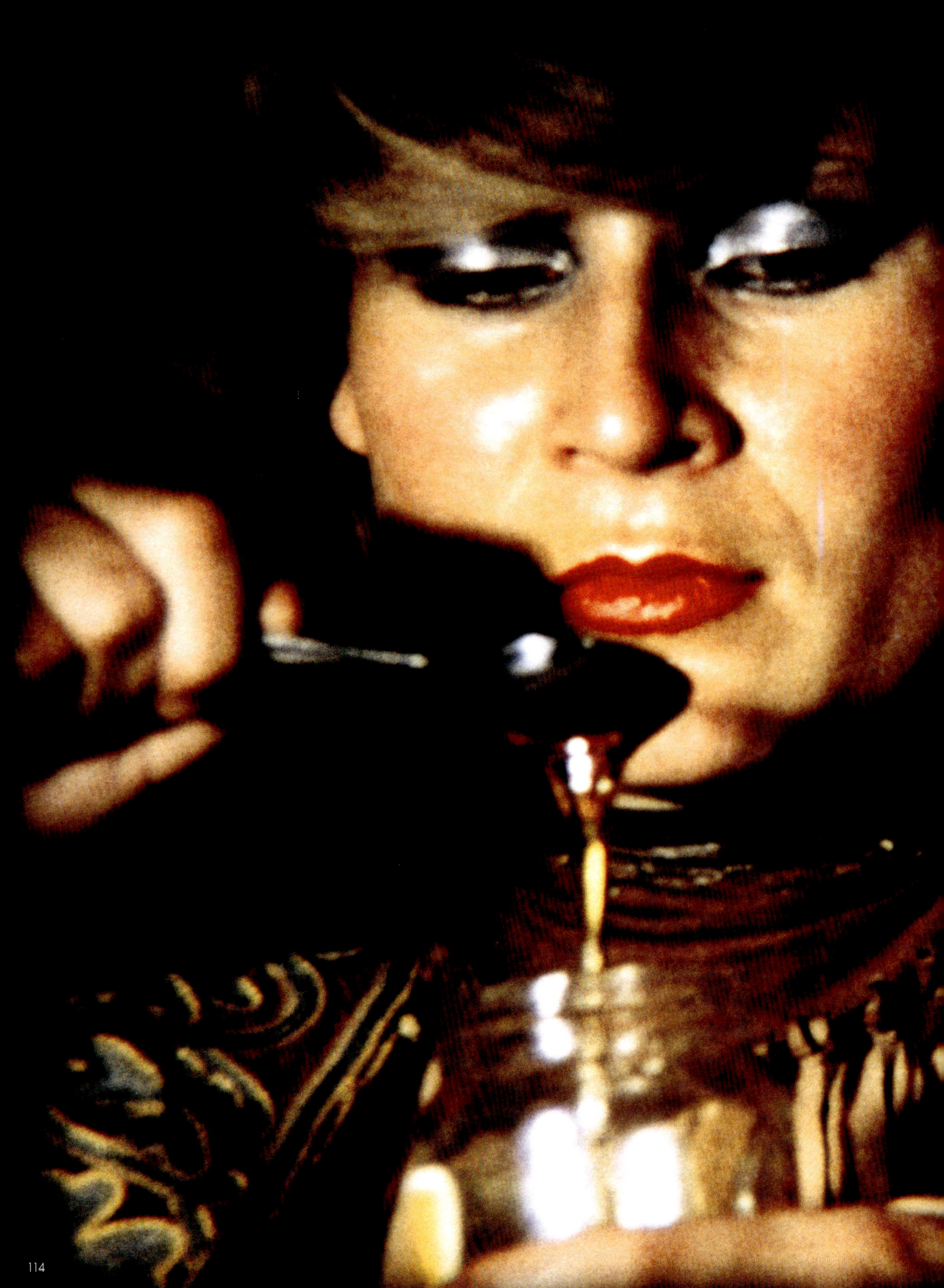

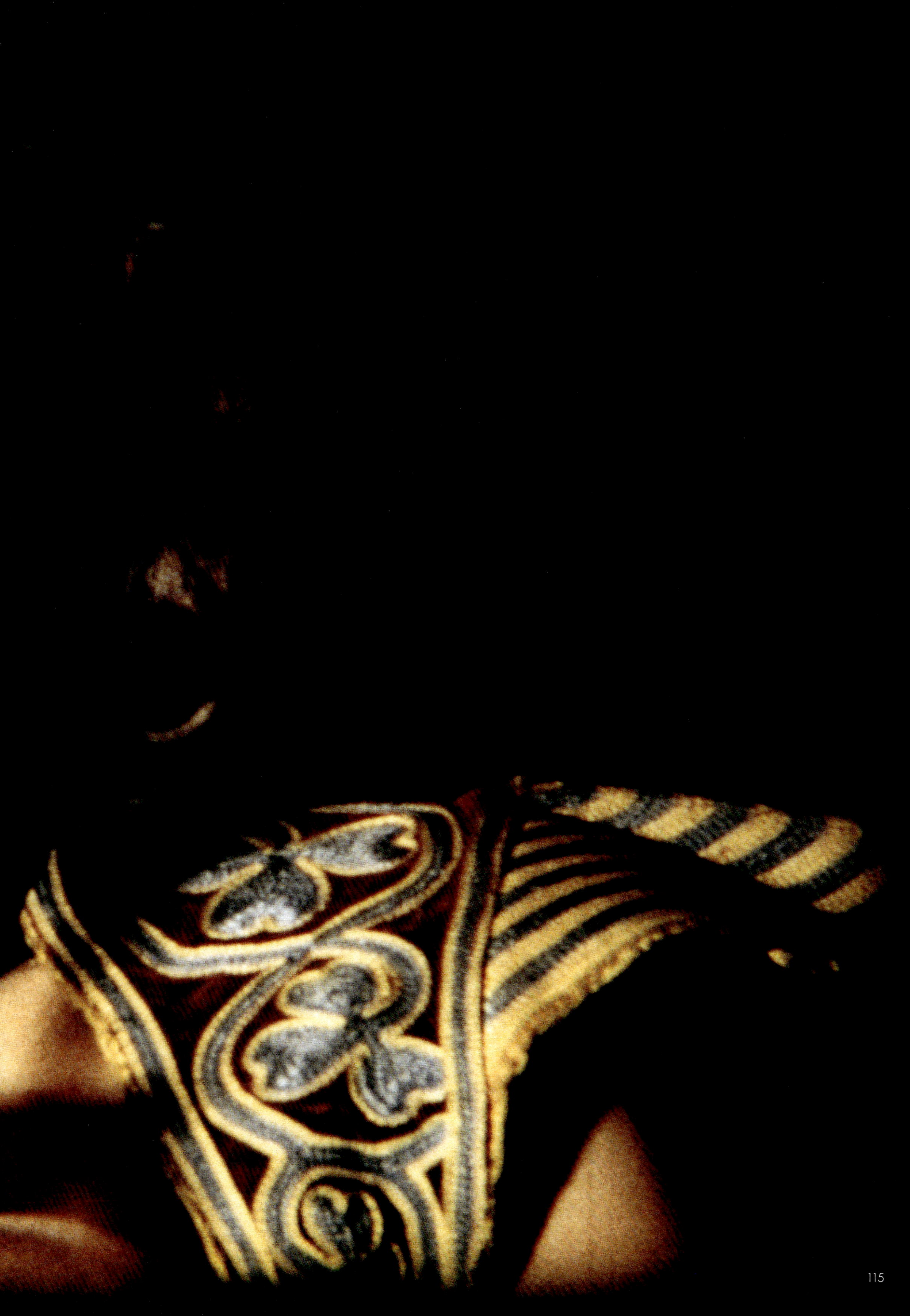

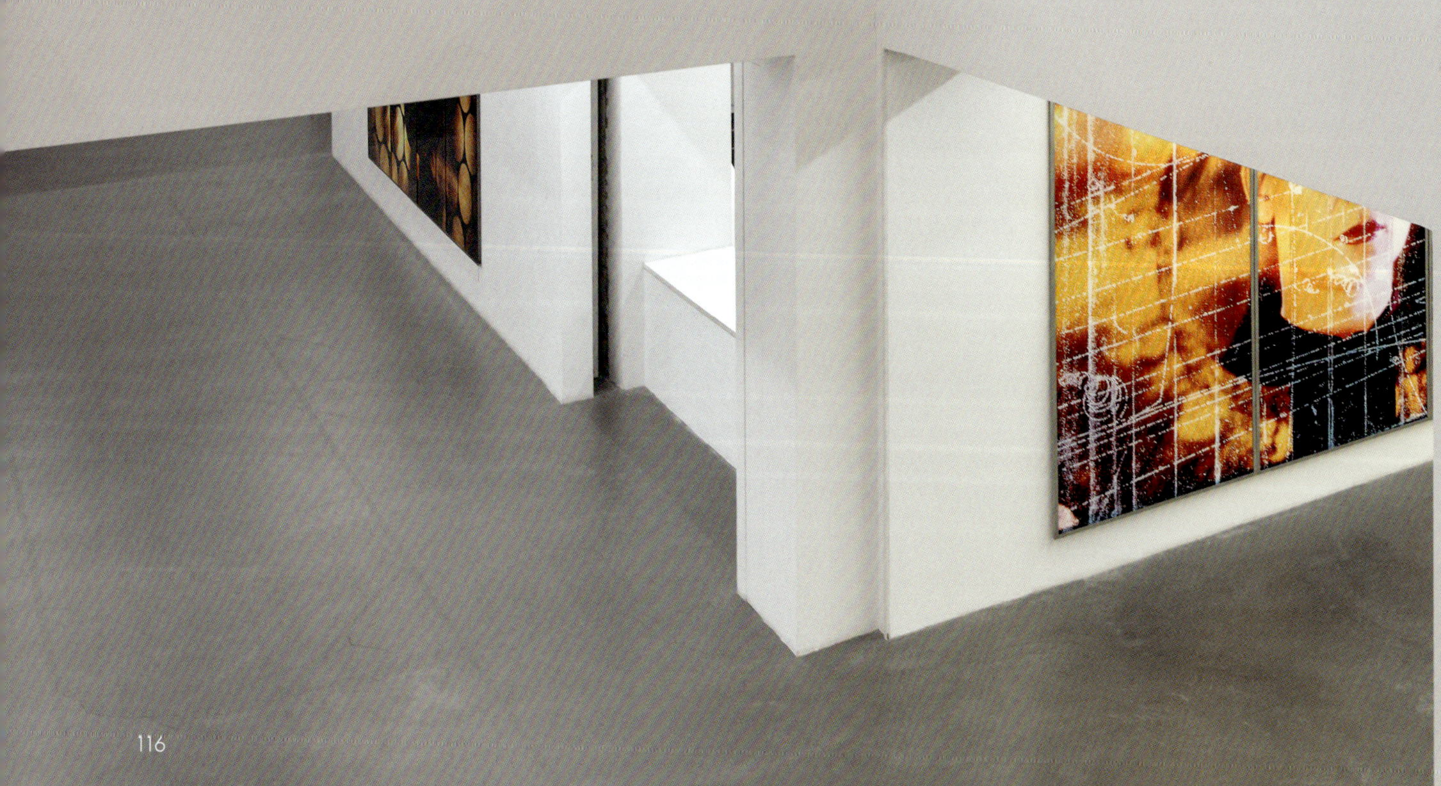

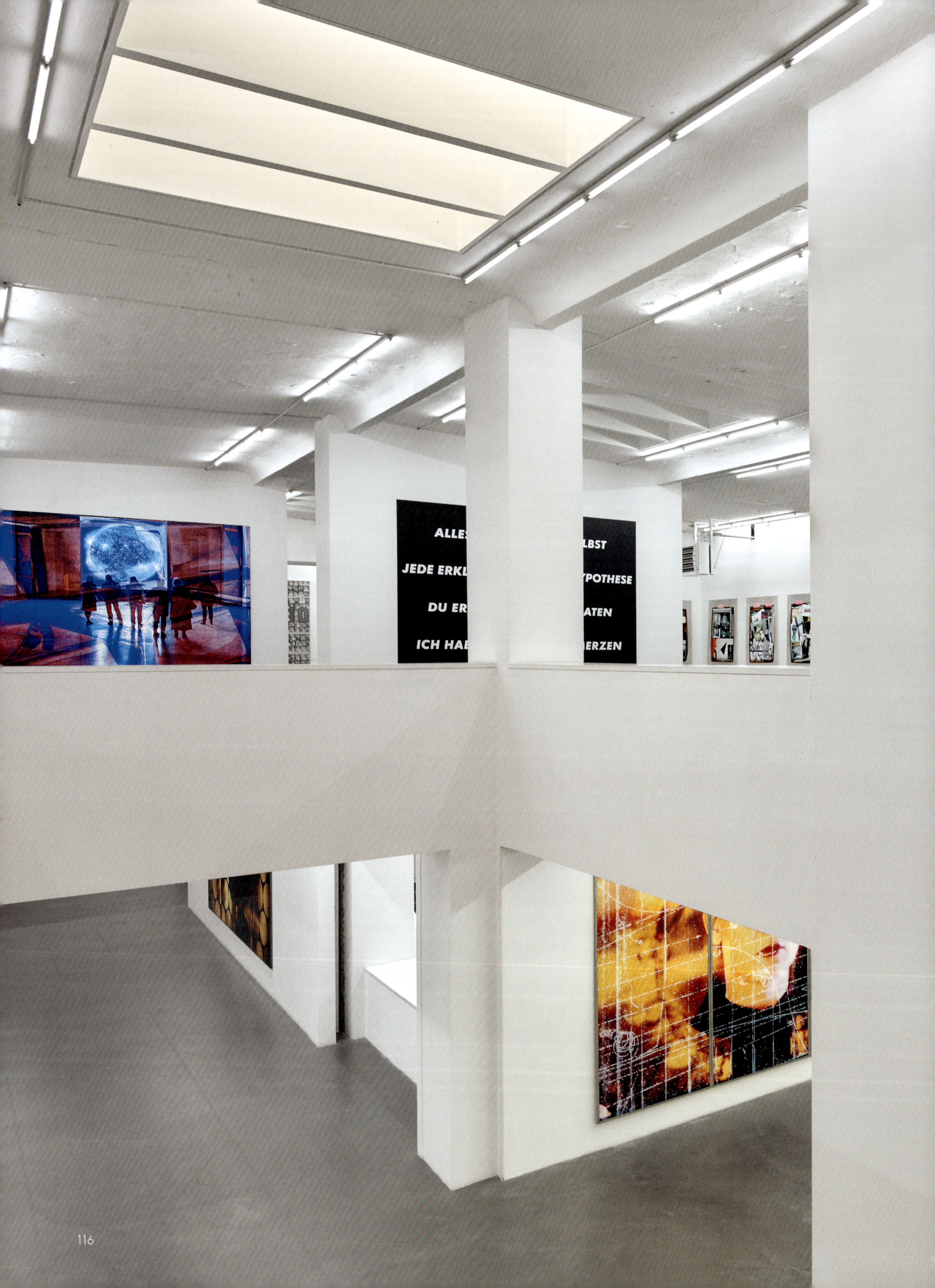

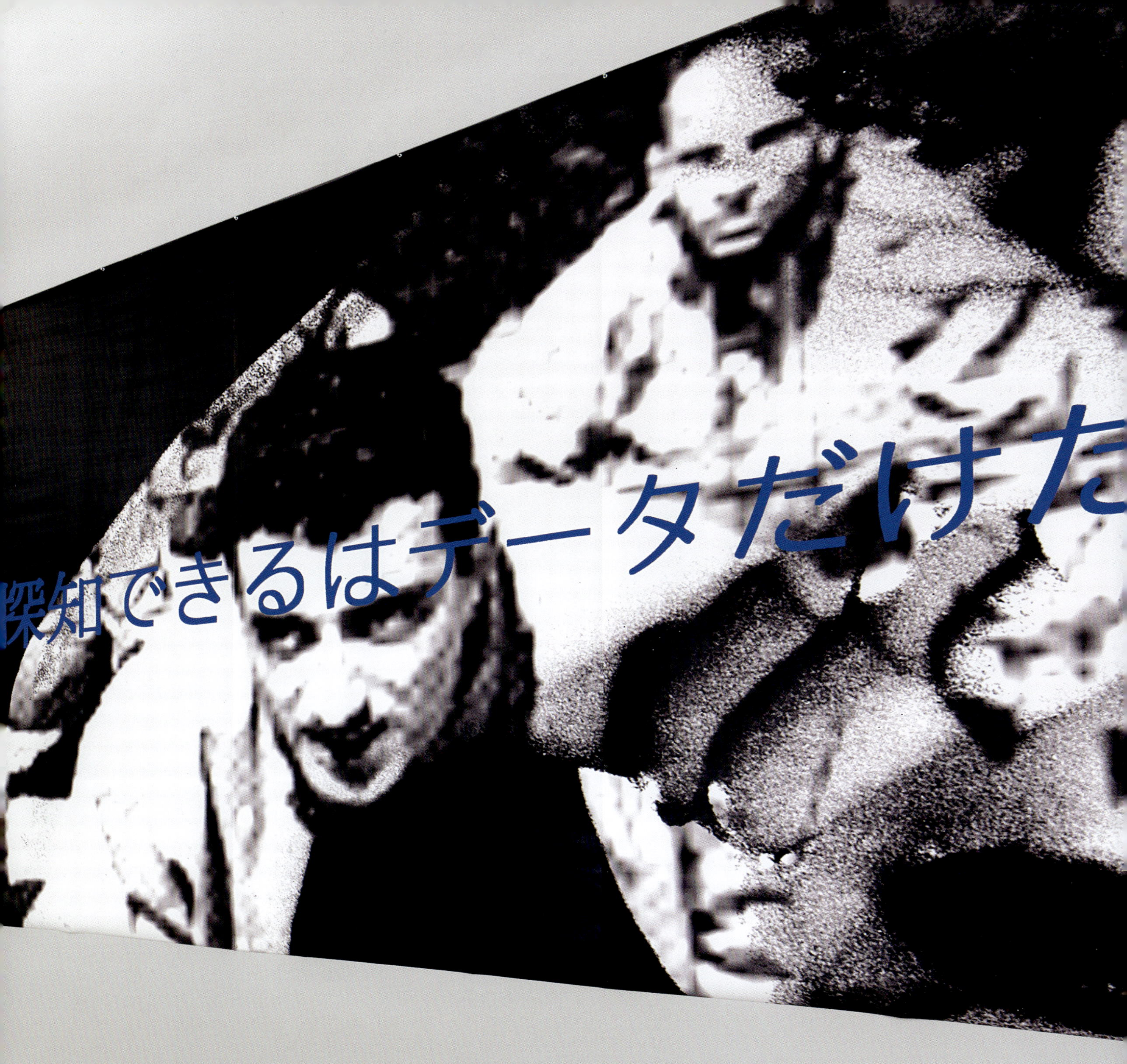
探知できるはデータだけた

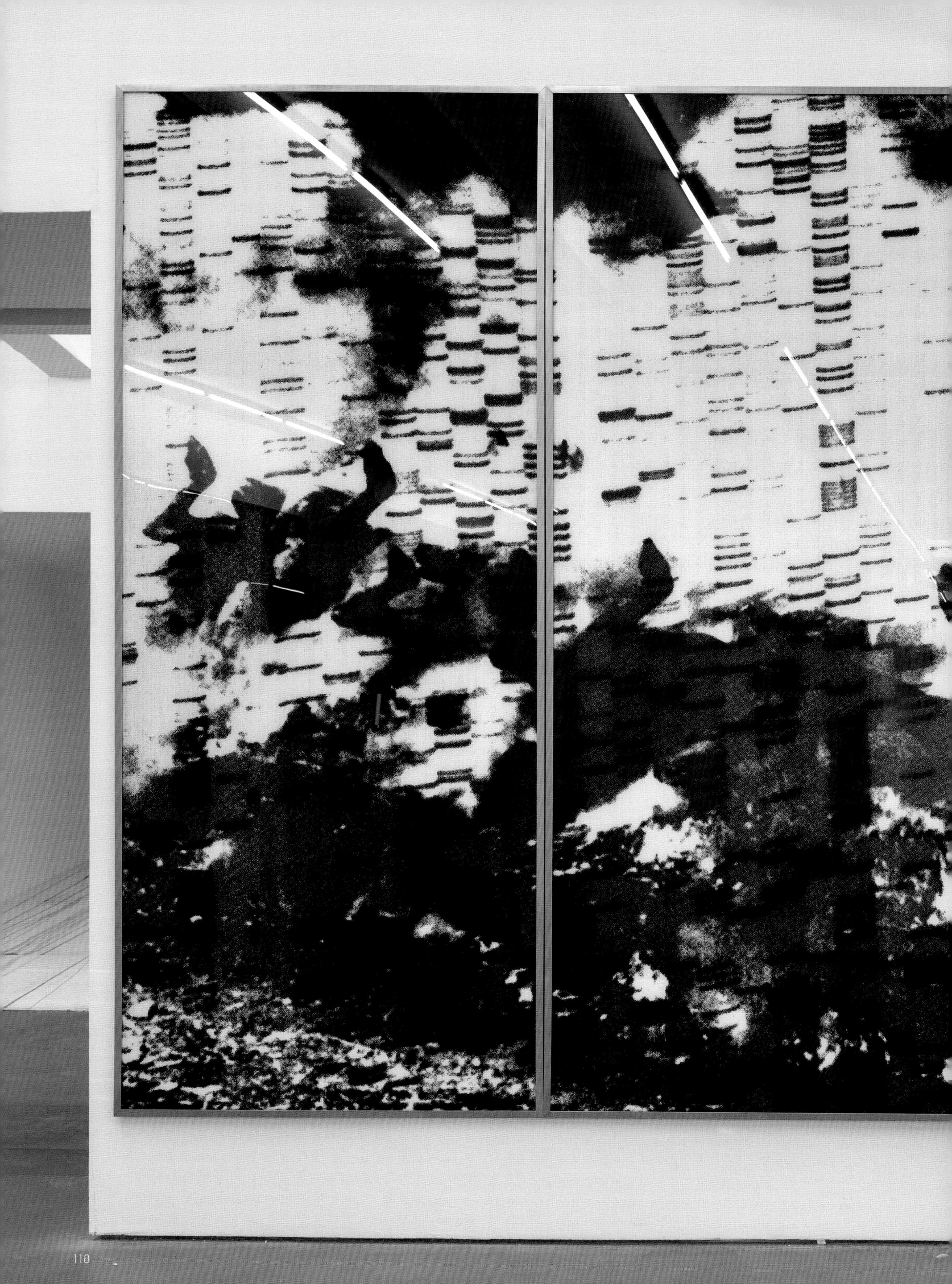

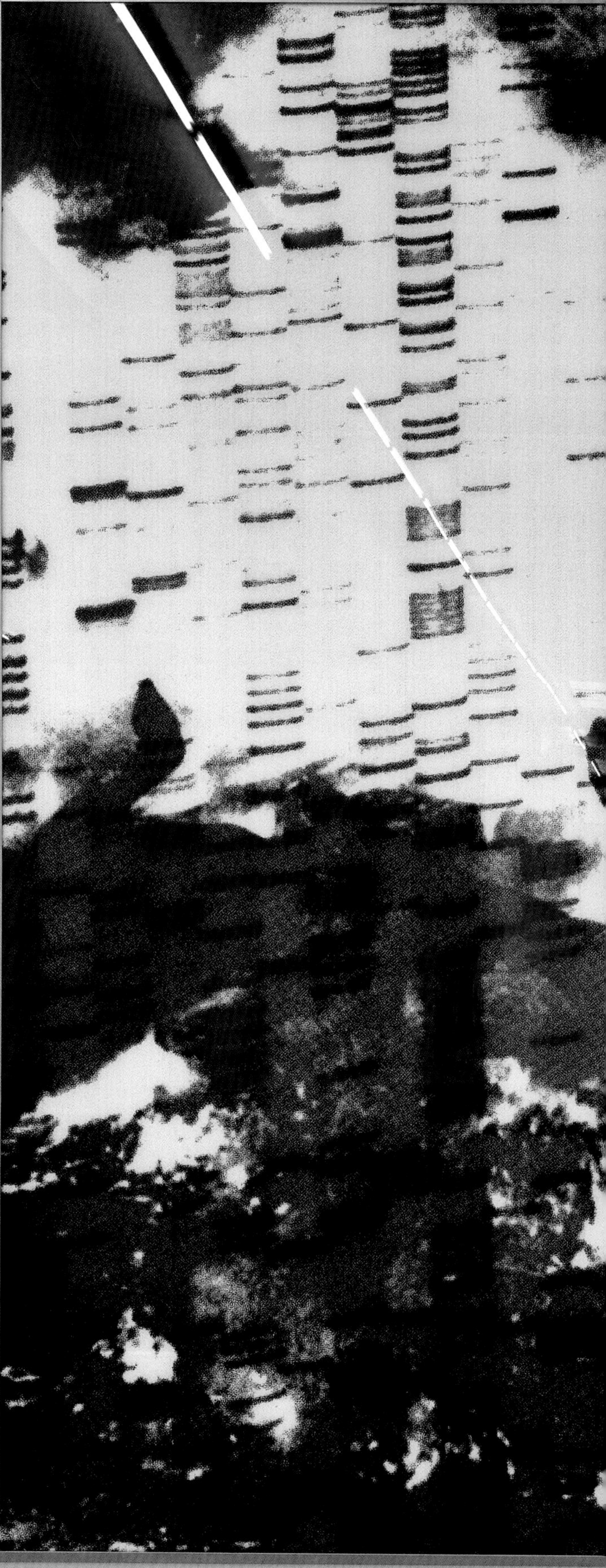

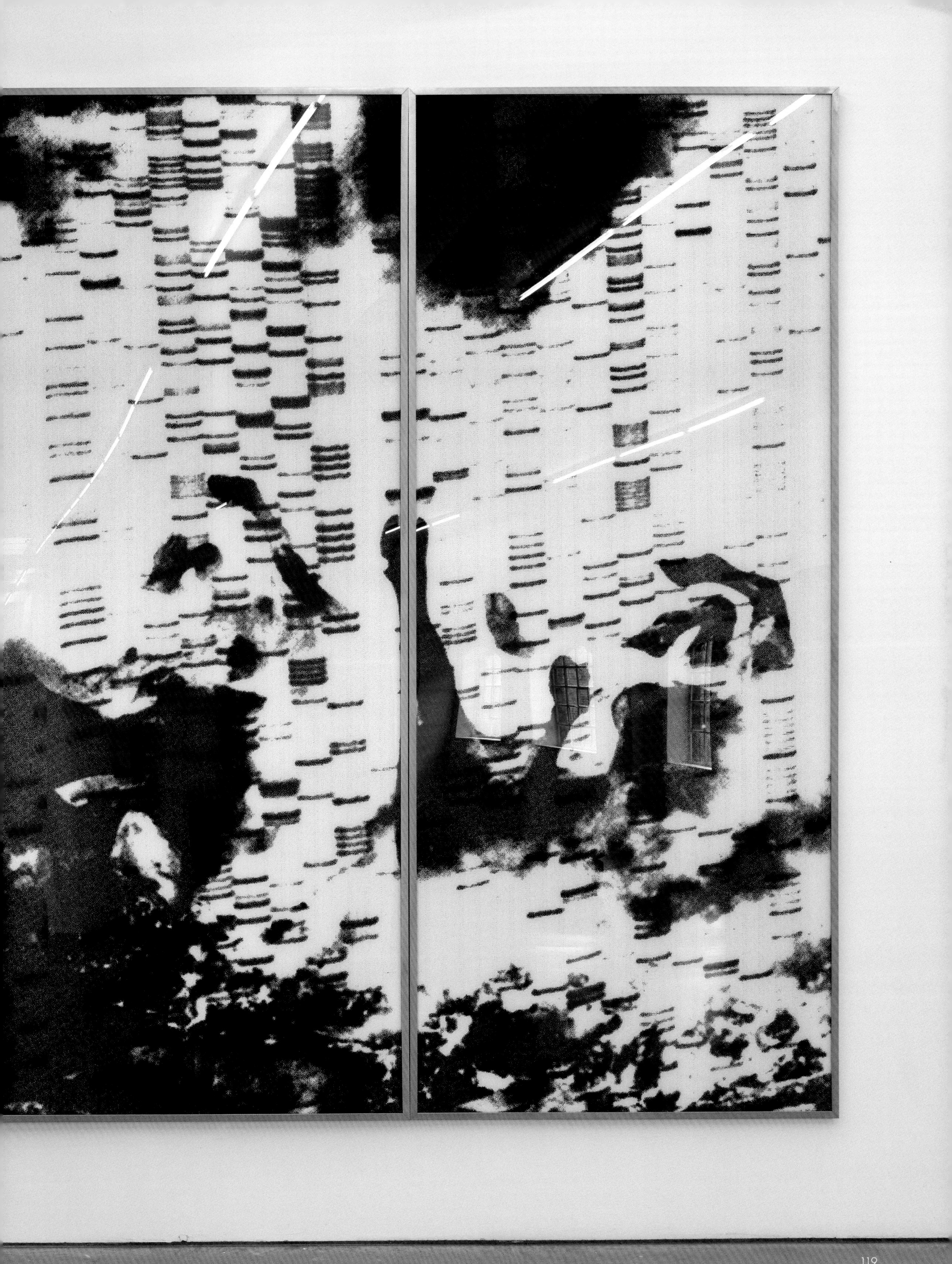

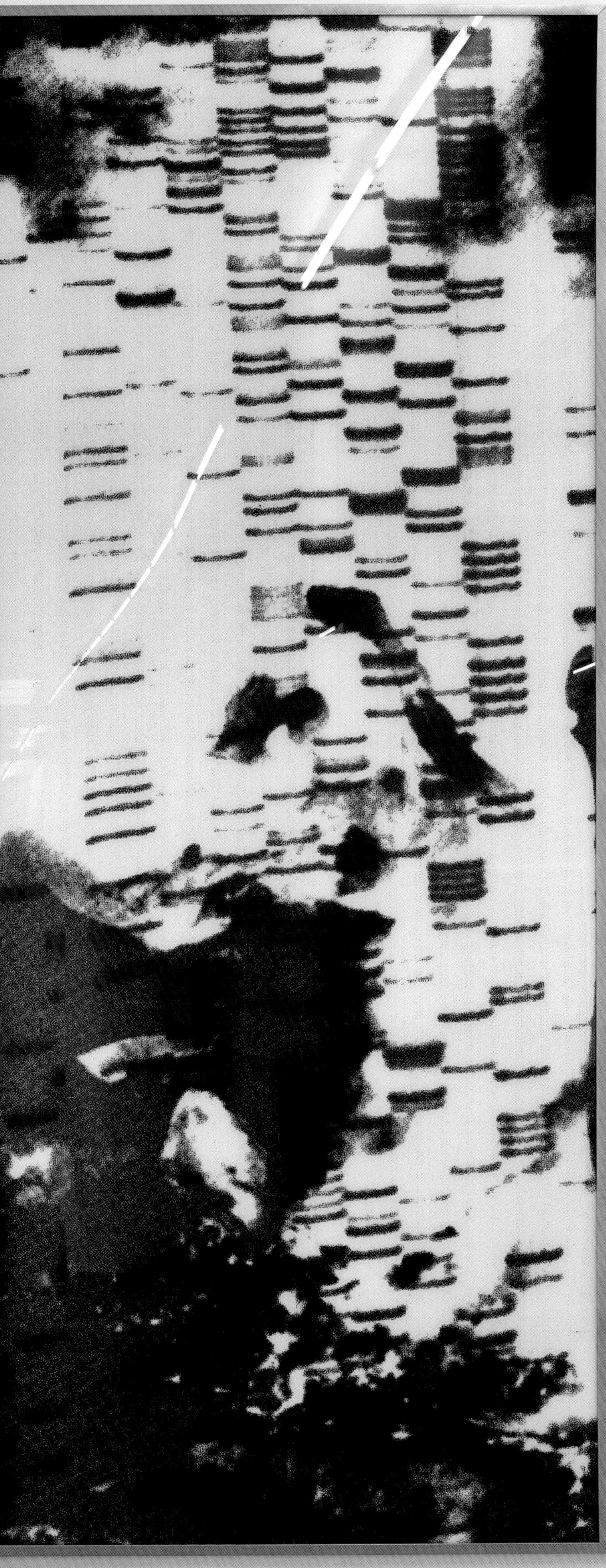

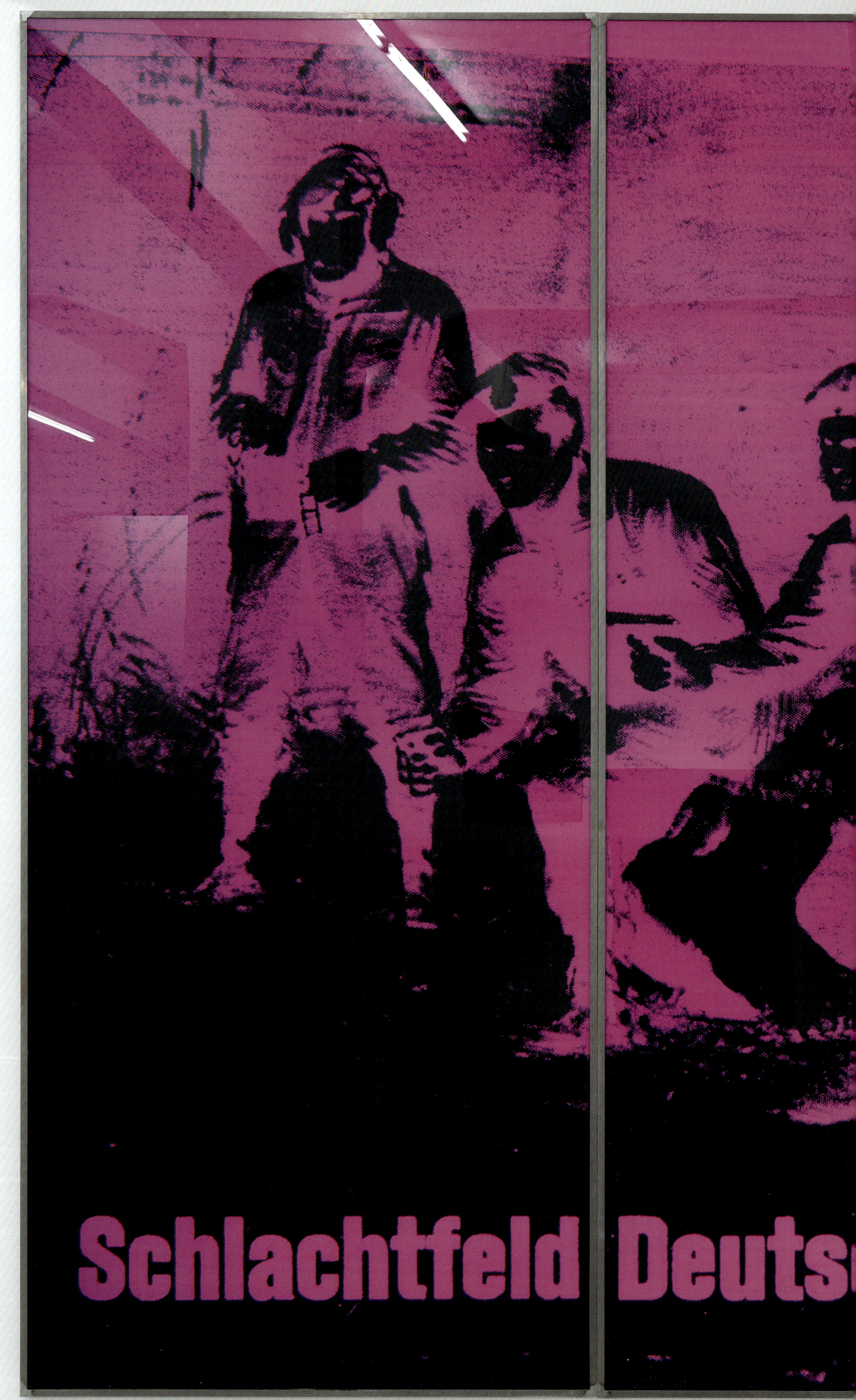
Schlachtfeld

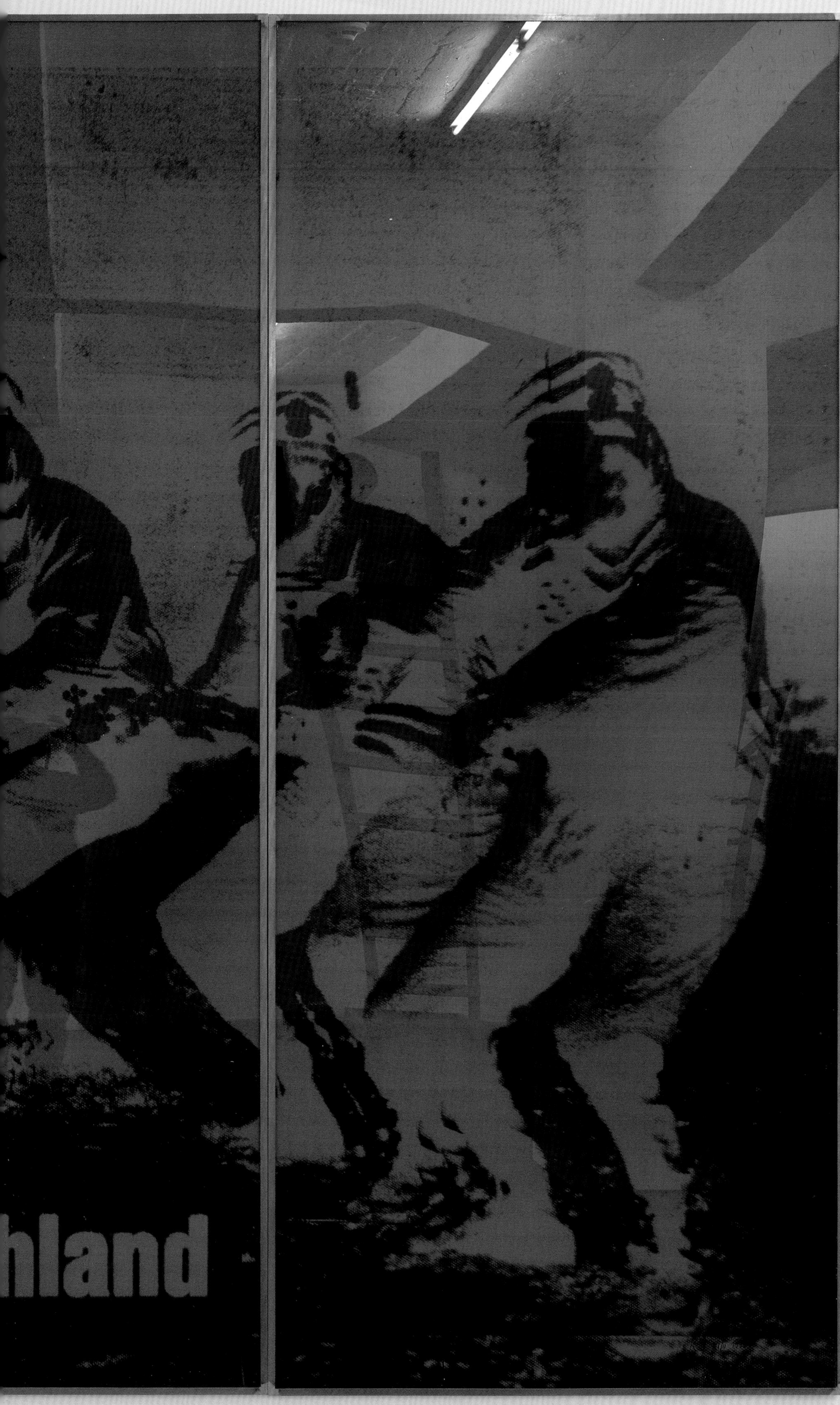
hland

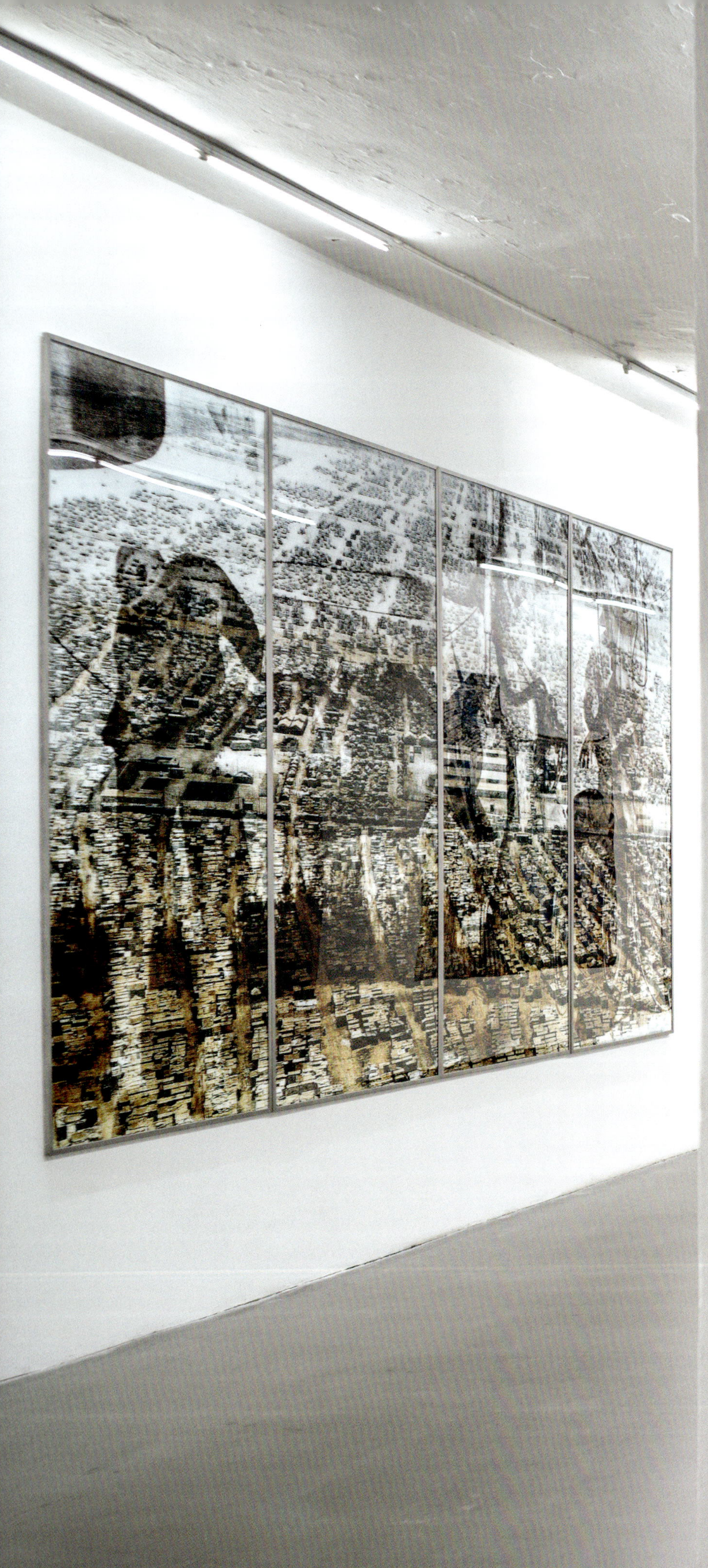

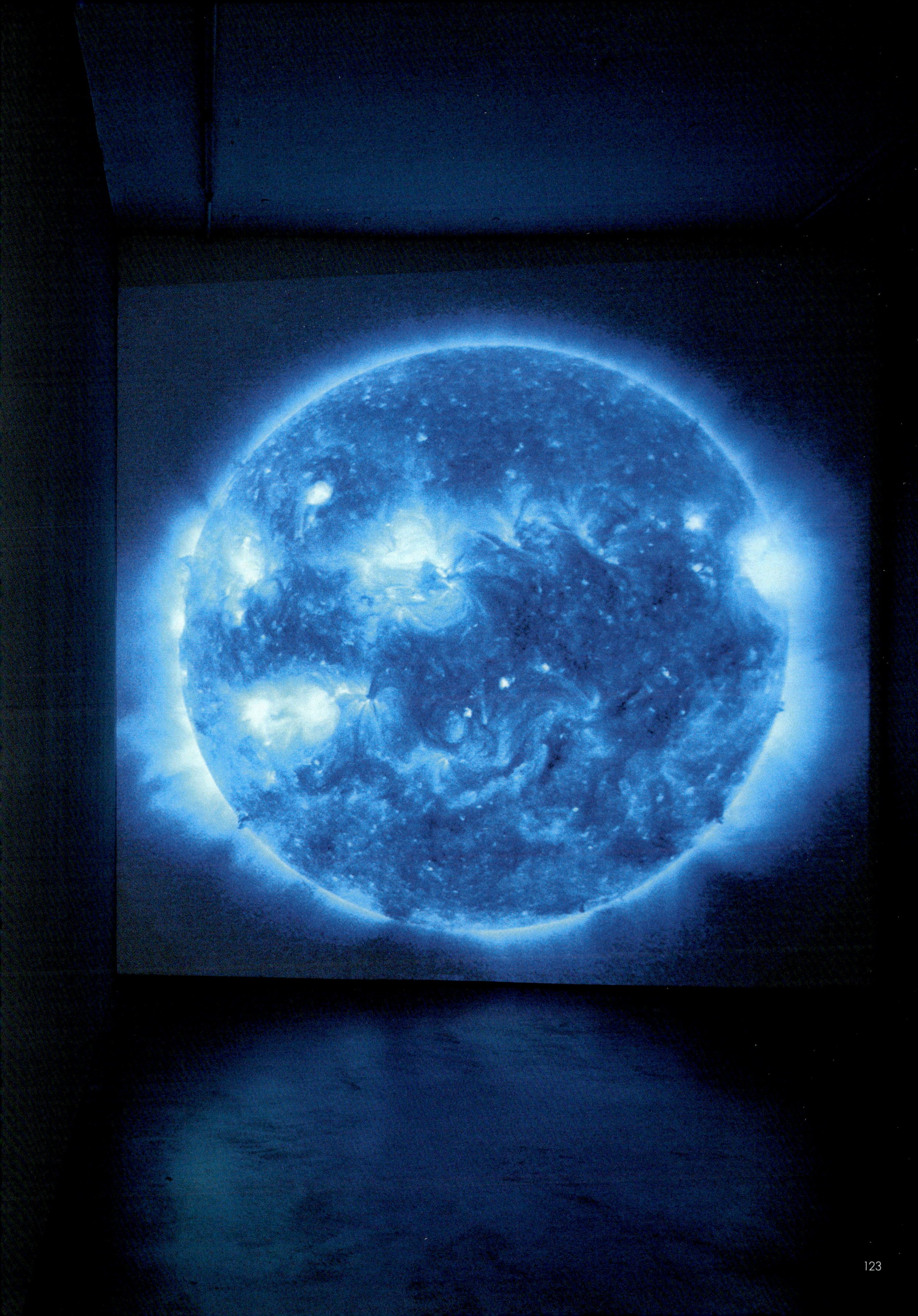

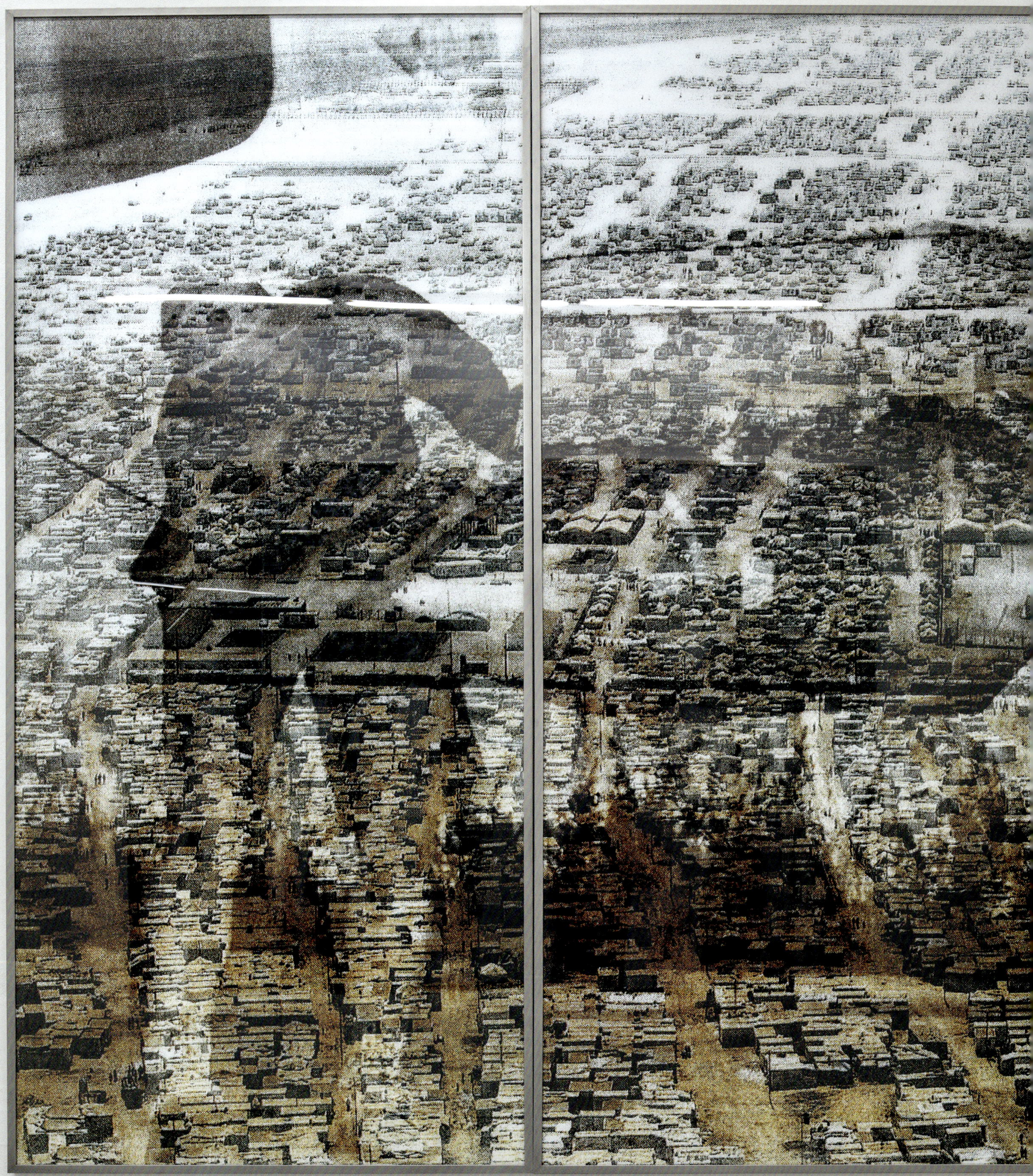

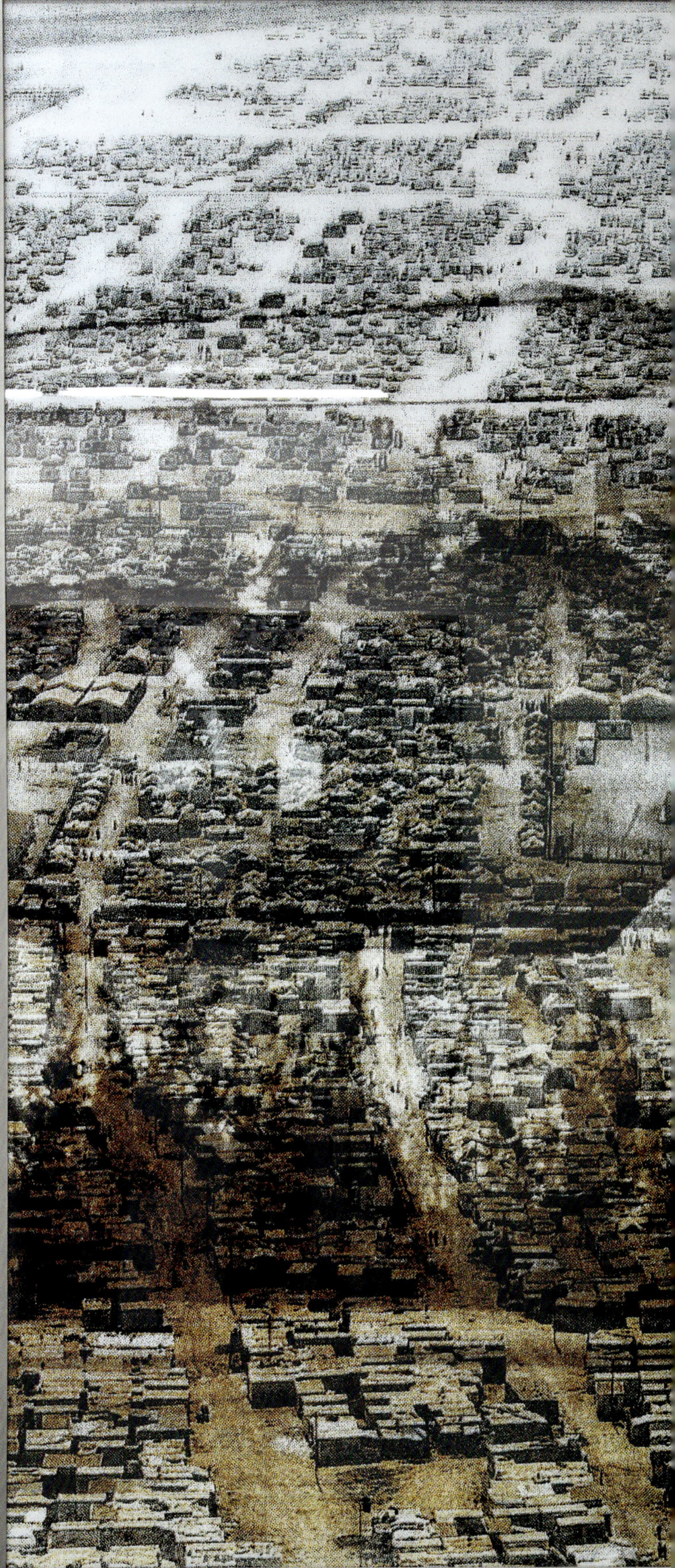

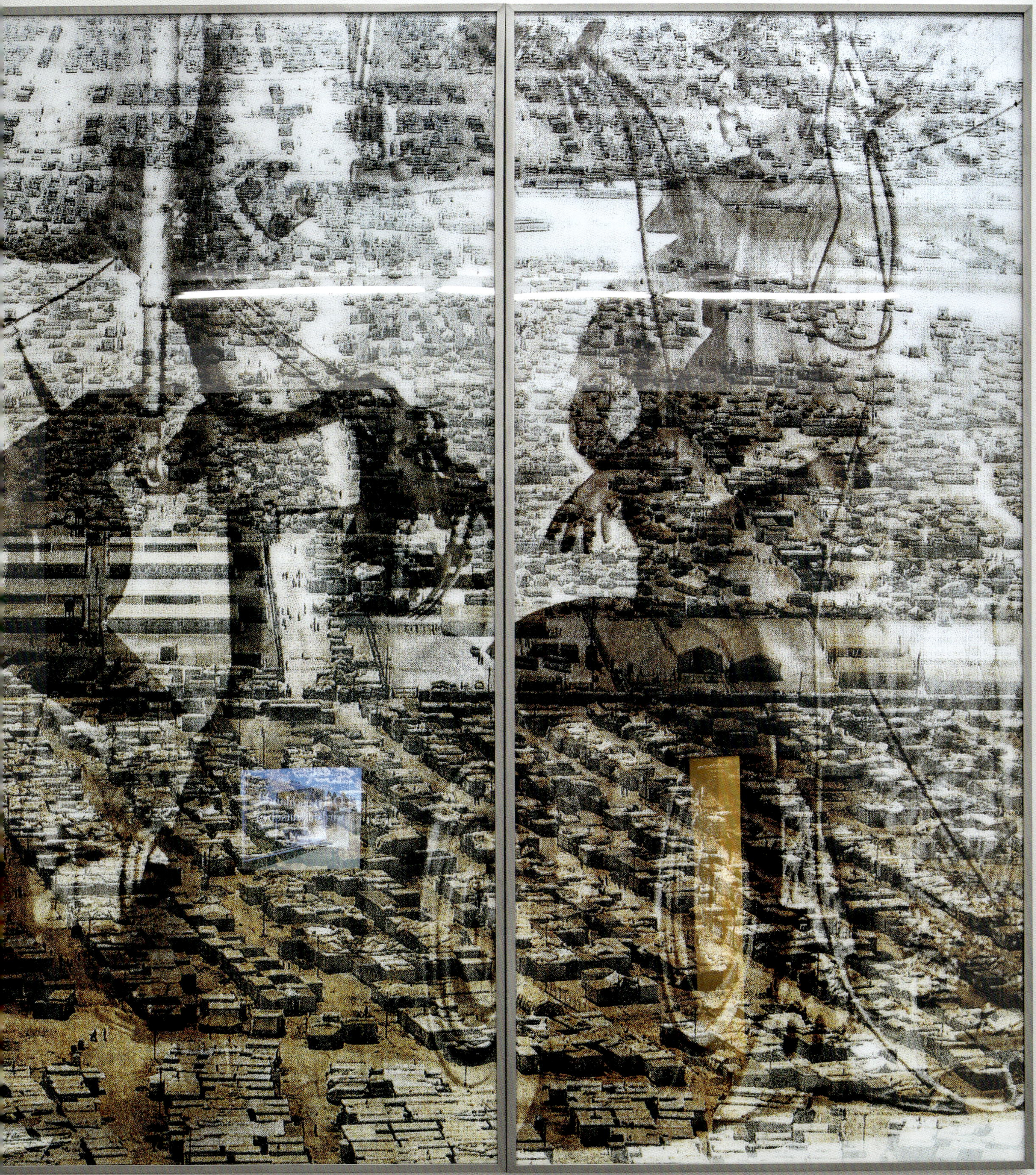

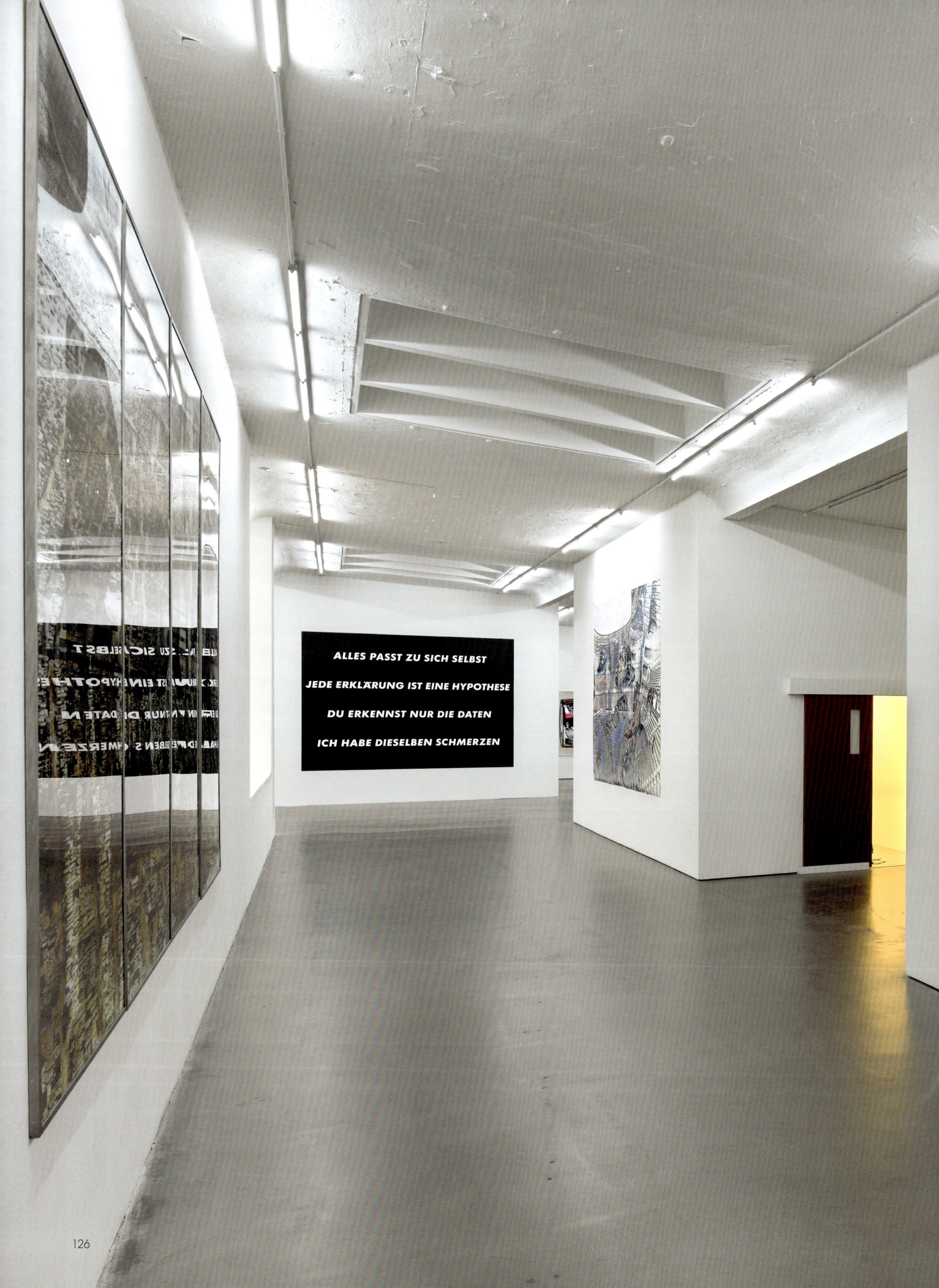
ALLES PASST ZU SICH SELBST
JEDE ERKLÄRUNG IST EINE HYPOTHESE
DU ERKENNST NUR DIE DATEN
ICH HABE DIESELBEN SCHMERZEN

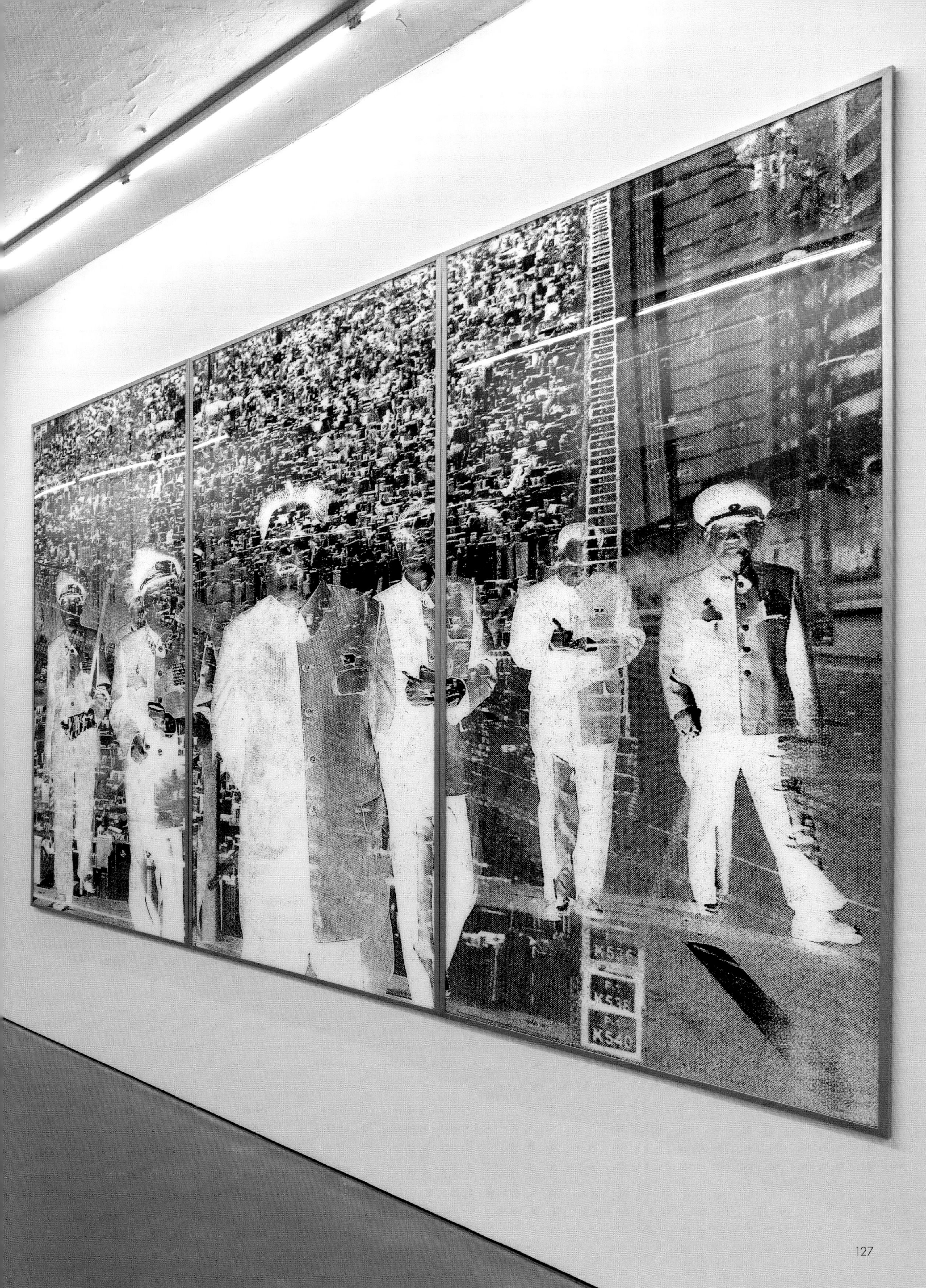

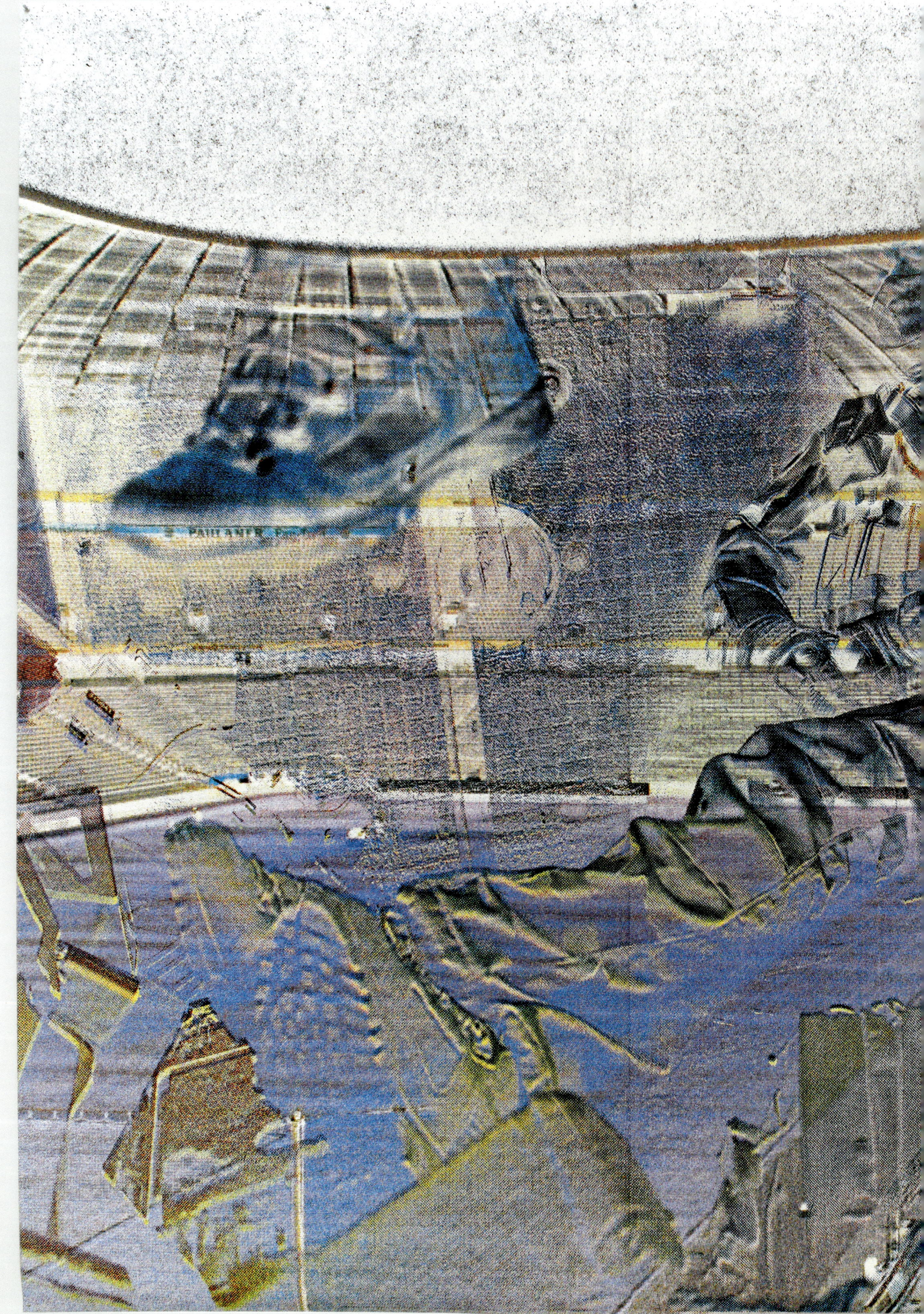

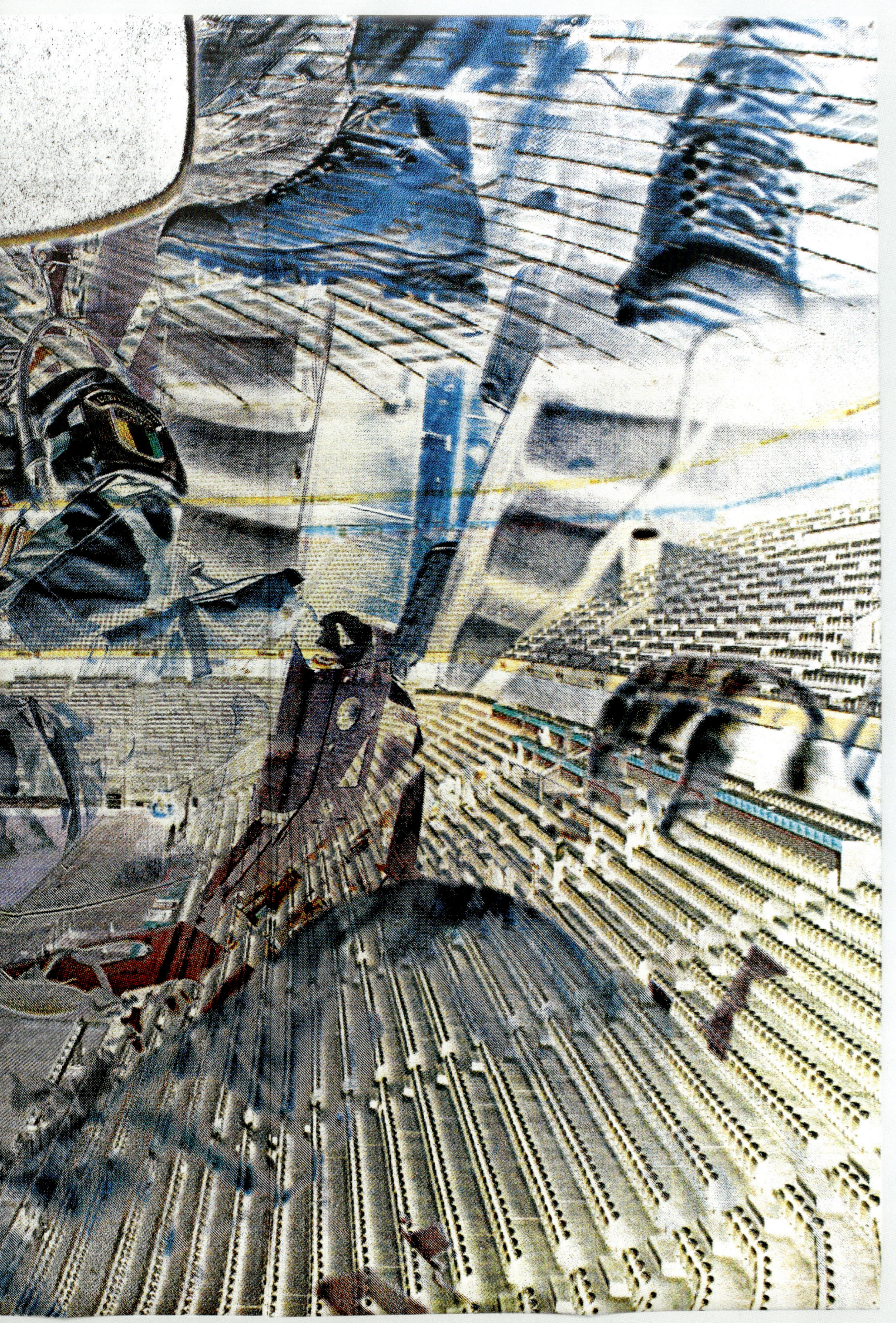

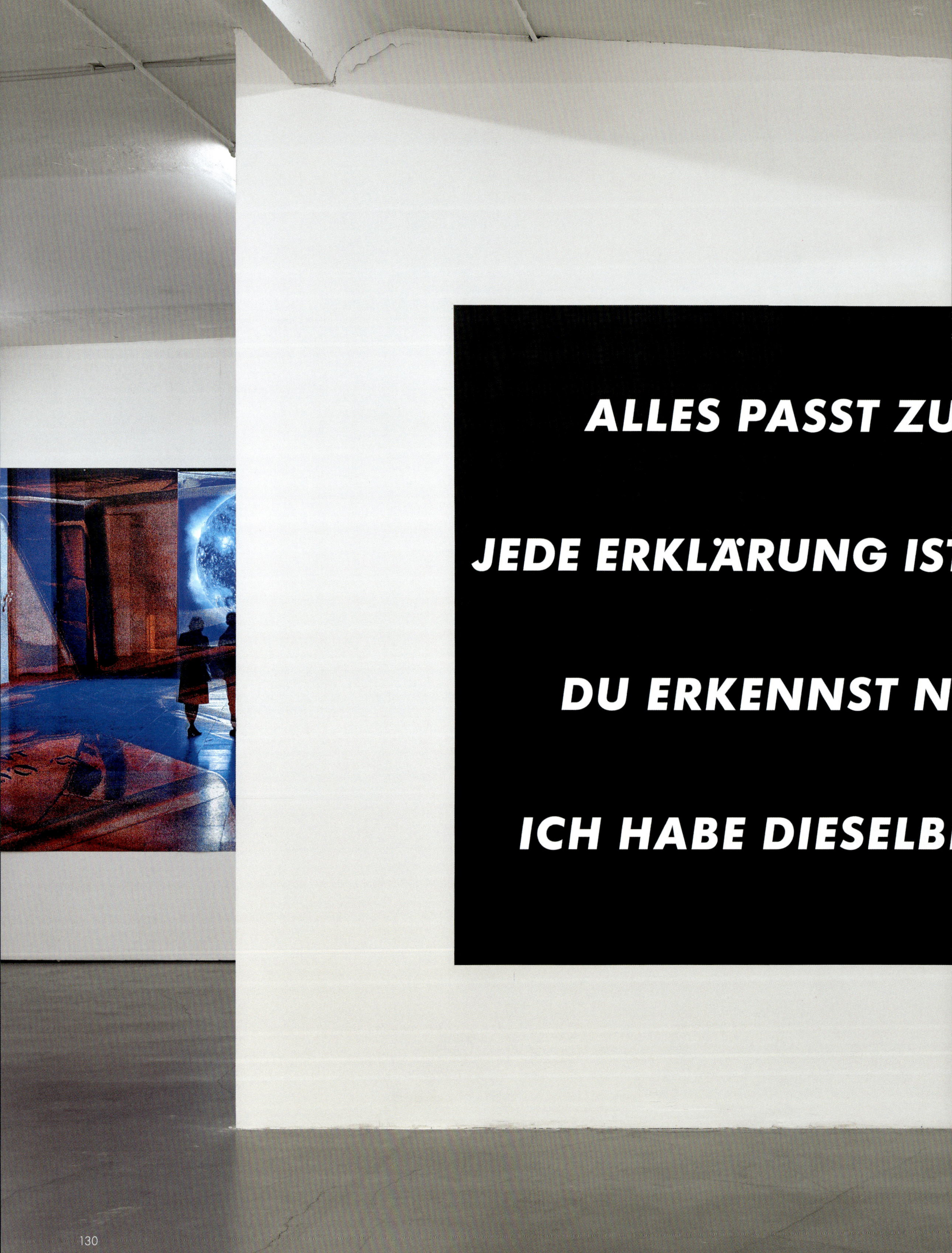
ALLES PASST ZU
JEDE ERKLÄRUNG IS
DU ERKENNST N
ICH HABE DIESELB

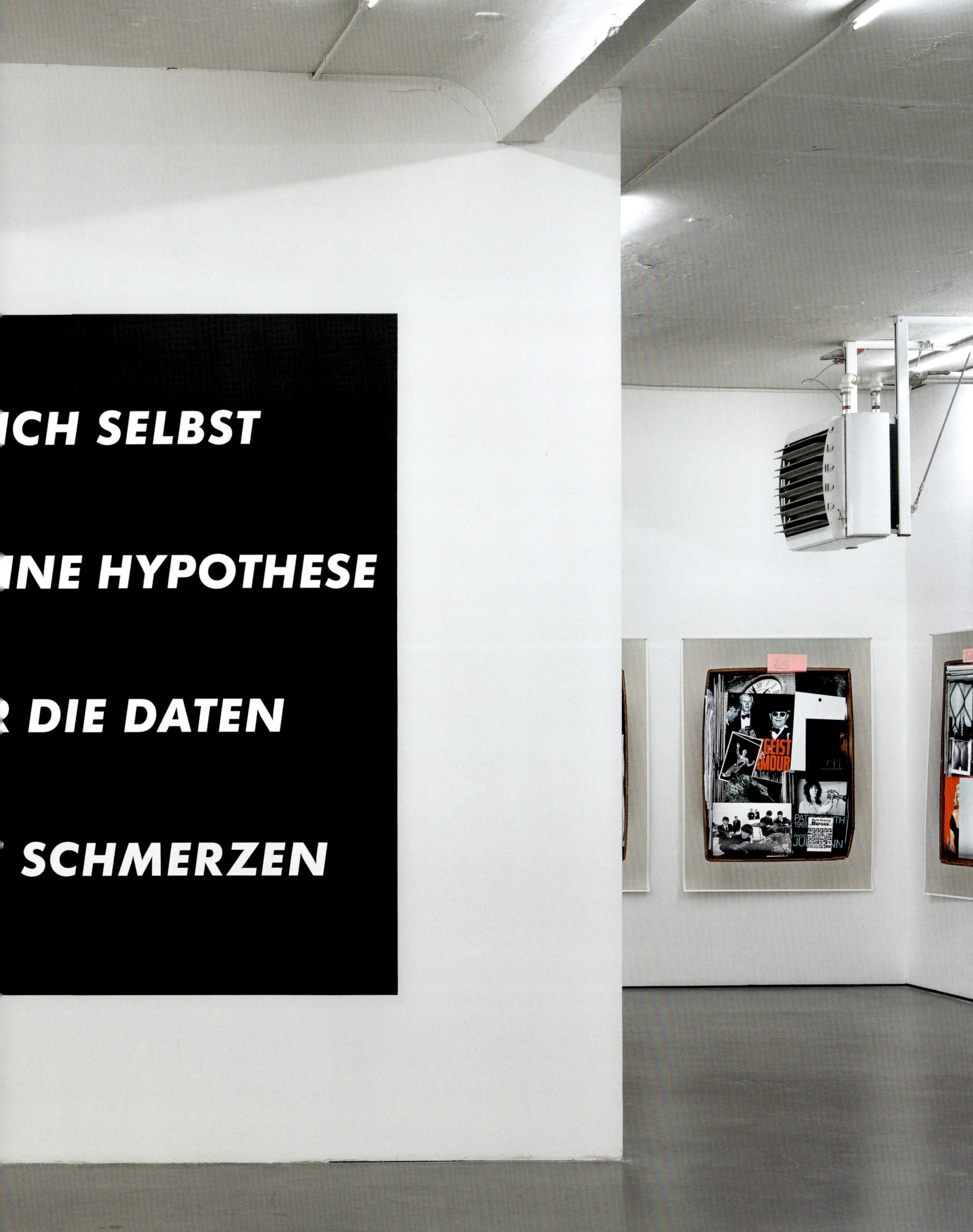
ICH SELBST
HYPOTHESE
DIE DATEN
SCHMERZEN

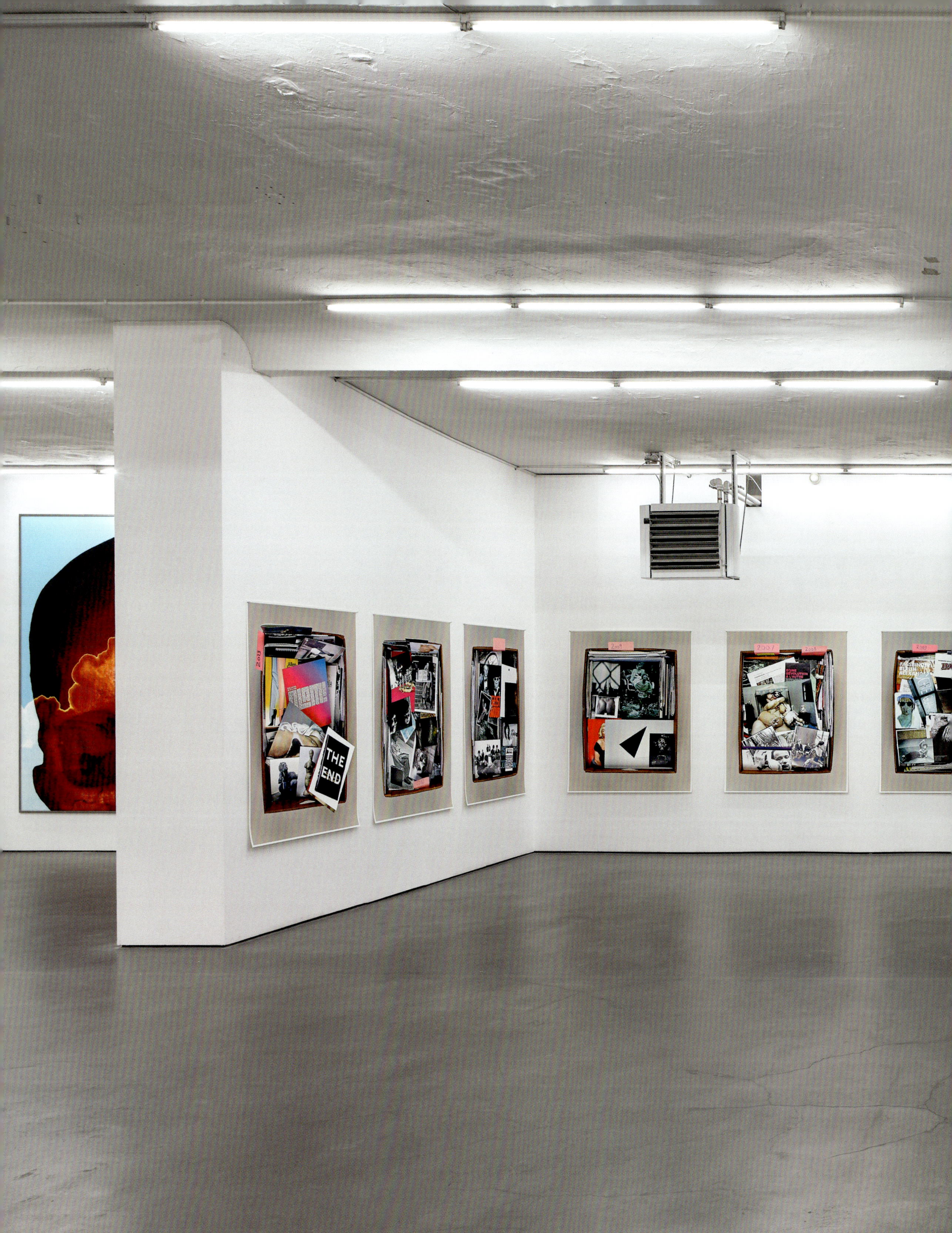
THE
END

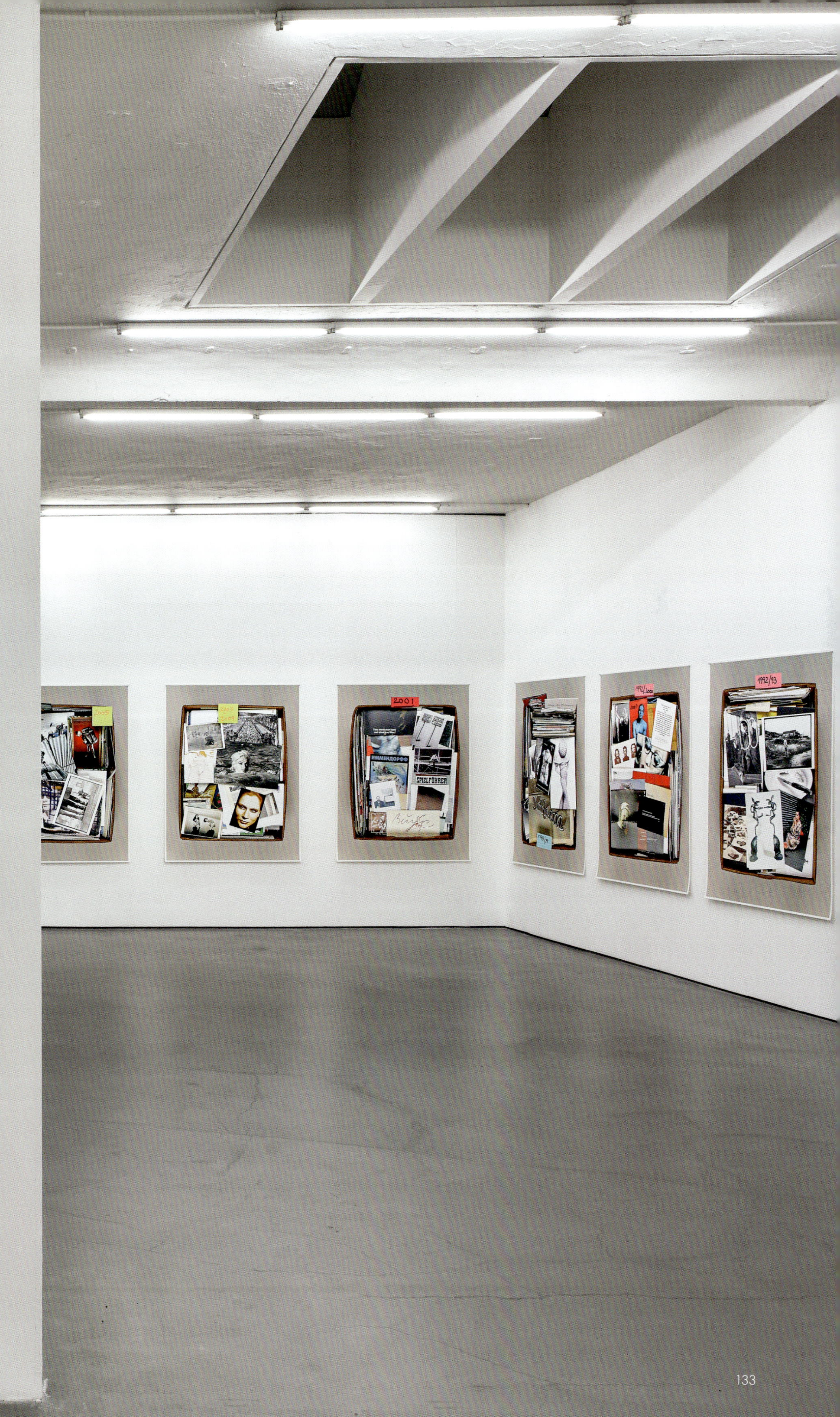
2001
SPIELFÜHRER
1992/93

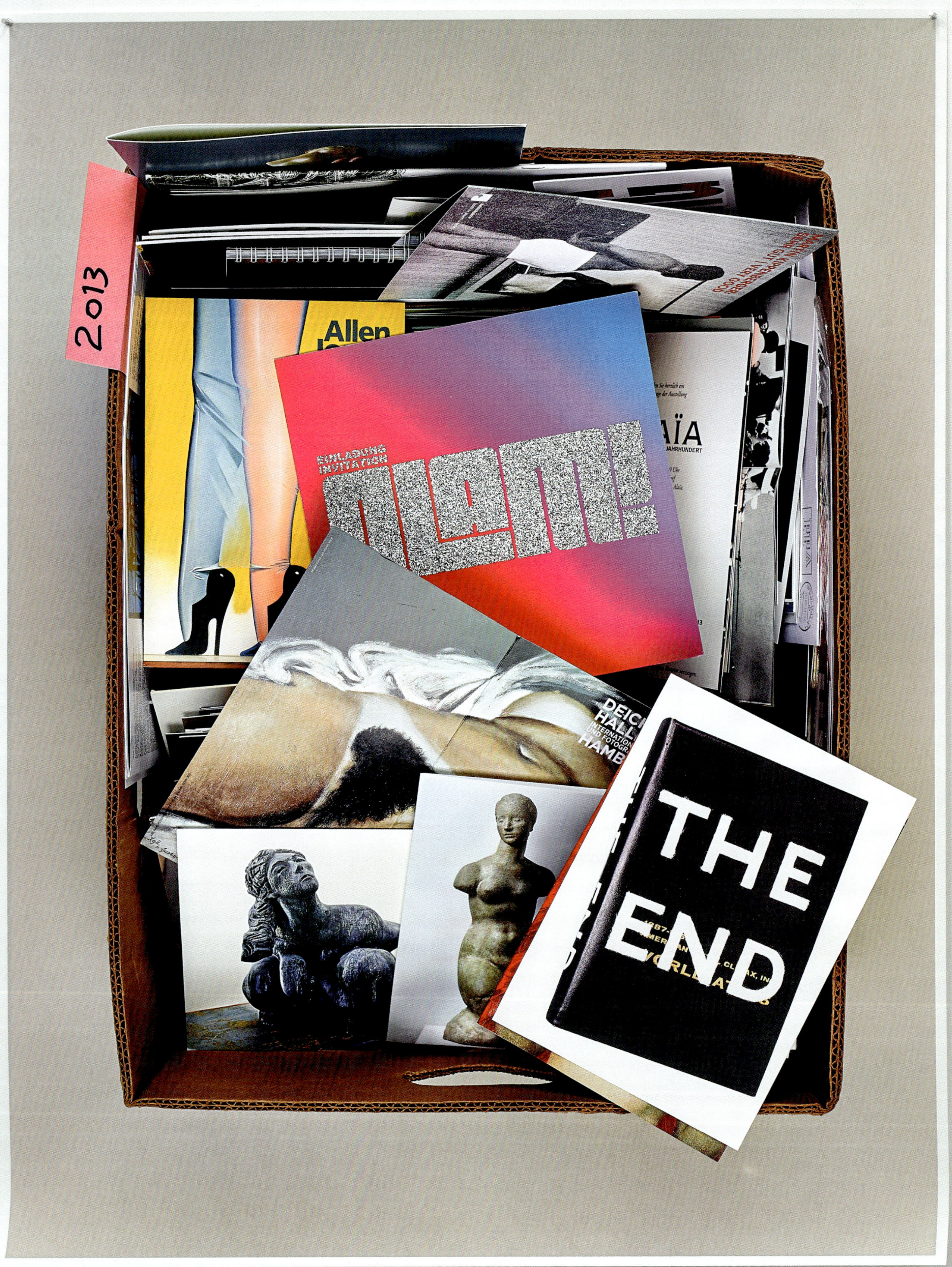
2013
Allen
EINLADUNG
INVITATION
GLAM!
THE
END

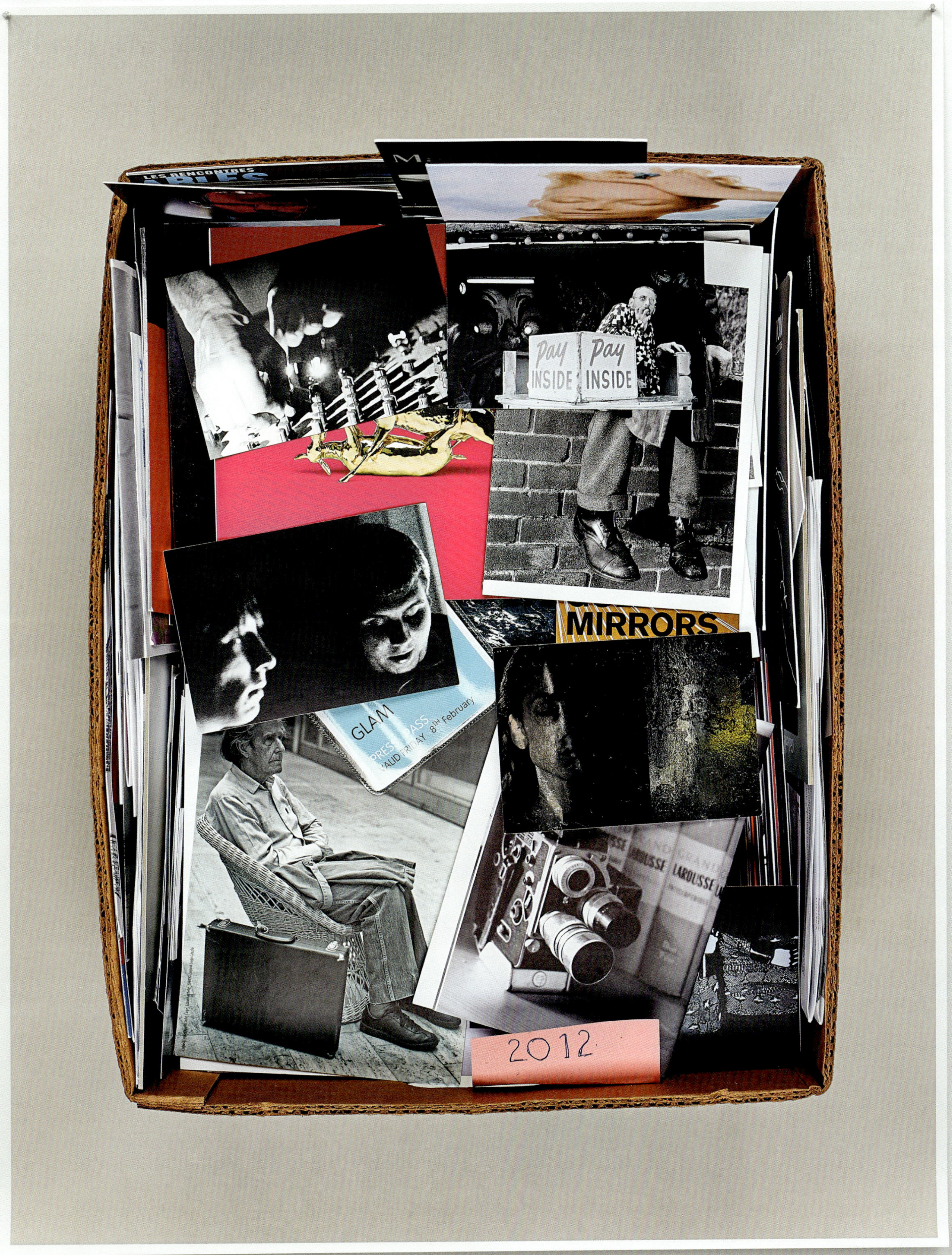
Pay INSIDE
Pay INSIDE
MIRRORS
GLAM
PRESS PASS
VALID FRIDAY 8TH February
2012

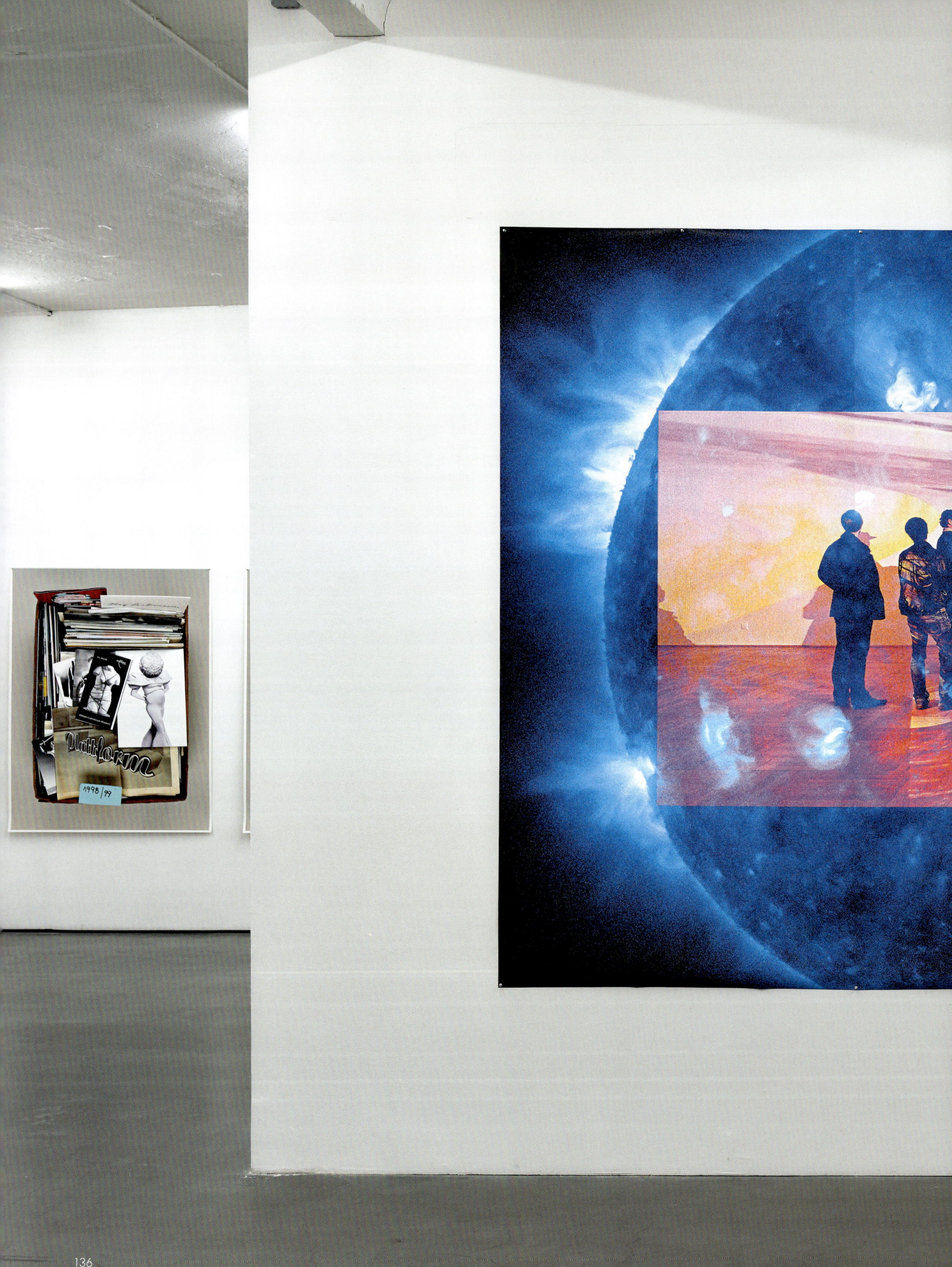
Plattform
1998/99

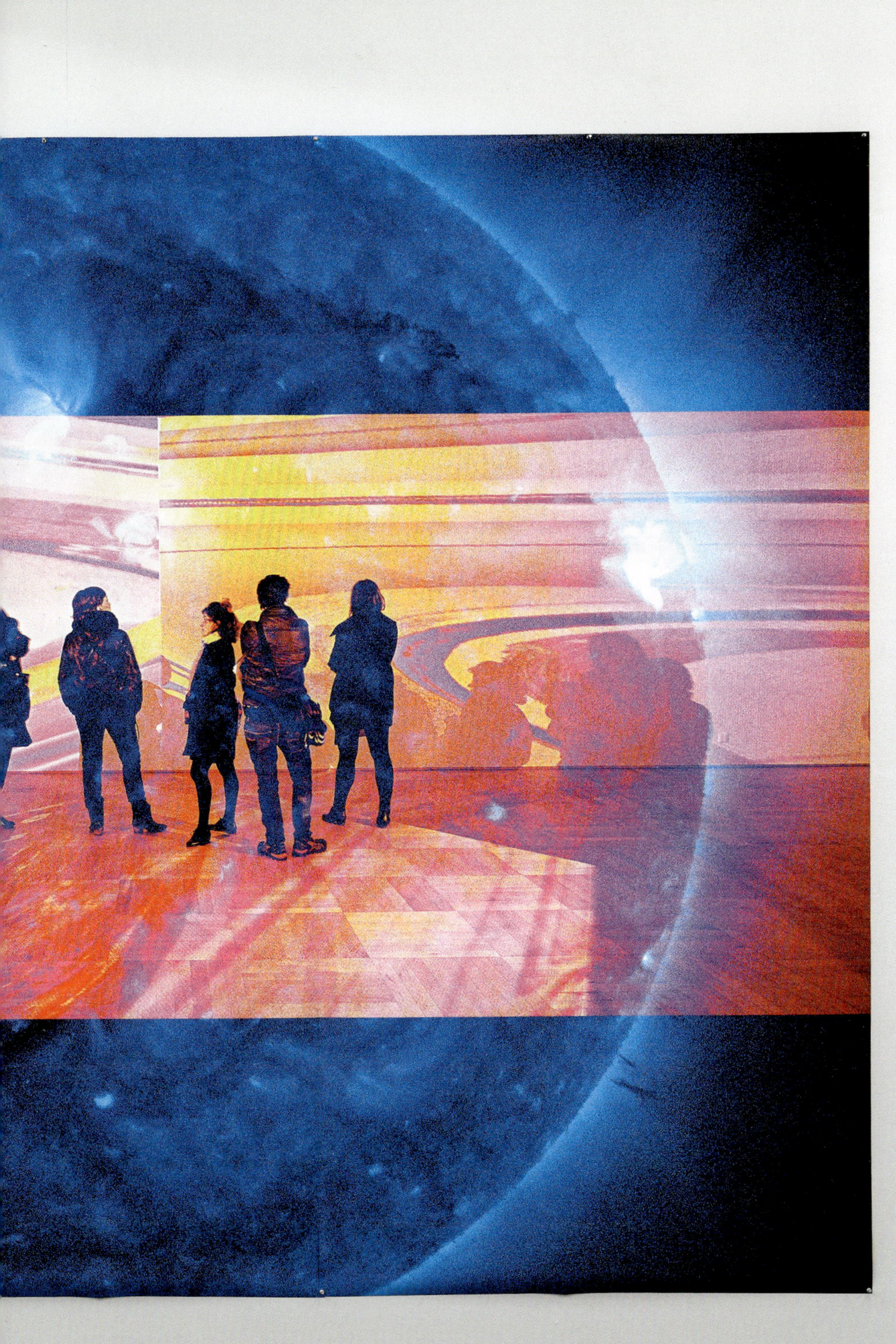

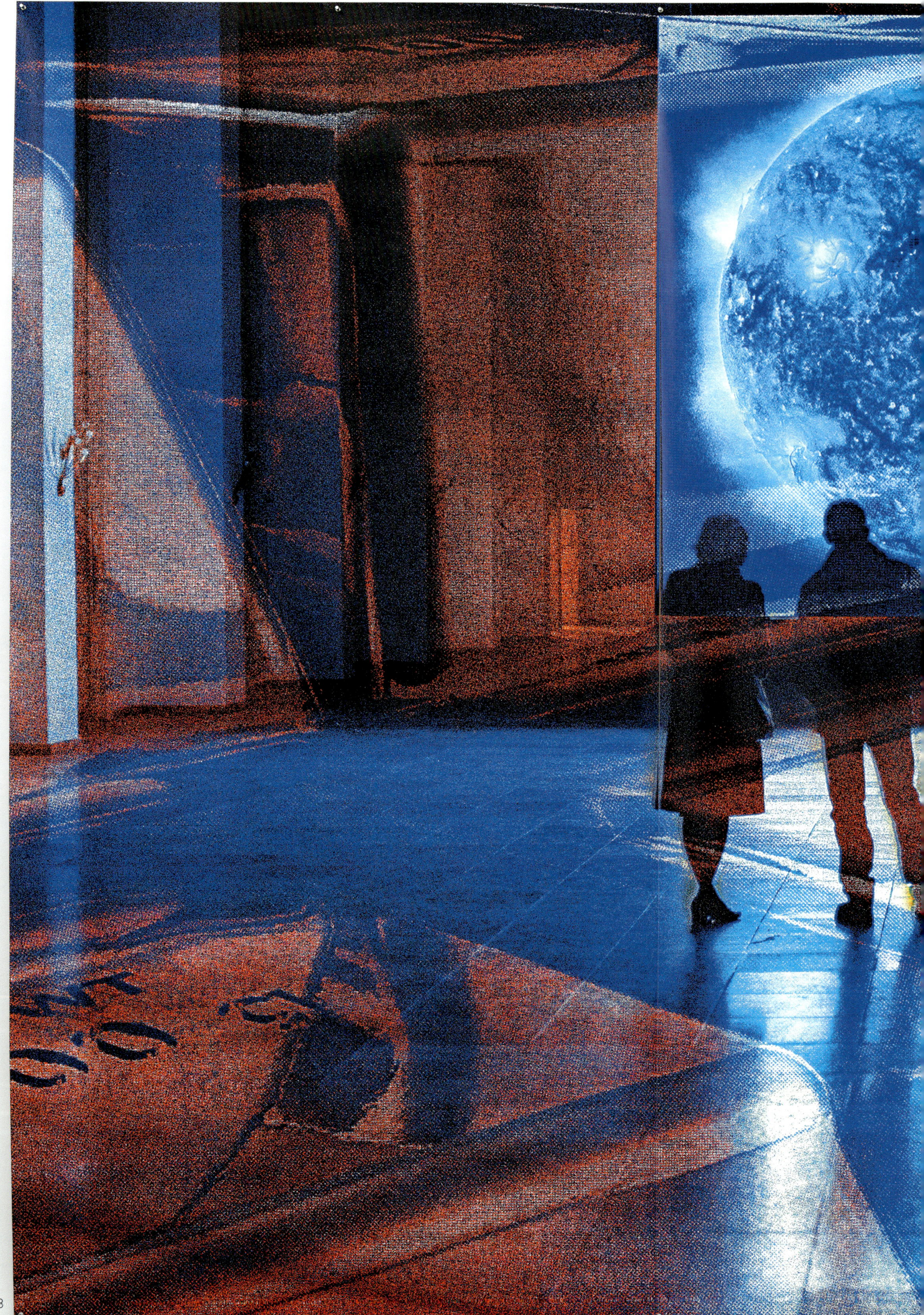

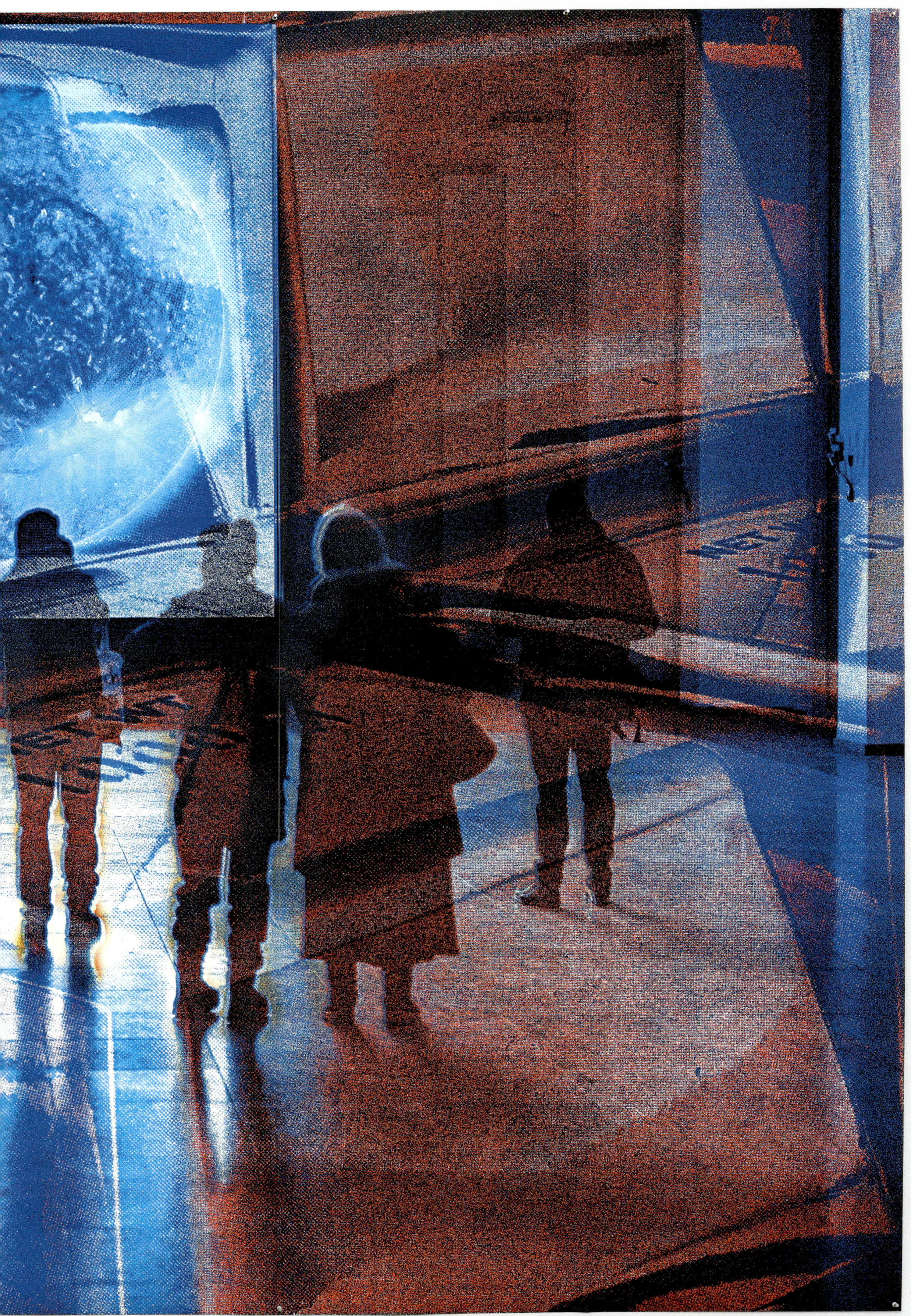

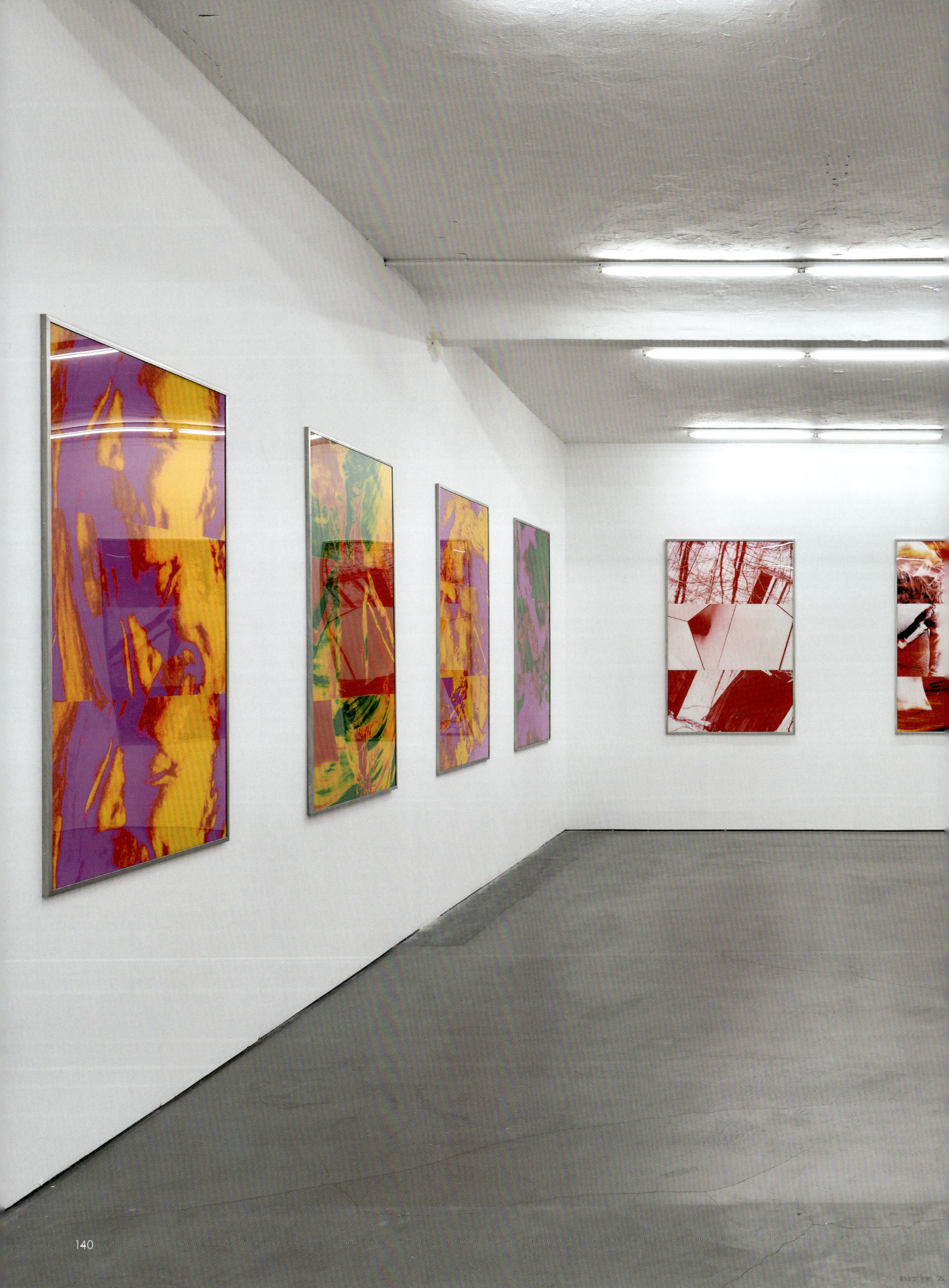

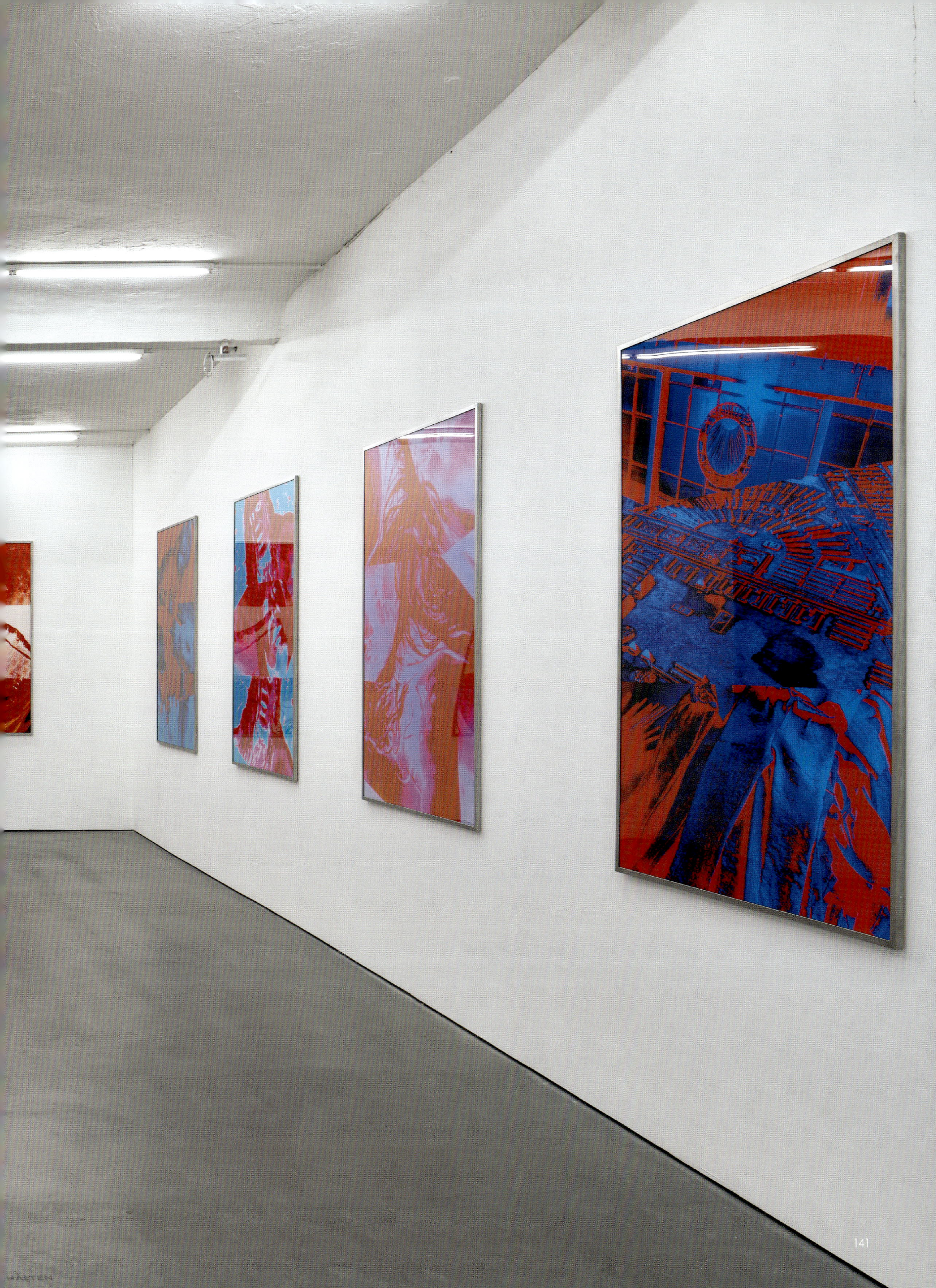

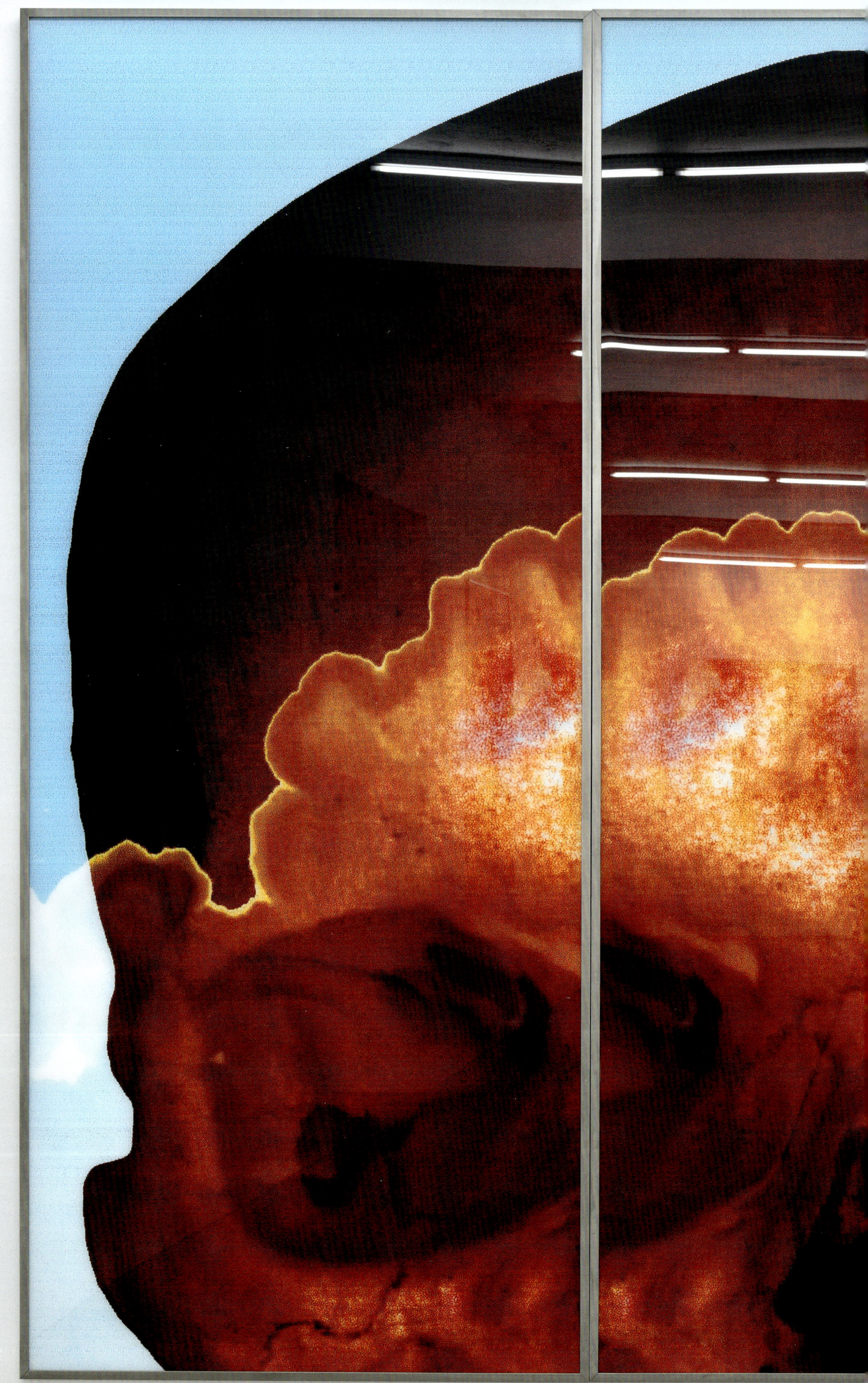

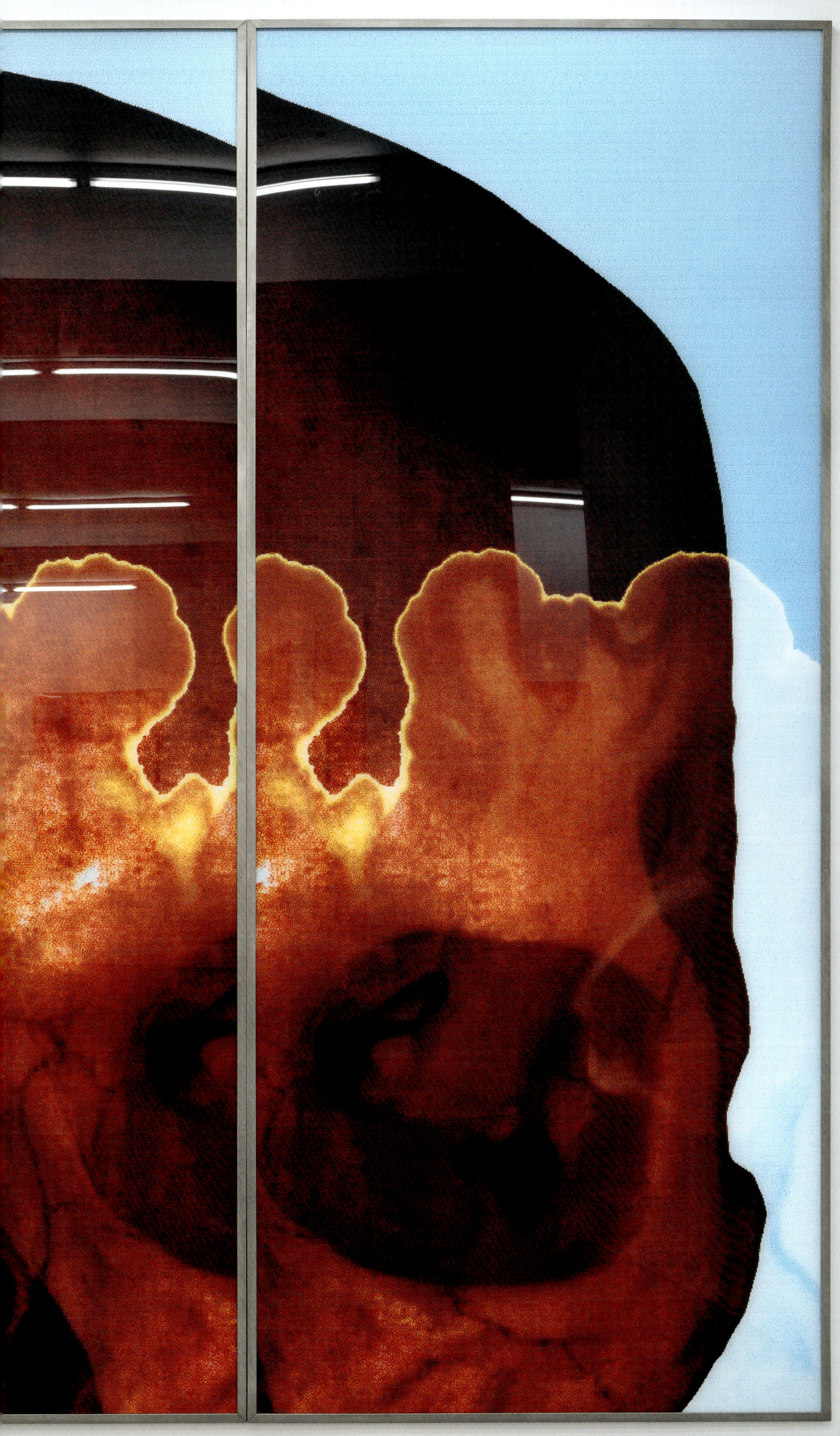

INDEX

Seite 12–13

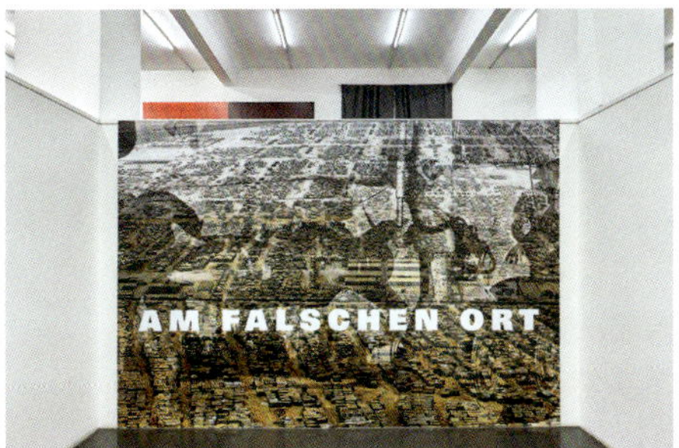

Global Desire II (Am Falschen Ort), 2017
Offsetdruck/Offset print
252 × 356 cm

Seite 14–15

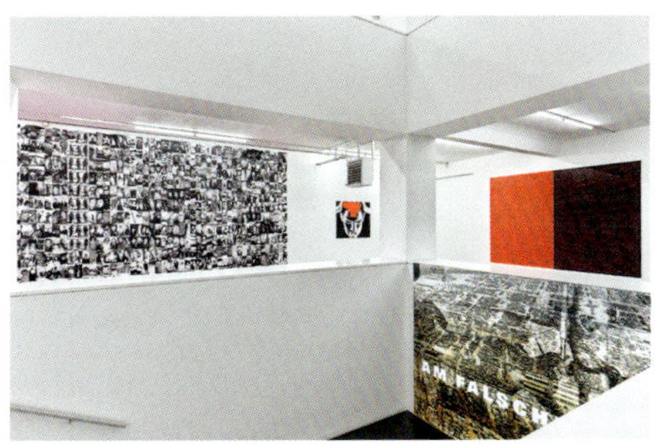

Testcuts I–IV, 1966–2010
Digitaldruck/Digital print
328 × 1760 cm
Kamera im Kopf (Rot), 2007
Digitaldruck/Digital print
125 × 110 cm
Headlines, 2015
Digitaldruck/Digital print
252 × 356 cm
Global Desire II (Am Falschen Ort), 2017
Offsetdruck/Offset print
252 × 356 cm

Seite 16–17

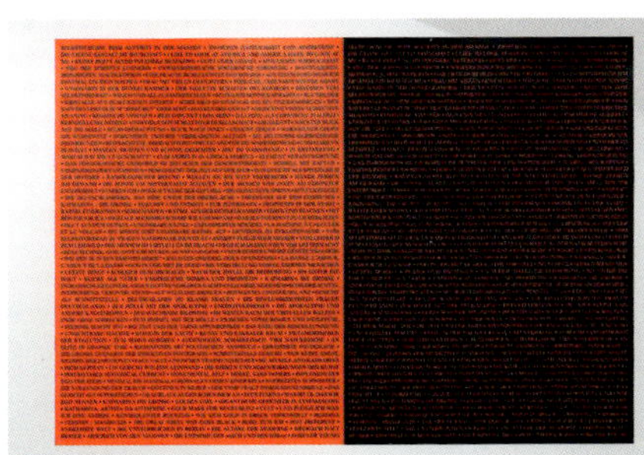

Headlines, 2015
Digitaldruck/Digital print
252 × 356 cm

Seite 18–19

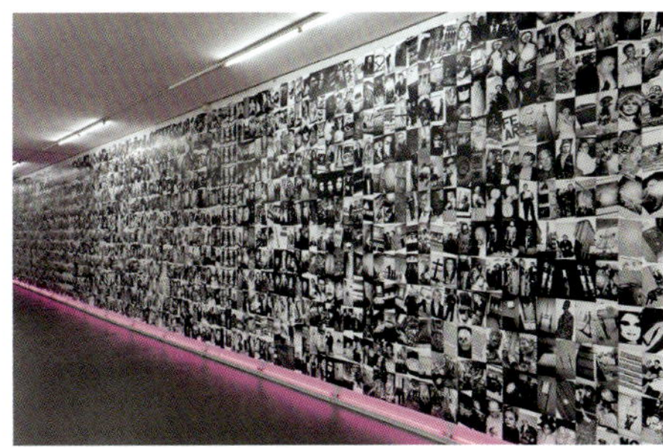

Testcuts I–IV, 1966–2010
Digitaldruck/Digital print
328 × 1760 cm

Seite 20–21

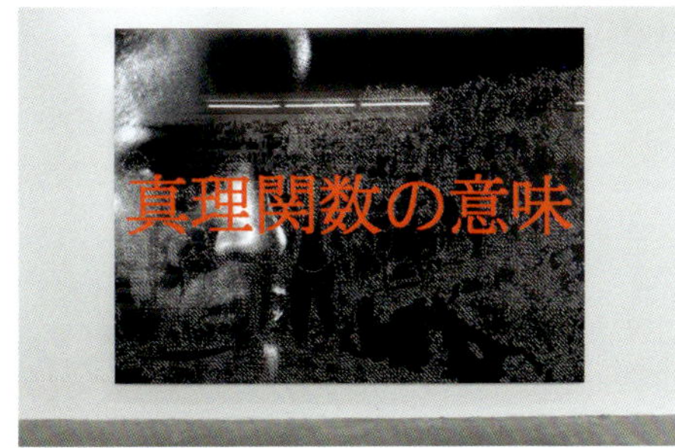

Weltlinie. Der Sinn einer Wahrheitsfunktion, 1999
Pigmentdruck/Pigment print,
Diasec, Alu-Dibond
300 × 375 cm

Seite 22–23

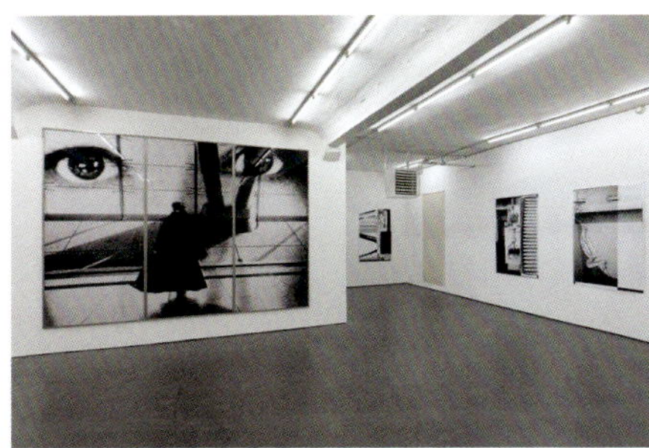

Encode XIV, 2006
Farbfotografie, Acryl, Stahlrahmen
Color photograph, acrylic, steel frame
275 × 375 cm
First Light I–VII, 2012
Pigmentdruck/Pigment print
je/each 168,5 × 111,8 cm

Seite 24–25

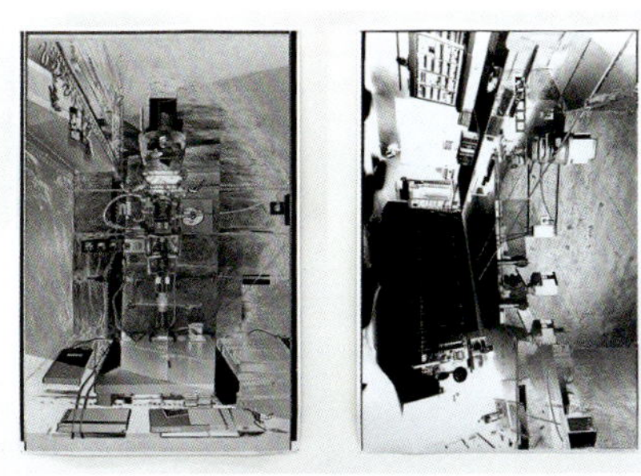

First Light V, VII, 2012
Pigmentdruck/Pigment print
je/each 168,5 × 111,8 cm

Seite 26–27

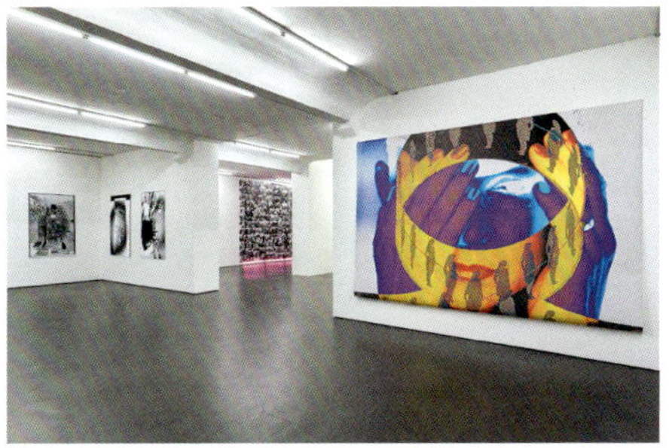

First Light I–VII, 2012
Pigmentdruck/Pigment print
je/each 168,5 × 111,8 cm
Testcuts I–IV, 1966–2010
Digitaldruck/Digital print
328 × 1760 cm
Weltlinie 2, 1999
Digitaldruck/Digital print
252 × 356 cm

Seite 28–29

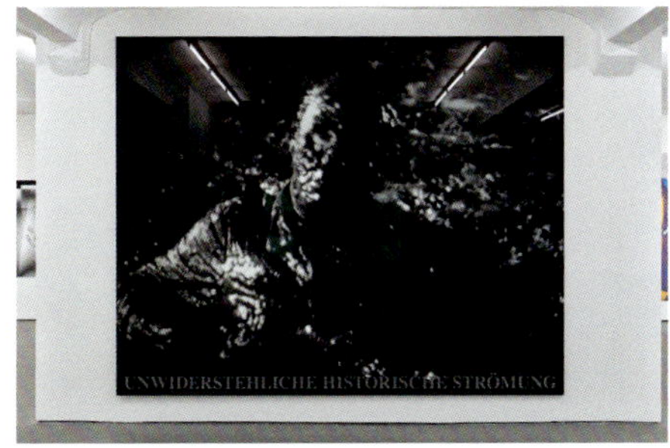

XV/79, Unwiderstehliche historische Strömung, 1979
Pigmentdruck/Pigment print,
Diasec, Alu-Dibond
300 × 375 cm

Seite 30–31

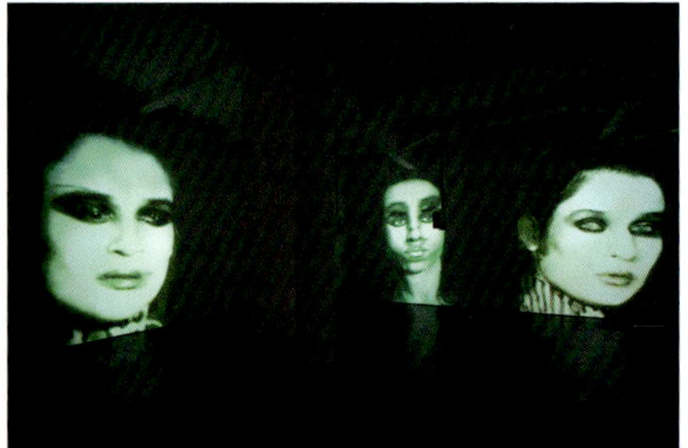

Transformer, 1973–1974
Digitalisierte 4-Kanal-Diaprojektion
Digitised 4-channel slide projection

Seite 32–33

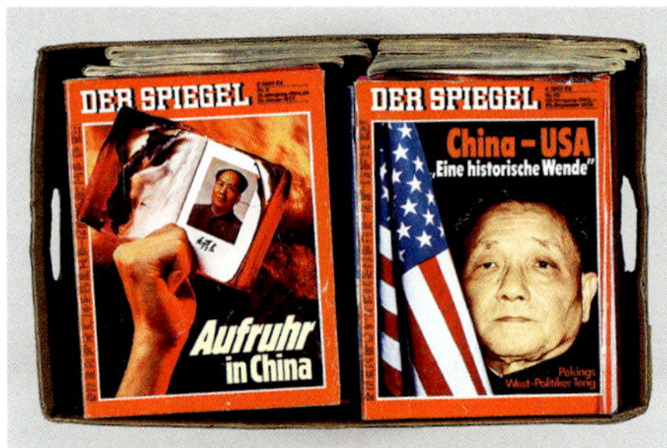

Spiegel-Boxes, 2013
Digitale Bildprojektion
Digital slide projection

Seite 34–35

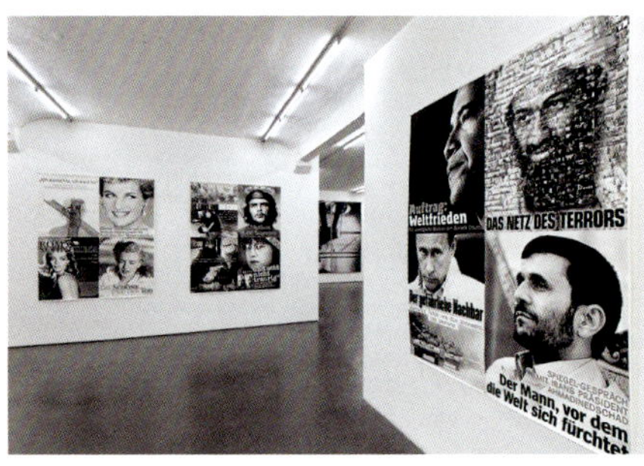

Ohne Titel 1–10, 2013
Pigmentdruck/Pigment print
je/each 198,5 x 162,5 cm
Encode XIV, 2006
Farbfotografie, Acryl, Stahlrahmen
Color photograph, acrylic, steel frame
275 × 375 cm

Seite 36–37

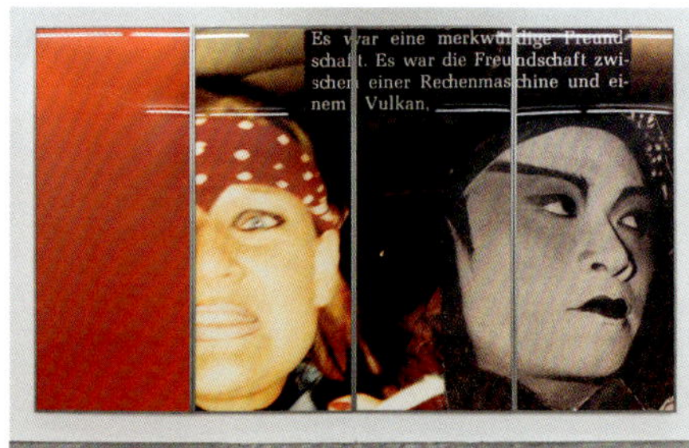

Grossfoto I/75, 1975
Farbfotografie, Acryl, Stahlrahmen
Color photograph, acrylic, steel frame
300 × 500 cm

Seite 38–39

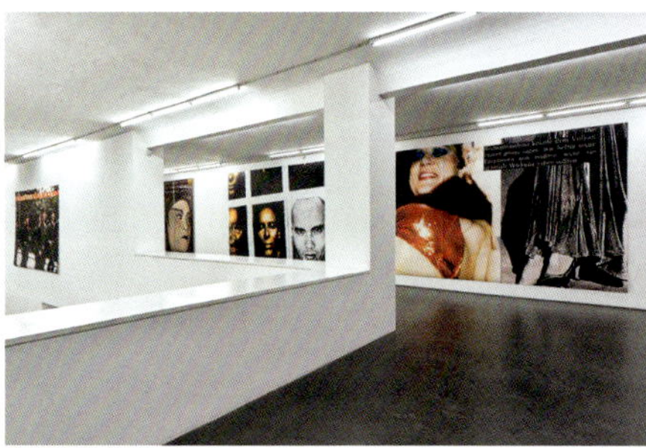

Grossfoto XIII/79, We have friends all over the world, 1979
Digitaldruck/Digital print
252 × 356 cm
Grossfoto I/75, 1975
Farbfotografie, Acryl, Stahlrahmen
Color photograph, acrylic, steel frame
300 × 500 cm
Grossfoto II/75, 1975
Digitaldruck/Digital print
300 × 426 cm
Grossfoto III/75, 1975
Digitaldruck/Digital print
300 × 444 cm

Seite 40–41

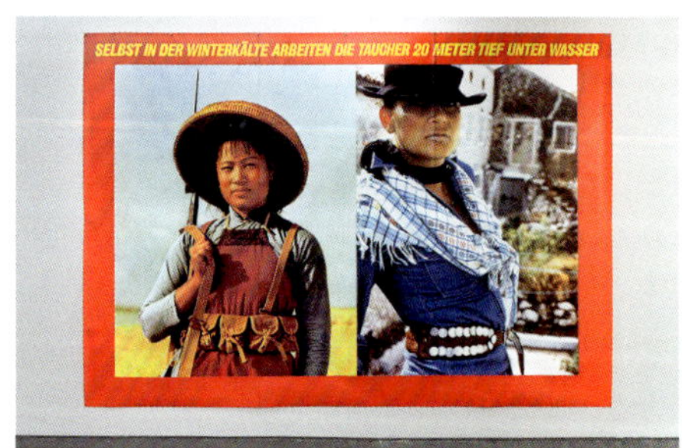

Grossfoto V/76, Selbst in der Winterkälte arbeiten die Taucher 20 Meter tief unter Wasser, 1976
Digitaldruck/Digital print
300 × 424 cm

Seite 42–43

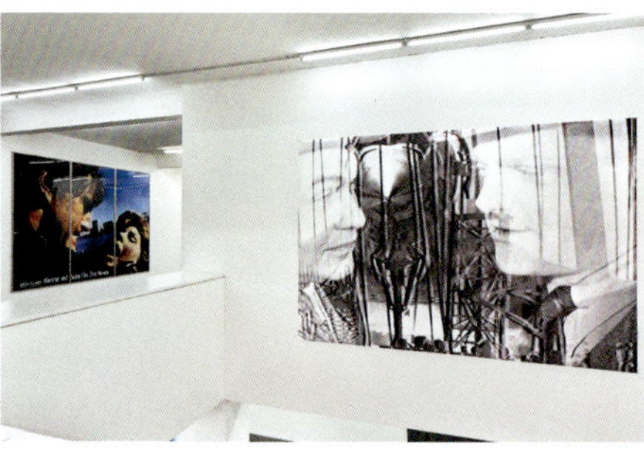

Grossfoto VII/77, Grim Games: Hammer and Sickle Flies Over Nevada, 1977
Farbfotografie, Acryl, Stahlrahmen
Color photograph, acrylic, steel frame
275 × 375 cm
Projected Data Images 03, 2009
Digitaldruck/Digital print
252 × 356 cm

Seite 44–45

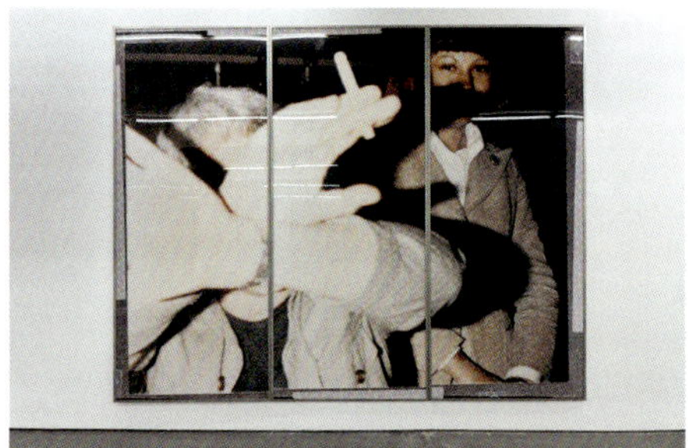

Grossfoto IV/75, 1975
Farbfotografie, Acryl, Stahlrahmen
Color photograph, acrylic, steel frame
300 × 375 cm

Seite 46–47

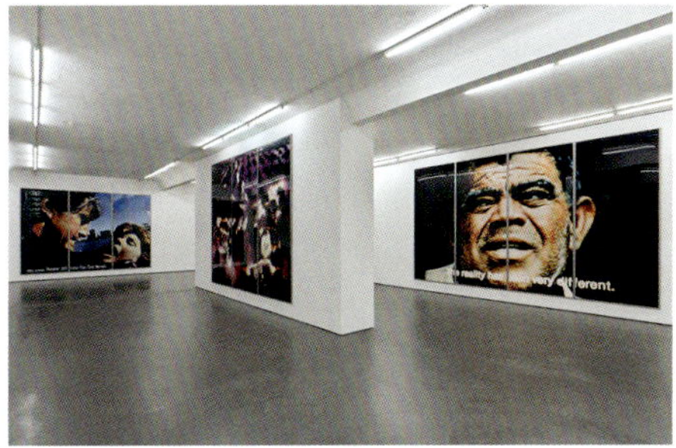

Grossfoto VII/77, Grim Games: Hammer and Sickle Flies Over Nevada, 1977
Farbfotografie, Acryl, Stahlrahmen
Color photograph, acrylic, steel frame
275 × 375 cm
Kontinentalkern XXVI/86 (III), 1986
Farbfotografie, Acryl, Stahlrahmen
Color photograph, acrylic, steel frame
300 × 375 cm
Grossfoto X/77, The reality has been very different, 1977
Farbfotografie, Acryl, Stahlrahmen
Color photograph, acrylic, steel frame
300 × 500 cm

Seite 48–49

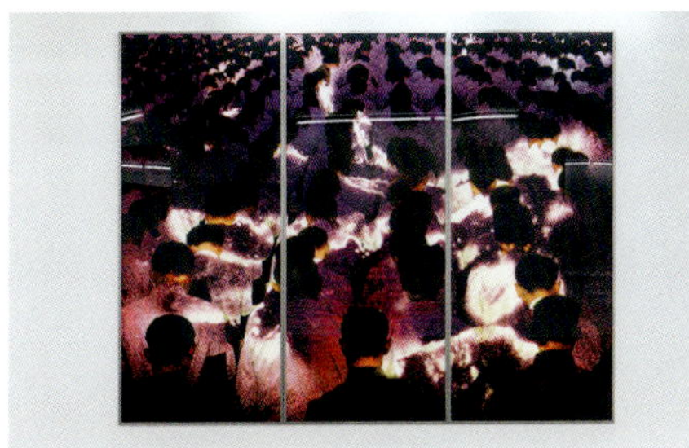

Kontinentalkern XXVI/86 (III), 1986
Farbfotografie, Acryl, Stahlrahmen
Color photograph, acrylic, steel frame
300 × 375 cm

Seite 50–51

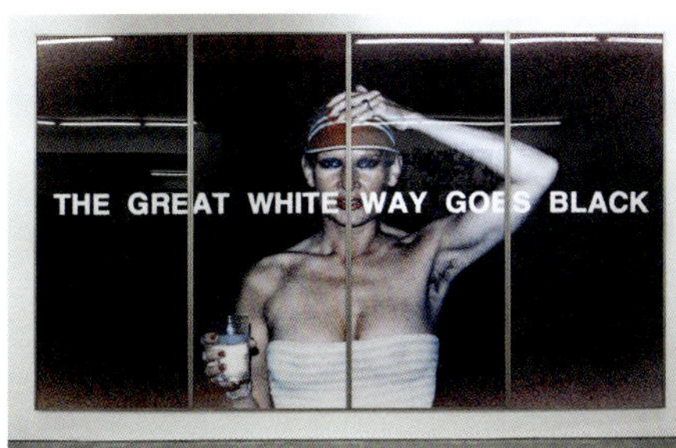

Grossfoto IX/77, The great white way goes black, 1977
Farbfotografie, Acryl, Stahlrahmen
Color photograph, acrylic, steel frame
300 × 500 cm

Seite 52–53

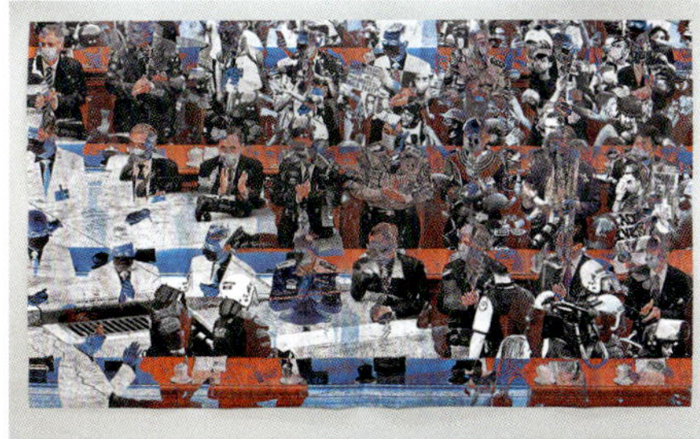

Gefechtspause II, 2020
Digitaldruck/Digital print
295 × 500 cm

Seite 54–55

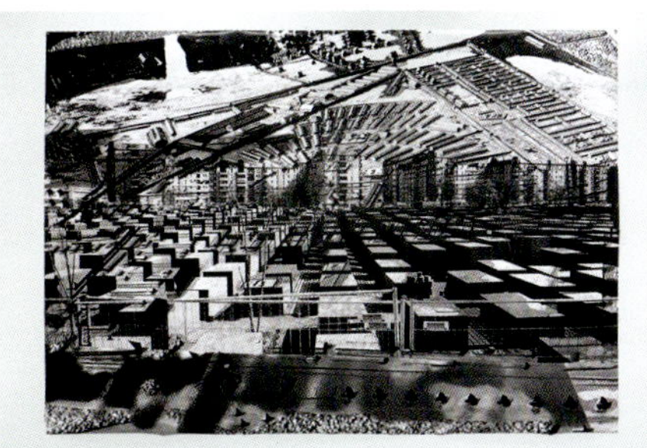

Encode VII, 2006
Digitaldruck/Digital print
252 × 356 cm

Seite 56–57

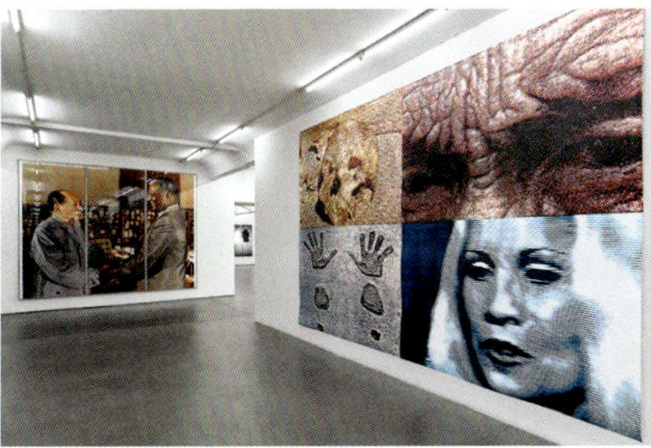

Grossfoto VI/76, Vorsitzender Mao Tsetung begrüßt Präsident Dr. Siaka Stevens herzlich, 1976
Farbfotografie, Acryl, Stahlrahmen
Color photograph, acrylic, steel frame
300 × 375 cm
Grossfoto VIII/77, 1977
Digitaldruck/Digital print
300 × 458 cm

Seite 58–59

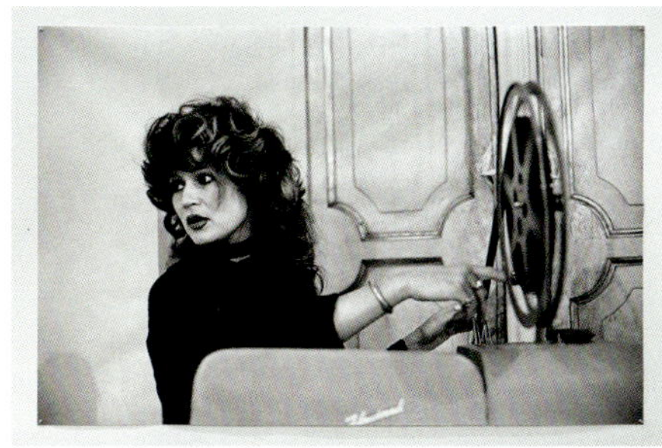

Rom 4, 1972
Digitaldruck/Digital print
125 × 190 cm

Seite 60–61

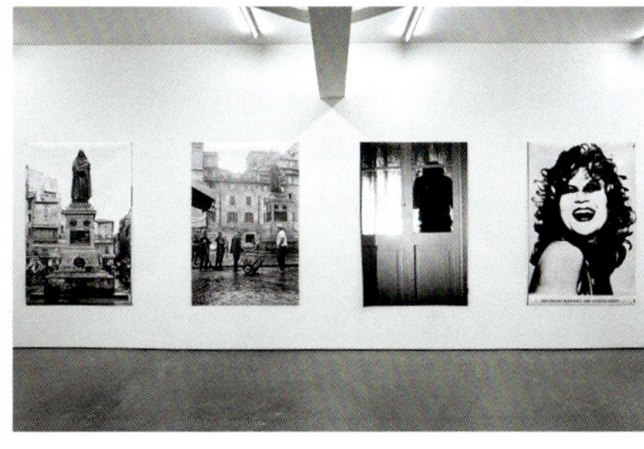

Rom 2A, 2B, 3A, 3B, 1972
Digitaldruck/Digital print
je/each 190 × 125 cm

Seite 62–63

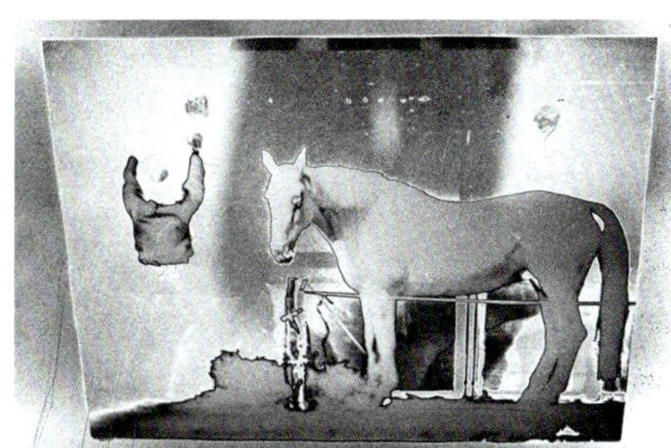

Arena Beuys Rom Solarisation 2, 1972
Digitaldruck/Digital print
125 × 190 cm

Seite 64–65

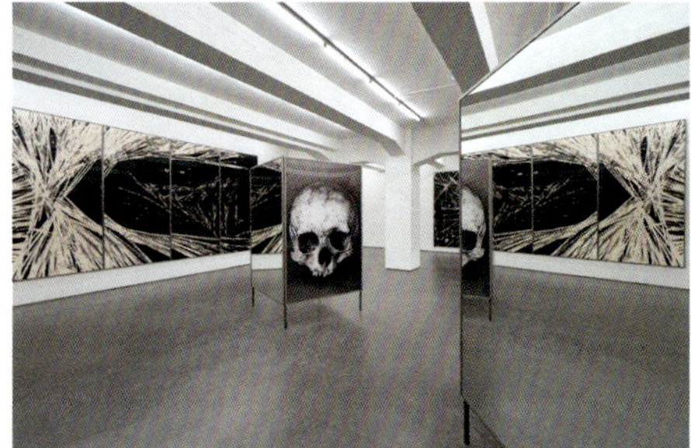

Kristallisationsbild XI, 1992
Farbfotografie, Acryl, Stahlrahmen
Color photograph, acrylic, steel frame
275 × 500 cm
G.Z. I, 2002
Farbfotografie, Acryl, Stahlrahmen
Color photograph, acrylic, steel frame
190 × 125 cm

Seite 66–67

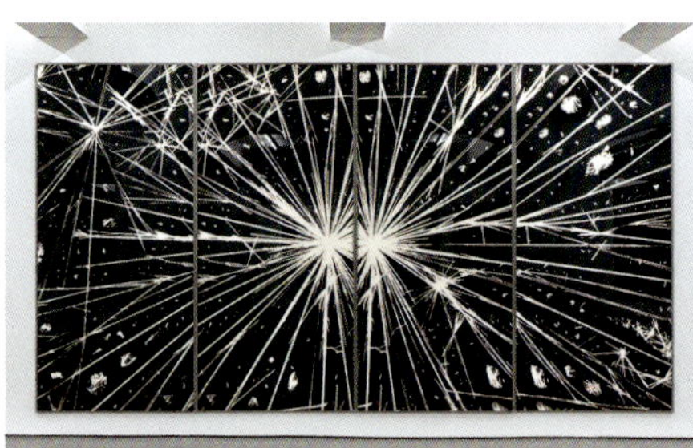

Kristallisationsbild III, 1992
Farbfotografie, Acryl, Stahlrahmen
Color photograph, acrylic, steel frame
275 × 500 cm

Seite 68–69

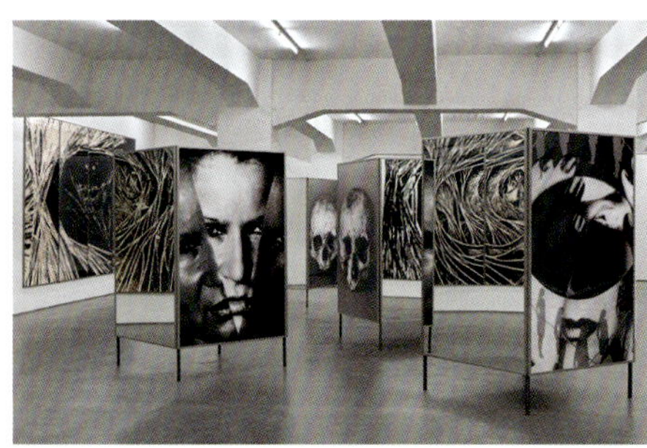

Kristallisationsbilder I–XI, 1992
Farbfotografie, Acryl, Stahlrahmen
Color photograph, acrylic, steel frame
je/each 275 × 500 cm
G.Z. I–VI, 2002
Farbfotografie, Acryl, Stahlrahmen
Color photograph, acrylic, steel frame
je/each 190 × 125 cm

Seite 70–71

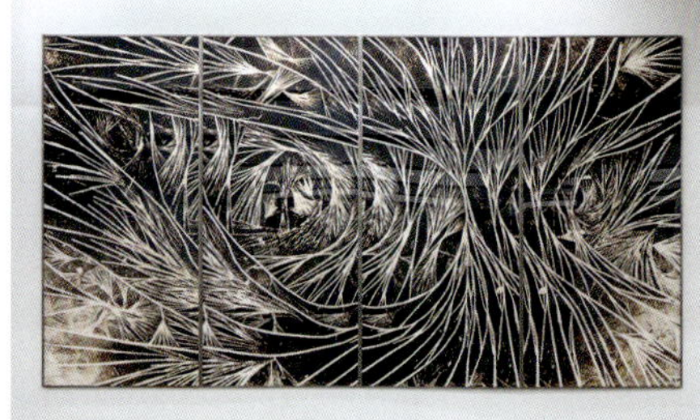

Kristallisationsbild V, 1992
Farbfotografie, Acryl, Stahlrahmen
Color photograph, acrylic, steel frame
275 × 500 cm

Seite 72–73

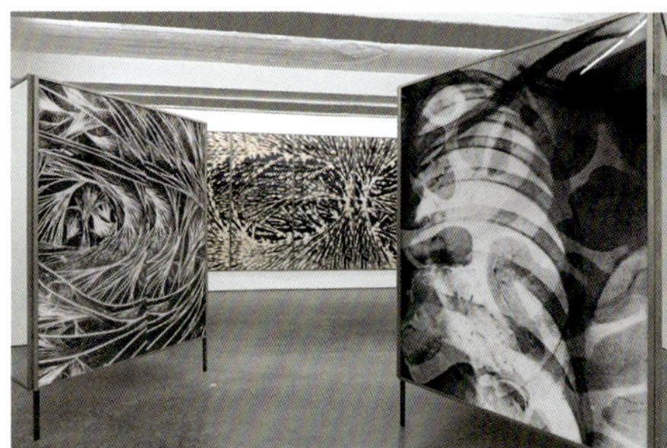

Kristallisationsbild II, 1992
Farbfotografie, Acryl, Stahlrahmen
Color photograph, acrylic, steel frame
275 × 500 cm
G.Z. XV, XXIII, 2002
Farbfotografie, Acryl, Stahlrahmen
Color photograph, acrylic, steel frame
je/each 190 × 125 cm

Seite 74–75

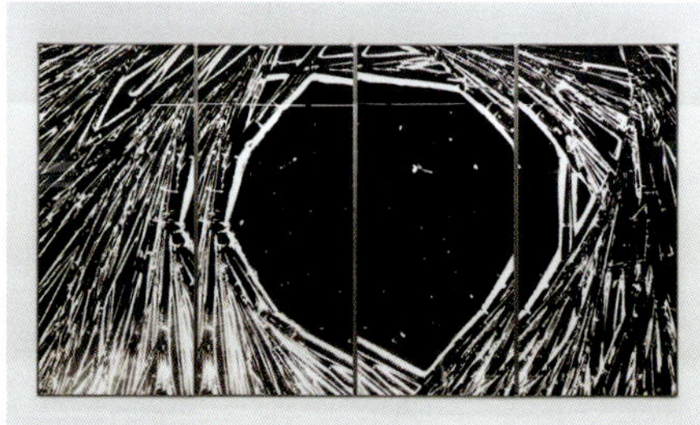

Kristallisationsbild I, 1992
Farbfotografie, Acryl, Stahlrahmen
Color photograph, acrylic, steel frame
275 × 500 cm

Seite 76–77

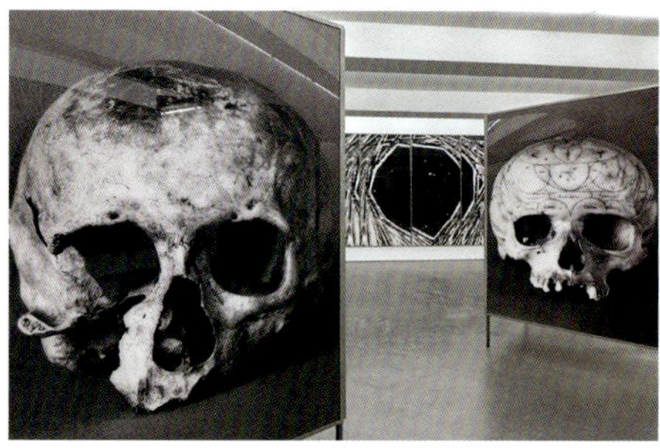

Kristallisationsbild I, 1992
Farbfotografie, Acryl, Stahlrahmen
Color photograph, acrylic, steel frame
275 × 500 cm
G.Z. II, III, 2002
Farbfotografie, Acryl, Stahlrahmen
Color photograph, acrylic, steel frame
je/each 190 × 125 cm

Seite 78–79

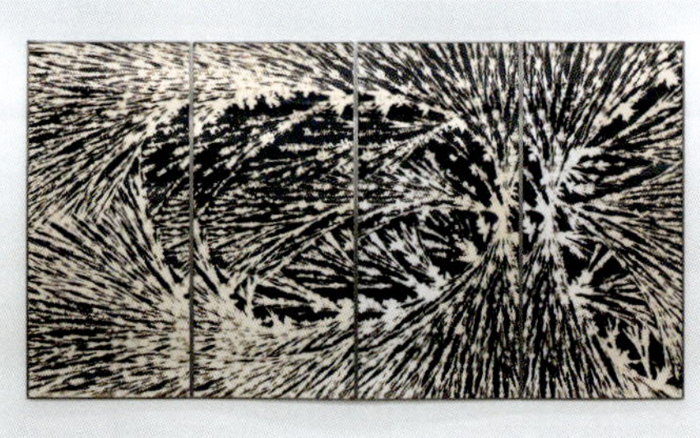

Kristallisationsbild II, 1992
Farbfotografie, Acryl, Stahlrahmen
Color photograph, acrylic, steel frame
275 × 500 cm

Seite 80–81

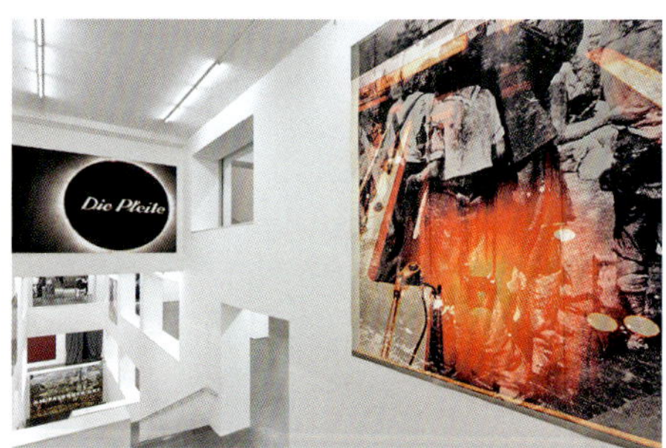

Die Pleite, 2005
Offsetdruck/Offset print
252 × 356 cm
Kontinentalkern XXV/86, 1986
Digitaldruck/Digital print
400 × 365 cm

Seite 82–83

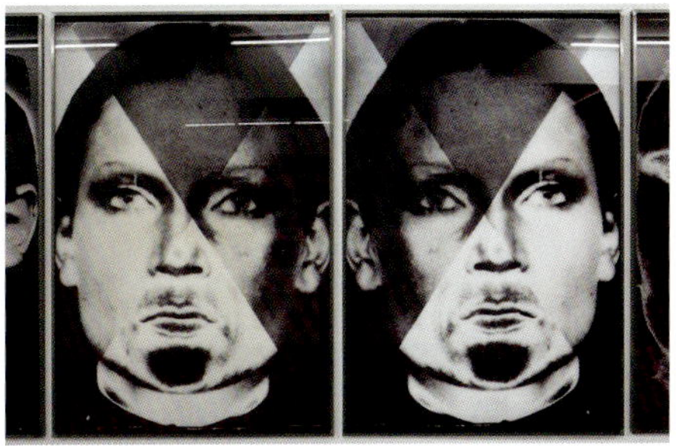

Maton Solarisation F-XVII & F-XVIII, 1969
Farbfotografie, Acryl, Stahlrahmen
Color photograph, acrylic, steel frame
je/each 190 × 125 cm

Seite 84–85

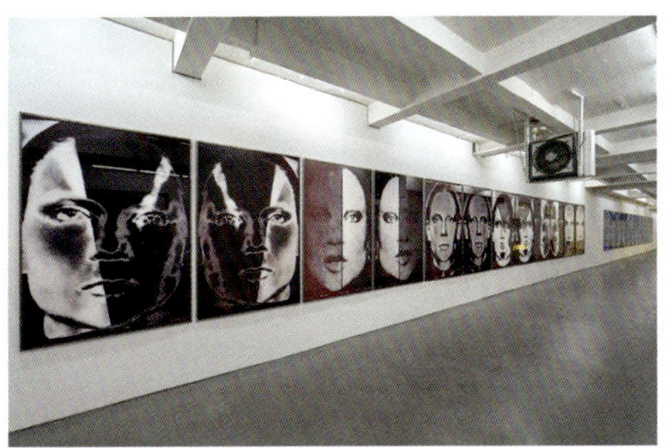

Maton Solarisation F-XI–F-XXII, 1969
Farbfotografie, Acryl, Stahlrahmen
Color photograph, acrylic, steel frame
je/each 190 × 125 cm

Seite 86–87

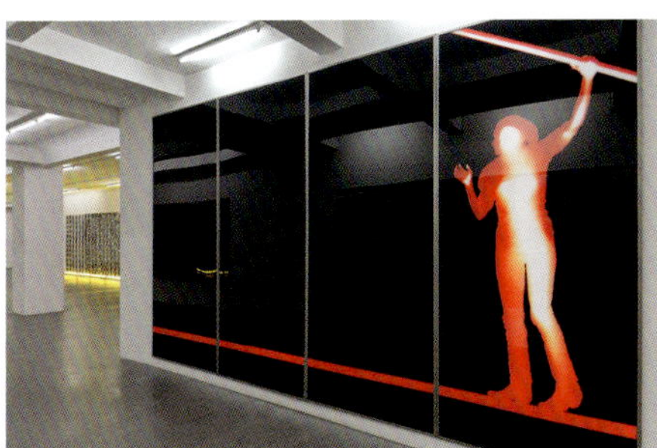

Kontinentalkern 0/XVII/80, 1980
Farbfotografie, Acryl, Stahlrahmen
Color photograph, acrylic, steel frame
300 × 500 cm

Seite 88–89

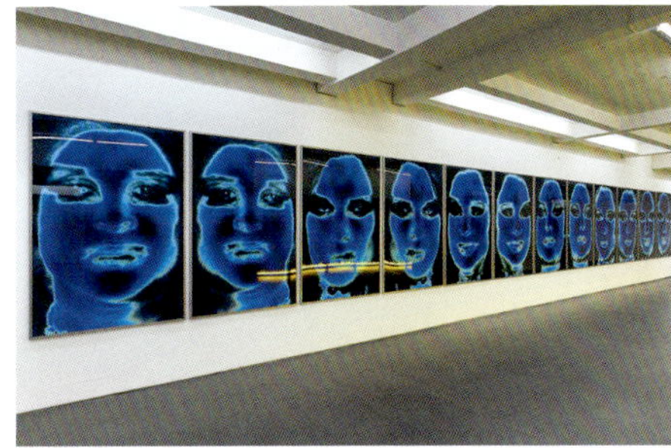

Transformer Cyan Solarisation 1 A/B–6 A/B, 1973–1974
Farbfotografie, Acryl, Stahlrahmen
Color photograph, acrylic, steel frame
je/each 190 × 125 cm

Seite 90–91

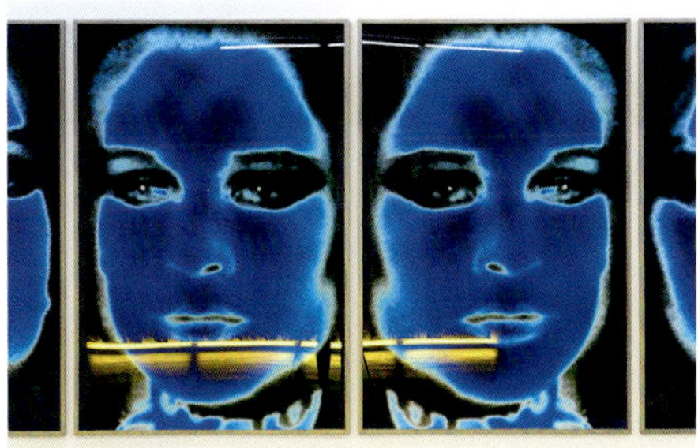

Transformer Cyan Solarisation 5 A/B, 1973–1974
Farbfotografie, Acryl, Stahlrahmen
Color photograph, acrylic, steel frame
je/each 190 × 125 cm

Seite 92–93

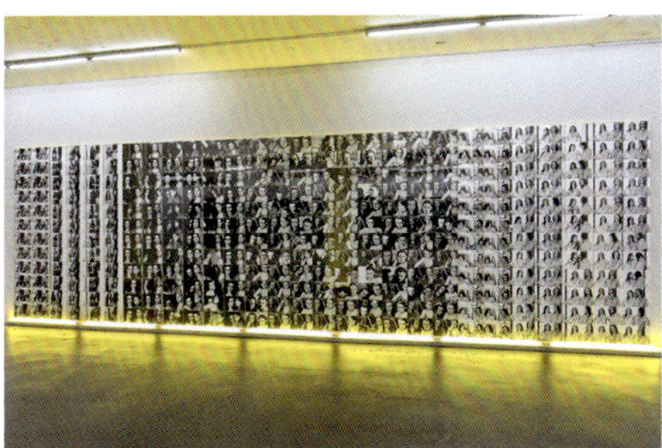

Motorkamera, 1973–1974
336 Schwarz-Weiß-Fotografien, gelbe Leuchtstoffröhren
336 black-and-white photographs, yellow fluorescent tubes
252 × 832 cm

Seite 94–95

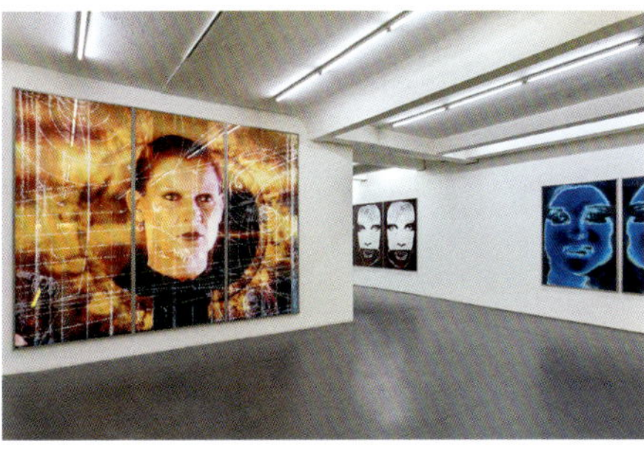

Weltlinie 5, 1998
Farbfotografie, Acryl, Stahlrahmen
Color photograph, acrylic, steel frame
300 × 375 cm
Maton Solarisation F-XXI & F-XXII, 1969
Farbfotografie, Acryl, Stahlrahmen
Color photograph, acrylic, steel frame
je/each 190 × 125 cm
Transformer Cyan Solarisation 1 A/B, 1973–1974
Farbfotografie, Acryl, Stahlrahmen
Color photograph, acrylic, steel frame
je/each 190 × 125 cm

Seite 96–97

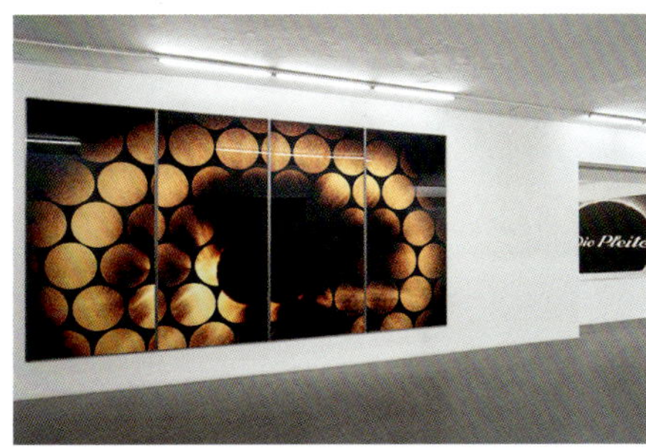

Kontinentalkern XL/90, 1990
Farbfotografie, Acryl, Stahlrahmen
Color photograph, acrylic, steel frame
275 × 500 cm
Die Pleite, 2005
Offsetdruck/Offset print
252 × 356 cm

Seite 98–99

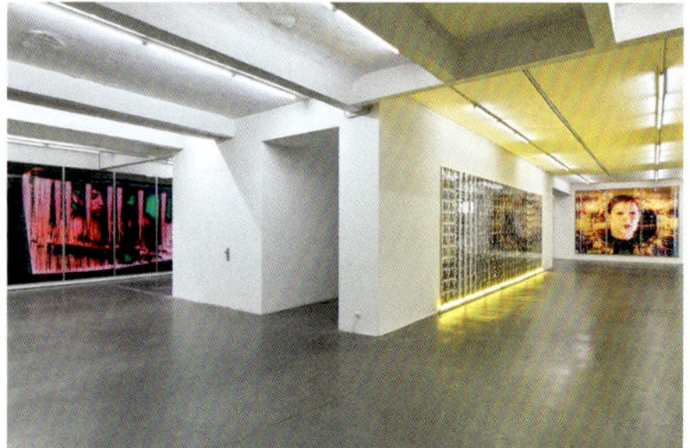

Norad V, 1980
Farbfotografie, Acryl, Stahlrahmen
Color photograph, acrylic, steel frame
300 × 500 cm
Motorkamera, 1973–1974
336 Schwarz-Weiß-Fotografien,
gelbe Leuchtstoffröhren
336 black-and-white photographs,
yellow fluorescent tubes
252 × 832 cm
Weltlinie 5, 1998
Farbfotografie, Acryl, Stahlrahmen
Color photograph, acrylic, steel frame
300 × 375 cm

Seite 100–101

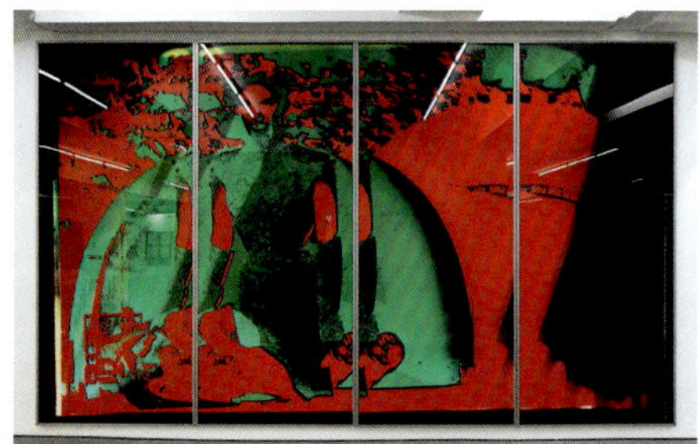

Norad IV, 1980
Farbfotografie, Acryl, Stahlrahmen
Color photograph, acrylic, steel frame
300 × 500 cm

Seite 102–103

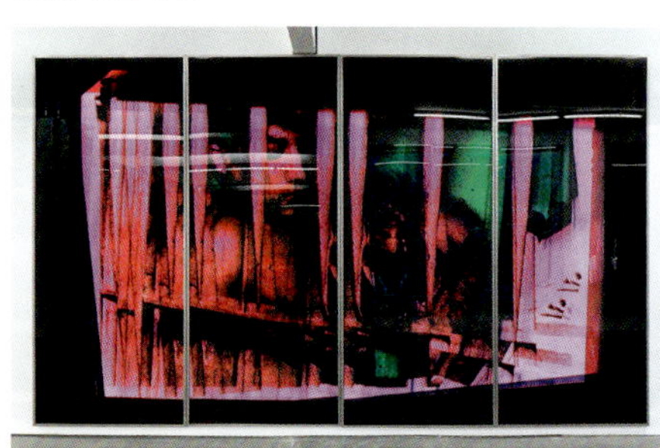

Norad V, 1980
Farbfotografie, Acryl, Stahlrahmen
Color photograph, acrylic, steel frame
300 × 500 cm

Seite 104–105

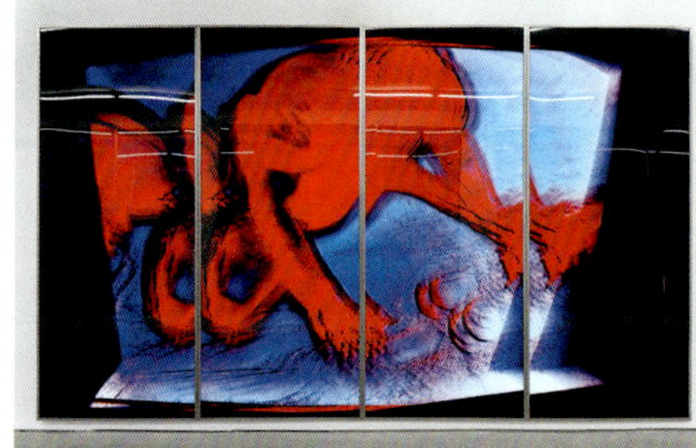

Norad VI, 1980
Farbfotografie, Acryl, Stahlrahmen
Color photograph, acrylic, steel frame
300 × 500 cm

Seite 106–107

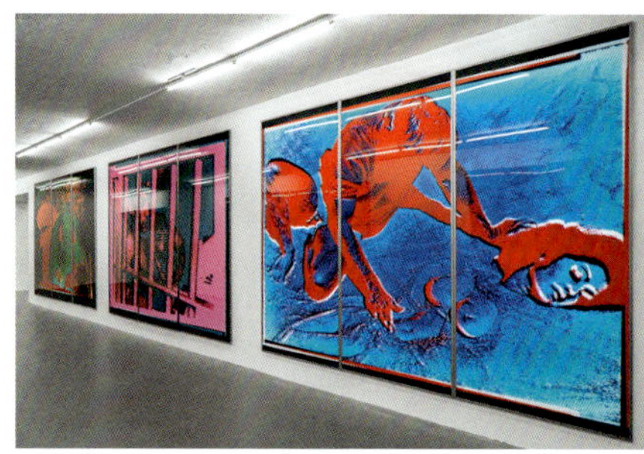

Norad I, II, III, 1980
Farbfotografie, Acryl, Stahlrahmen
Color photograph, acrylic, steel frame
je/each 300 × 375 cm

Seite 108–109

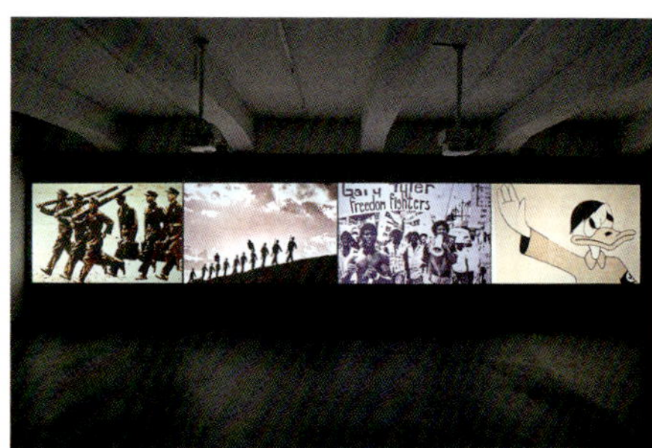

China–America, 1976
Klaus Mettig & Katharina Sieverding
Digitalisierte 4-Kanal-Diaprojektion,
81 Konstellationen
Ton: Verhör von Bertolt Brecht vor dem
House Committee on Un-American Activities
(HUAC) am 30. Oktober 1947
Digitized 4-channel slide projection,
81 constellations
Soundtrack: Questioning of Bertolt Brecht
before the House Committee on
Un-American Activities (HUAC) on
October 30, 1947

Seite 110–111

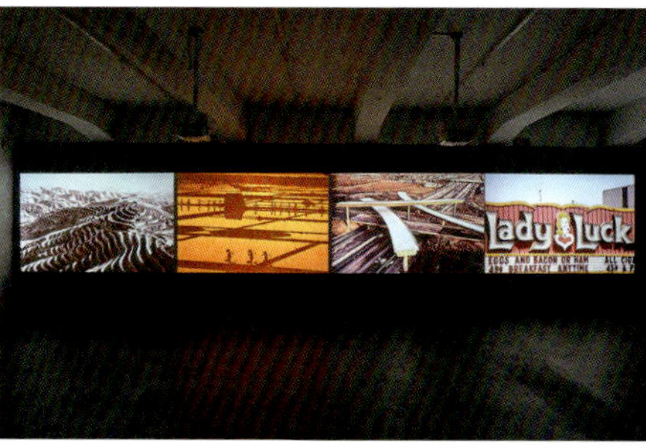

China–America, 1976
Klaus Mettig & Katharina Sieverding
Digitalisierte 4-Kanal-Diaprojektion,
81 Konstellationen
Ton: Verhör von Bertolt Brecht vor dem
House Committee on Un-American Activities
(HUAC) am 30. Oktober 1947
Digitized 4-channel slide projection,
81 constellations
Soundtrack: Questioning of Bertolt Brecht
before the House Committee on
Un-American Activities (HUAC) on
October 30, 1947

Seite 112–113

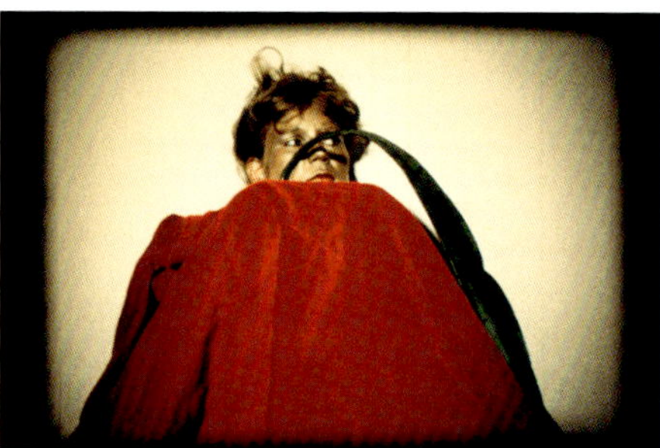

Life–Death, 1969
Digitalisierter 16mm-Film, 35 min
Ton: Kraftwerk
16mm film transferred to digital video,
35 minutes, Soundtrack: Kraftwerk

Seite 114–115

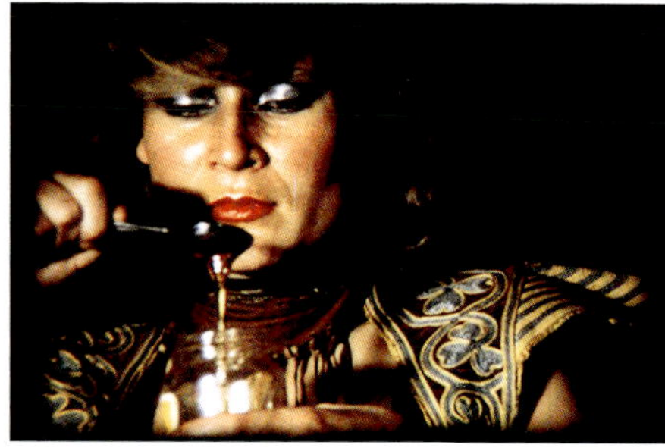

Life–Death, 1969
Digitalisierter 16mm-Film, 35 min
Ton: Kraftwerk
16mm film transferred to digital video,
35 minutes, Soundtrack: Kraftwerk

Seite 116–117

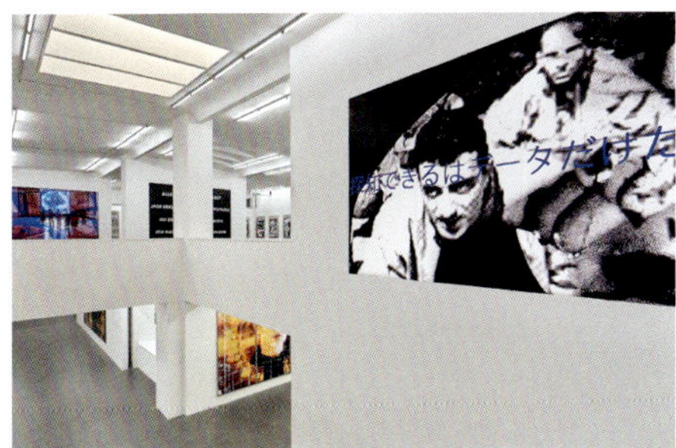

Gefechtspause III, 2020
Digitaldruck/Digital print
252 × 356 cm
Headlines 2020, 2020
Digitaldruck/Digital print
252 × 356 cm
Invitation-Box, 2013
Pigmentdruck/Pigment print
je/each 162,5 × 123,5 cm
Weltlinie. Du erkennst nur die Daten, 1999
Digitaldruck/Digital print
252 × 356 cm
Weltlinie 5, 1998
Farbfotografie, Acryl, Stahlrahmen
Color photograph, acrylic, steel frame
300 × 375 cm

Seite 118–119

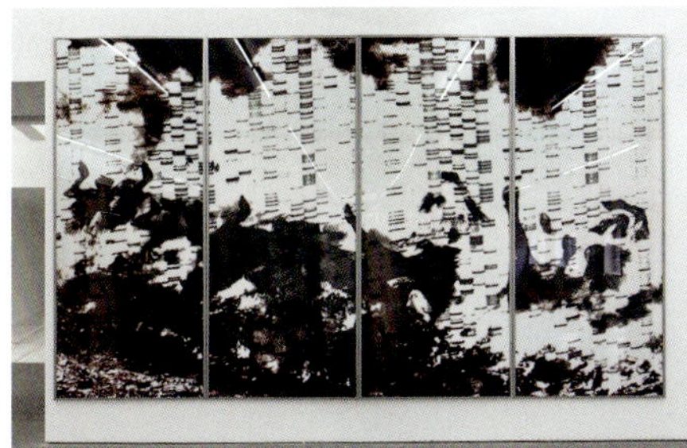

Steigbild IX, 1997
Farbfotografie, Acryl, Stahlrahmen
Color photograph, acrylic, steel frame
300 × 500 cm

Seite 120–121

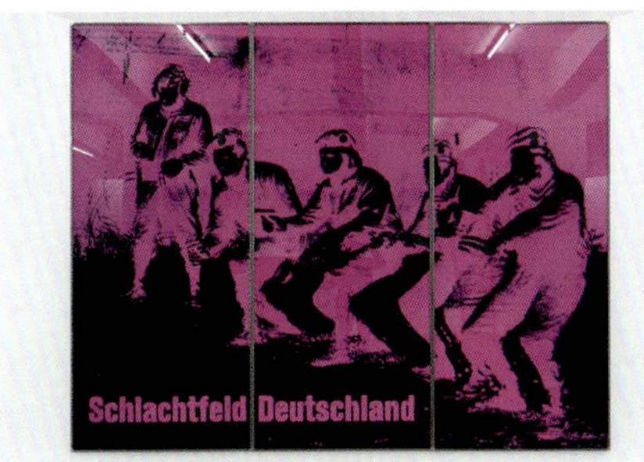

XI/78, Schlachtfeld Deutschland, 1978
Farbfotografie, Acryl, Stahlrahmen
Color photograph, acrylic, steel frame
300 × 375 cm

Seite 122–123

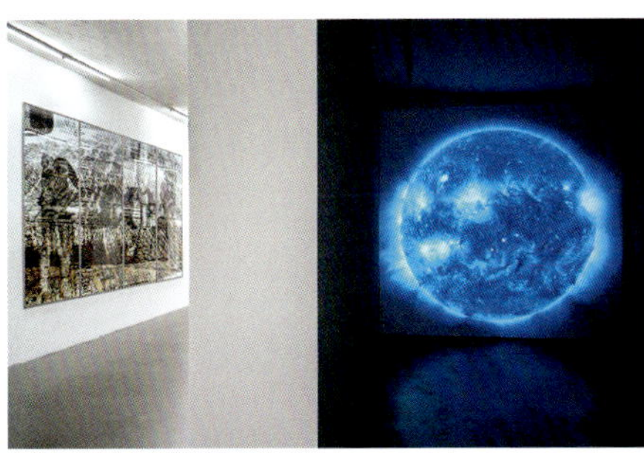

Global Desire II, 2017
Farbfotografie, Acryl, Stahlrahmen
Color photograph, acrylic, steel frame
275 × 500 cm
Die Sonne um Mitternacht schauen (blue) SDO/NASA, 2010–2015
Digitale Filmprojektion
Digital film projection

Seite 124–125

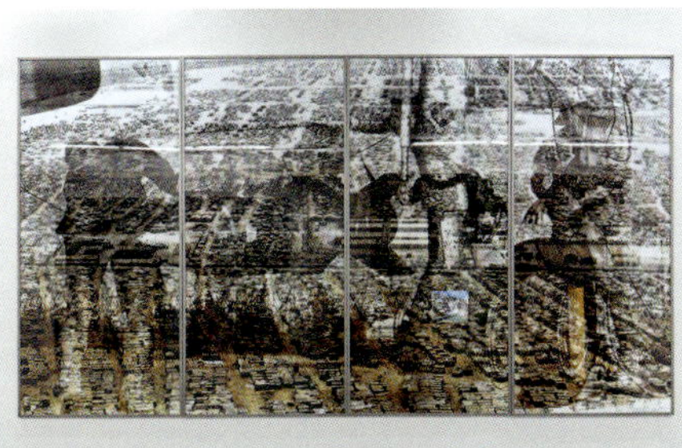

Global Desire II, 2017
Farbfotografie, Acryl, Stahlrahmen
Color photograph, acrylic, steel frame
275 × 500 cm

Seite 126–127

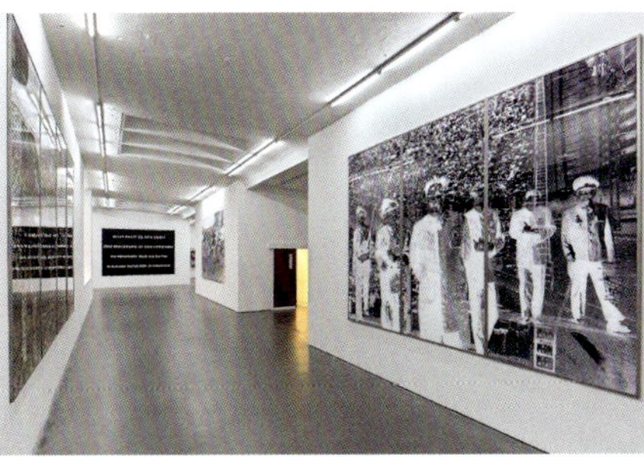

Global Desire II, 2017
Farbfotografie, Acryl, Stahlrahmen
Color photograph, acrylic, steel frame
275 × 500 cm
Headlines 2020, 2020
Digitaldruck/Digital print
252 × 356 cm
Gefechtspause I, 2020
Digitaldruck/Digital print
252 × 356 cm
Global Desire I, 2017
Farbfotografie, Acryl, Stahlrahmen
Color photograph, acrylic, steel frame
260 × 375 cm

Seite 128–129

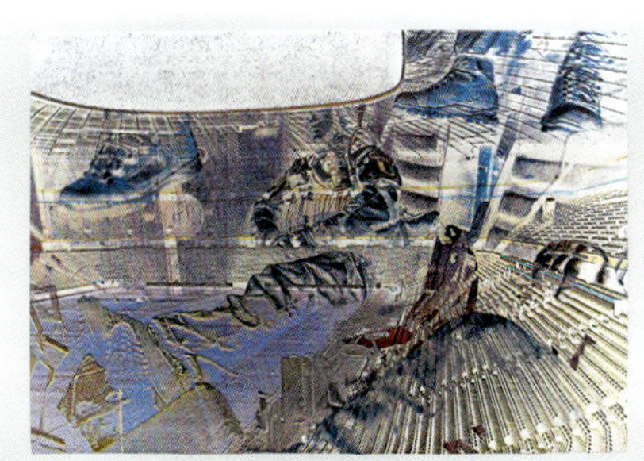

Gefechtspause I, 2020
Digitaldruck/Digital print
252 × 356 cm

Seite 130–131

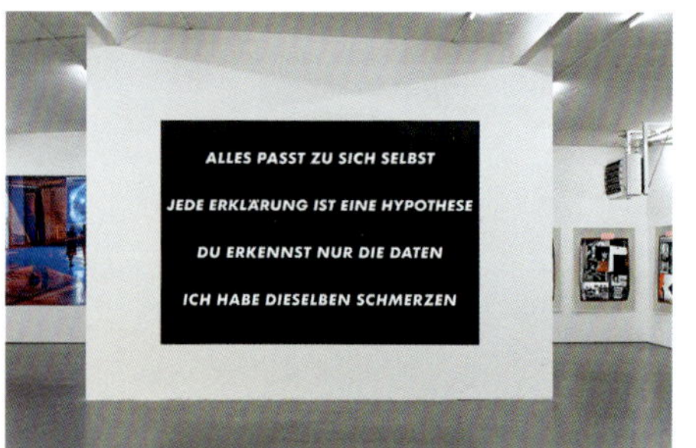

Gefechtspause III, 2020
Digitaldruck/Digital print
252 × 356 cm
Headlines 2020, 2020
Digitaldruck/Digital print
252 × 356 cm
Invitation-Box, 2013
Pigmentdruck/Pigment print
je/each 162,5 × 123,5 cm

Seite 132–133

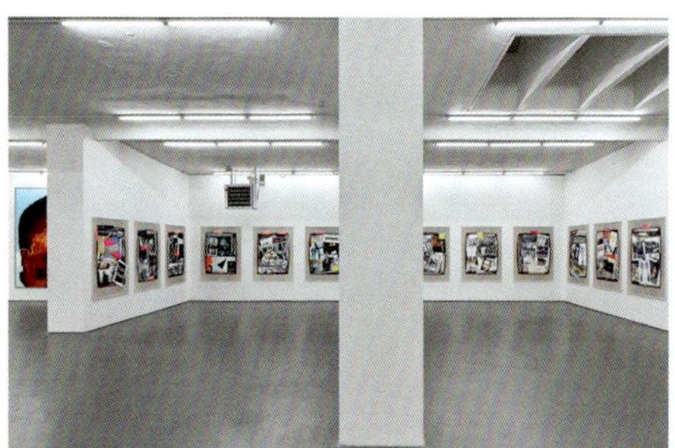

Steigbild X, 1997
Farbfotografie, Acryl, Stahlrahmen
Color photograph, acrylic, steel frame
300 × 375 cm
Invitation-Box, 2013
Pigmentdruck/Pigment print
je/each 162,5 × 123,5 cm

Seite 134–135

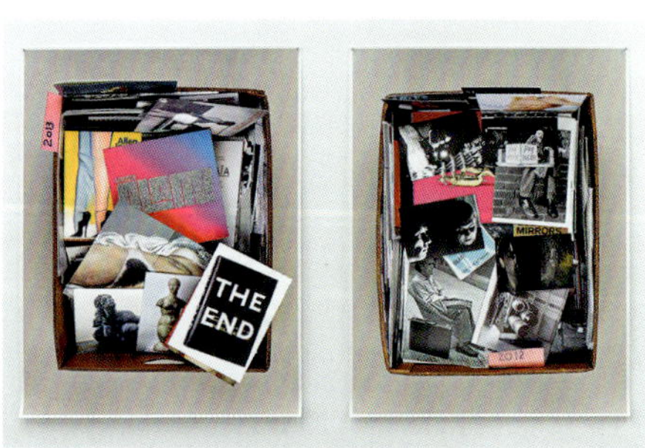

Invitation-Box 16, 15, 2013
Pigmentdruck/Pigment print
je/each 162,5 × 123,5 cm

Seite 136–137

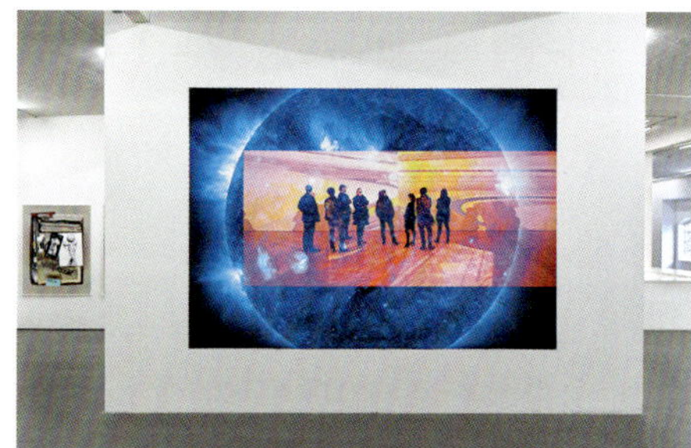

Invitation-Box 03, 2013
Pigmentdruck/Pigment print
162,5 × 123,5 cm
Die Sonne um Mitternacht schauen VCS, 2013
Digitaldruck/Digital print
252 × 356 cm

Seite 138–139

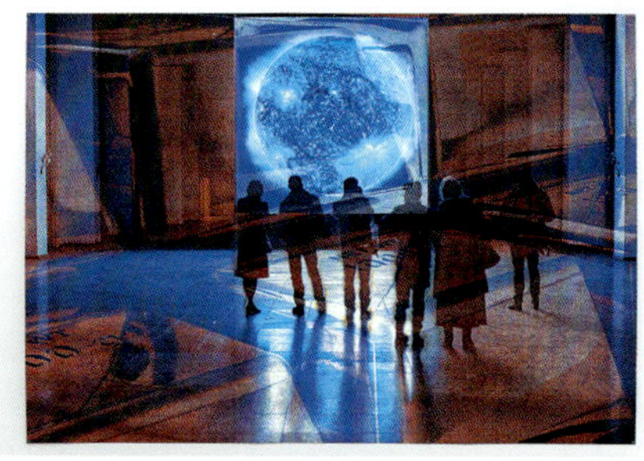

Gefechtspause III, 2020
Digitaldruck/Digital print
252 × 356 cm

Seite 140–141

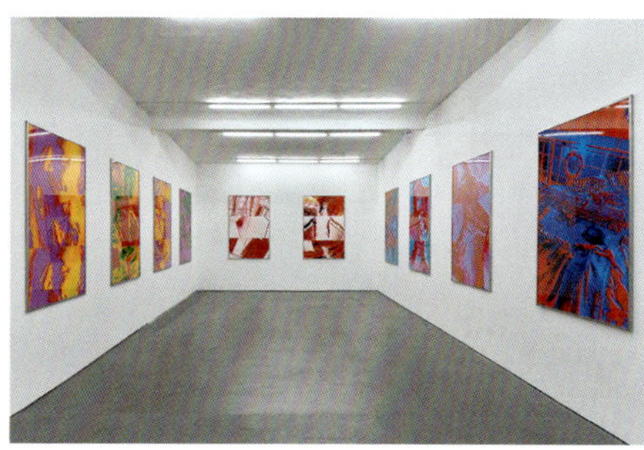

Ressource Terabyte, 2009
Farbfotografie, Acryl, Stahlrahmen
Color photograph, acrylic, steel frame
je/each 190 × 125 cm

Seite 142–143

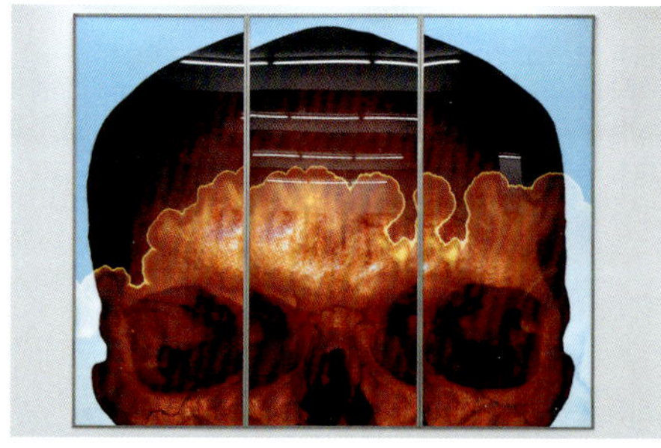

Steigbild X, 1997
Farbfotografie, Acryl, Stahlrahmen
Color photograph, acrylic, steel frame
300 × 375 cm

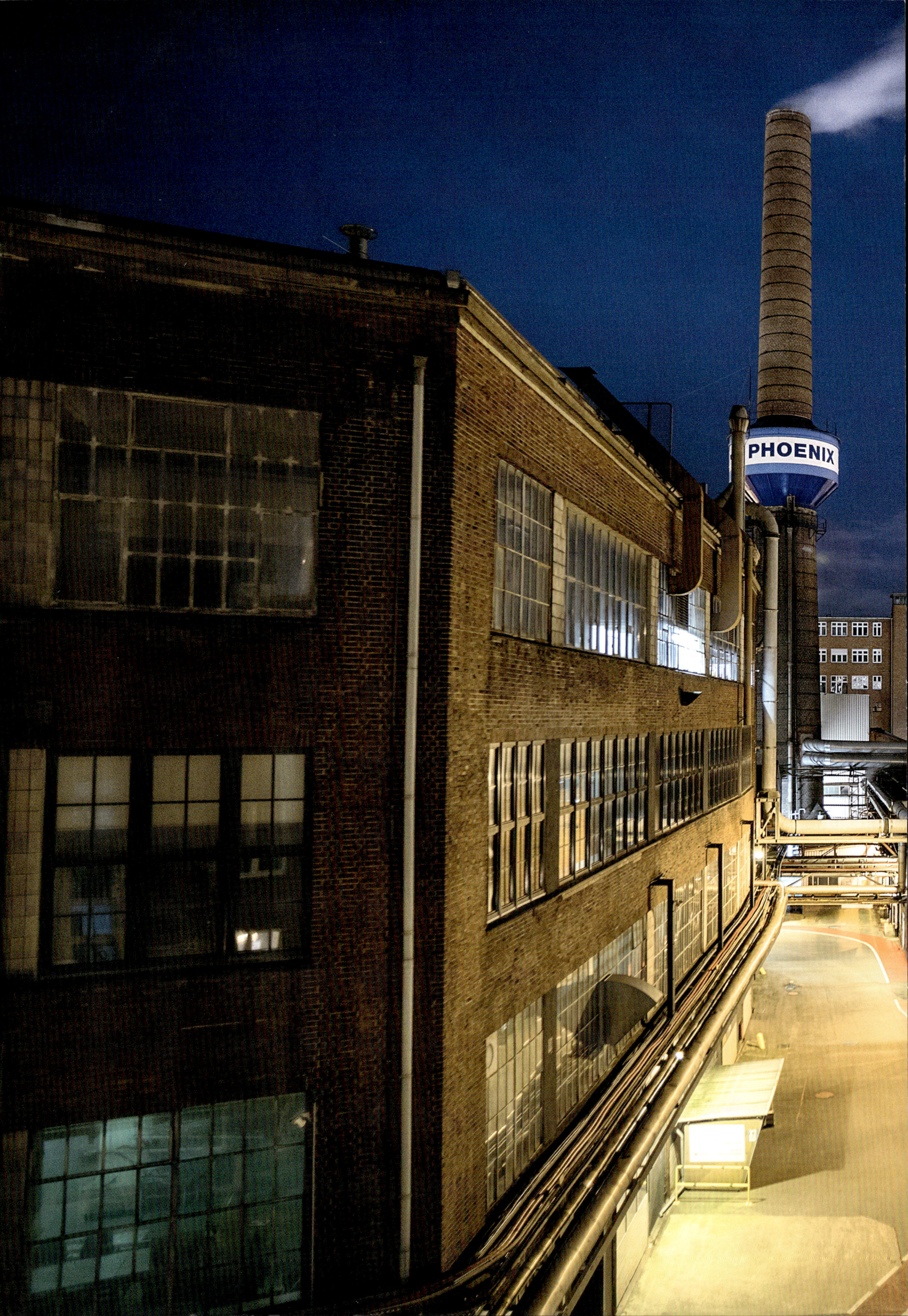
PHOENIX

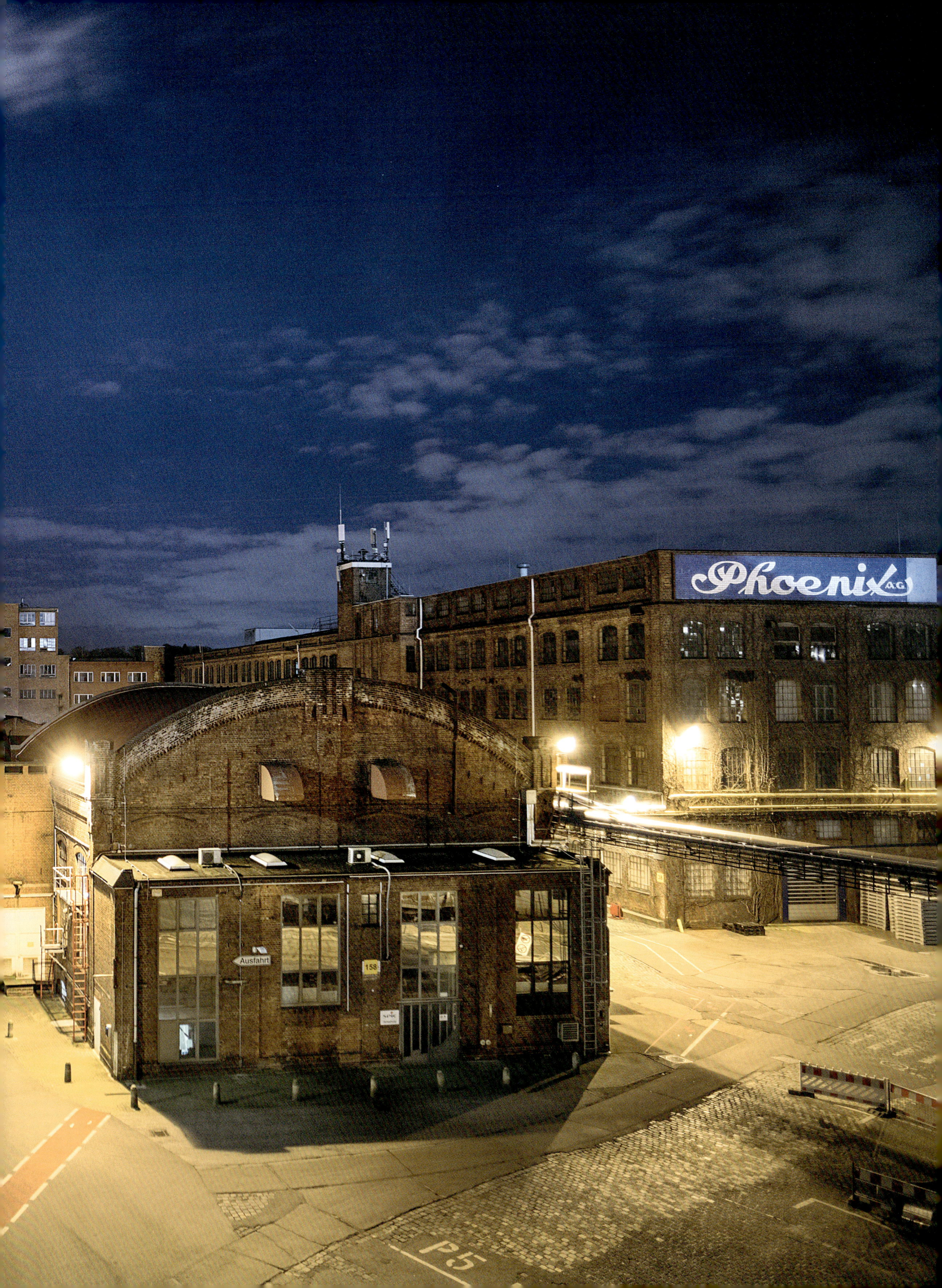
Phoenix AG
Ausfahrt
158
P5

IMPRESSUM/IMPRINT

Dieser Katalog erscheint anlässlich der Ausstellung

KATHARINA SIEVERDING
FOTOGRAFIEN, PROJEKTIONEN, INSTALLATIONEN
2020–1966
in den Deichtorhallen Hamburg/Sammlung Falckenberg
vom 14. März bis 25. Juli 2021.

This catalogue is published in conjunction with the exhibition

KATHARINA SIEVERDING
PHOTOGRAPHY, PROJECTIONS, INSTALLATIONS
2020–1966
at Deichtorhallen Hamburg/Falckenberg Collection
from March 14 until July 25, 2021.

DEICHTORHALLEN
SAMMLUNG
FALCKENBERG
HAMBURG

Herausgeber/Editor
Dirk Luckow

Konzept/Concept
Katharina Sieverding, Orson Sieverding, Klaus Mettig

Produktion/Production
studio111a

Grafische Gestaltung/Graphic design
Orson Sieverding

Lithografie/Lithography
Orson Sieverding, Thomas Koester

Typografie/Typesetting
Orson Sieverding, Friederike Hamann

Digital Mastering
Orson Sieverding

Analog Mastering
Klaus Mettig

Installationsfotografie/Installation photography
Klaus Mettig

Studioassistenz/Studio assistance
Thomas Koester, Verena Zenker

Redaktion/Catalogue editing
Clara Brandt, Goesta Diercks

Redaktionsassistenz/Editorial assistance
Isabel Abele, Elaine Progscha

Text/Text
Dirk Luckow

Übersetzungen Deutsch-Englisch/Translations German-English
Belinda Grace Gardner

Schrift/Typeface
Berthold Futura

Papier/Paper
Profisilk 150g/qm

Erschienen in der/Published by
Snoeck Verlagsgesellschaft mbH
Nievenheimer Str. 18
50739 Köln
www.snoeck.de

Printed in Germany

ISBN: 978-3-86442-347-5

Im Anschluss an die Präsentation in den Deichtorhallen Hamburg/Sammlung Falckenberg wird die Ausstellung im Museum Frieder Burda in Baden-Baden vom 28. August 2021 bis 9. Januar 2022 gezeigt.

Following the presentation at the Deichtorhallen Hamburg/Falckenberg Collection, the exhibition will be shown at Museum Frieder Burda in Baden-Baden from August 28, 2021, through January 9, 2022.

DEICHTORHALLEN HAMBURG

GESCHÄFTSFÜHRUNG/MANAGEMENT

Intendant/General director
Dirk Luckow

Kaufmännischer Direktor/Commercial director
Bert Antonius Kaufmann

Assistenz der Geschäftsführung/Management assistance
Sabine Seidel, Barbara Kolb

SAMMLUNG FALCKENBERG/FALCKENBERG COLLECTION

Sammlungs- und Ausstellungsmanagement/
Collection and exhibition management
Goesta Diercks

Volontariat/Assistant
Clara Brandt

Kulturelle Bildung/Education
Isabel Abele

Bundesfreiwilligendienst/Federal Volunteer Service
Elaine Progscha

Praktikum/Internship
Noel Haufs

Restauratorische Betreuung/Conservation
Aika Schnacke (Leitung/Head), Jasmin Wollenhaupt

Medientechnische Betreuung/Media technology
Robert Falckenberg, Hartmut Gerbsch

Aufbauteam/Art handling team
Rahel Bruns, Baldur Burwitz, Michael Göster, Simone Kessler, Jonas Kolenc, Felix Krebs, Seok Lee, Nicolas Osorno, Tobias Sandberger, Tillmann Terbuyken

HALLE FÜR AKTUELLE KUNST

Ausstellungsmanagement/Exhibition manager
Annette Sievert

Volontariat/Assistant
Cosima Grosser

Registrarin/Registrar
Lydia Jung

Bundesfreiwilligendienst/Federal Volunteer Service
Sila Sciammarella

Buchhandlung in der Halle für aktuelle Kunst/
Bookshop, Hall for Contemporary Art
Tania-Maria Goos

HAUS DER PHOTOGRAPHIE

Gründungsdirektor/Founding director
F.C. Gundlach

Kurator/Curator
Ingo Taubhorn

Kuratorin der Sammlung F.C. Gundlach/
Curator F.C. Gundlach Collection
Sabine Schnakenberg

Volontariat/Assistant
Linda Epp, Paula Michalk

Bibliothek F.C. Gundlach im Haus der Photographie/
F.C. Gundlach Library, House of Photography
Anja Kneller

Buchhandlung im Haus der Photographie/
Bookshop, House of Photography
Katrin Hiller

KOMMUNIKATION/COMMUNICATIONS

Leitung Kommunikation/Head of communications
Angelika Leu-Barthel

Kommunikation Sammlung Falckenberg, Digitale Medien/
Communications Falckenberg Collection, digital media
Matthias Schönebäumer

Volontariat/Assistant
Dominik Nürenberg

KULTURELLE BILDUNG/EDUCATION

Leitung Kulturelle Bildung/Head of education
Birgit Hübner

Digitale Vermittlung/Digital education
Julia Schulze Darup

Volontariat/Assistant
Sophie Künstler

Bundesfreiwilligendienst/Federal Volunteer Service
Julia Kramer

Besucher*innenbüro/Visitor office
Christian Petersen

SPONSORING, MARKETING UND VERMIETUNG/SPONSORING, MARKETING AND EVENT SPACES

Leitung Sponsoring, Marketing und Vermietung/Head of sponsoring, marketing and event spaces
Daniela Guhl

Vermietung Parkplatz/Letting of parking spaces
Mareile Hanke

VERWALTUNG/ADMINISTRATION

Finanzen, Rechnungswesen, Controlling/
Finances, accounting, controlling
Ole Stark

Buchhaltung/Accounting
David Gatzen

Personal/Human resources
Claudia Herzer-Hendrischke

Personal Kassen- und Aufsichtsdienste/
Museum desk and custodial staff
Mareile Hanke

Aufsichtsdienste/Custodial staff
René-Martin Kellmann

TECHNIK/TECHNICAL STAFF

Technische Leitung/Head of technical staff
Ivo Schob

Architektur und Grafik/Architecture and graphic design
Jutta Wasser

Haus- und Medientechnik/Building services and media technology
Nils Handschuh

Haus- und Betriebstechnik/
Building services and operations maintenance
Karsten Chmielewski

Mit freundlicher Unterstützung von/With kind support of

FÖRDERKREIS
DEICHTORHALLEN
HAMBURG

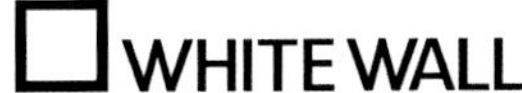

KULTURPARTNER

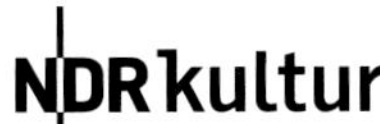

studio111a